普通高等教育新形态教材

DIANZI SHANGWU GAILUN

电子商务概论

钱莎莎　付小鹏　吴容容 ◎ 主　编
黄瑞垠　林立芳　张　勇 ◎ 副主编

清华大学出版社
北京

内 容 简 介

本书紧密结合我国电子商务发展的新趋势和新特点，系统地阐述了电子商务的基本理论及所包含的相关内容。全书共分9章，首先在基础篇，介绍了电子商务基本知识；其次在技术篇，介绍了电子商务技术基础和电子商务安全；然后在商务篇，介绍了电子商务模式和网络营销；接着在支撑体系篇，介绍了电子商务物流、电子商务支付与互联网金融、电子商务法律与法规；最后在前沿热点篇介绍了跨境电子商务。

本书的撰写更偏重商务部分，着重实操性，适合用作高等院校电子商务、经济管理及相关专业的教材和参考书，也适合电子商务和相关领域管理的工作者参考、阅读。对于普通读者，本书也是一本可以提升商务知识广度的参考读物。

本书封面贴有清华大学出版社防伪标签，无标签者不得销售。
版权所有，侵权必究。举报：010-62782989，beiqinquan@tup.tsinghua.edu.cn。

图书在版编目(CIP)数据

电子商务概论/钱莎莎，付小鹏，吴容容主编. —北京：清华大学出版社，2022.7(2024.3 重印)
普通高等教育新形态教材
ISBN 978-7-302-60844-8

Ⅰ.①电… Ⅱ.①钱… ②付… ③吴… Ⅲ.①电子商务—高等学校—教材 Ⅳ.①F713.36

中国版本图书馆 CIP 数据核字(2022)第 081498 号

责任编辑：刘志彬
封面设计：汉风唐韵
责任校对：王凤芝
责任印制：沈　露

出版发行：清华大学出版社
网　　址：https://www.tup.com.cn，https://www.wqxuetang.com
地　　址：北京清华大学学研大厦 A 座　　　邮　编：100084
社 总 机：010-83470000　　　　　　　　　邮　购：010-62786544
投稿与读者服务：010-62776969，c-service@tup.tsinghua.edu.cn
质量反馈：010-62772015，zhiliang@tup.tsinghua.edu.cn

印 装 者：三河市君旺印务有限公司
经　　销：全国新华书店
开　　本：185mm×260mm　　　印　张：16.5　　　字　数：388 千字
版　　次：2022 年 7 月第 1 版　　　　　　　　印　次：2024 年 3 月第 3 次印刷
定　　价：46.50 元

产品编号：096335-01

前　言

电子商务已经成为21世纪最主要的商业业态，极大地推动了社会、经济、生活和文化的发展。无论是个人的生活、企业的运营，还是政府的职能，都受到电子商务的深远影响。因此，电子商务相关知识是各行各业都需要普及和关注的。

本书编者从事电子商务相关教学、科研近20年，有着丰富的教学经验，同时从事天猫店等电商店铺经营长达10年，把多年的教学科研心得和实践经验梳理汇总，完成了本教材的编写。本书由福建师范大学协和学院钱莎莎、重庆理工大学付小鹏、阳光学院吴容容任主编；福州理工学院黄瑞垠、闽南理工学院林立芳、江苏海洋大学张勇任副主编；全书由钱莎莎负责统稿。同时本书也是"福建师范大学协和学院数字经济科研创新团队建设计划"的项目成果。

多年来，电子商务知识框架未有太大变化，因此本书在知识框架组成上与大部分教材保持一致，但更强调知识框架的逻辑性，主要包括基础篇、技术篇、商务篇、支撑体系篇和前沿热点篇。其中，基础篇包括第1章电子商务导论；技术篇，包括第2章电子商务技术基础和第3章电子商务安全；商务篇，包括第4章电子商务模式和第5章网络营销；支撑体系篇，包括第6章电子商务物流、第7章电子商务支付与互联网金融、第8章电子商务法律与法规；前沿热点篇，包括第9章跨境电子商务。

电子商务的知识体系既包括经典的理论研究，也包括日新月异的实际操作。本书在商务篇，介绍了相关的经济学和管理学理论，夯实了理论基础；在技术篇，阐述了电子商务的各类技术及相关知识，同时以图文等方式展示了技术在电子商务中的应用，增加直观性；在第5章网络营销和第9章跨境电子商务中增加了大量实操内容，提升学生动手能力；在支撑体系篇，把物流、支付、法律法规与电子商务进行融合，同时为了方便学生理解，通过图表、案例、扩展阅读等多种方式进行阐述；最后，本书注重前沿热点的融入，持续跟踪电子商务发展动态，引入各类权威的研究报告及数据。在本书出版后，还将结合新热点，不断完善二维码扩展阅读内容并定期更新。

在本教材编写过程中，我们参考了广大专家、学者、企业家的论著和观点，以及相关的行业报告、行业标准以及各类相关资讯，为了尊重原作者的知识产权，我们尽可能标注参考文献来源，以便读者追本溯源。但是，难免有所疏漏，个别被引用文献未列出，若存在上述情况，我们对原作者或版权所有者表示诚挚歉意，希望获得谅解。

最后，由于编者能力有限，且电商领域的资讯更新速度快，电商平台页面会经常调整，书中难免有不足之处，甚至错漏问题，为了后期教材的修正和完善，敬请热心的专家、读者批评指正，衷心感谢。

编　者

目 录

基 础 篇

第 1 章 电子商务导论 **3**
   1.1 电子商务基本概念 5
   1.2 电子商务的发展历程 7
   1.3 电子商务发展现状 9
   1.4 电子商务的分类与特征 14
   1.5 电子商务的影响 16
   1.6 电子商务的人才需求 18
   在线课堂 23

技 术 篇

第 2 章 电子商务技术基础 **27**
   2.1 电子商务平台系统结构与开发语言 28
   2.2 数据库技术 36
   2.3 电子商务前沿技术 43
   在线课堂 56

第 3 章 电子商务安全 **57**
   3.1 电子商务网络安全 58
   3.2 电子商务安全技术 61
   3.3 电子商务安全协议 69
   3.4 电子商务安全意识与防范 72
   在线课堂 80

商 务 篇

第 4 章 电子商务模式 **83**
   4.1 电子商务模式概述 84

4.2 B2B 电子商务模式 ··· 86
4.3 B2C 电子商务模式 ··· 97
4.4 C2C 电子商务模式 ··· 105
4.5 O2O 电子商务模式 ··· 108
4.6 其他电子商务模式 ··· 111
在线课堂 ··· 113

第 5 章 网络营销 ··· 114
5.1 网络营销概述 ··· 115
5.2 网络市场调研 ··· 116
5.3 网络营销的市场细分与定位 ··· 118
5.4 网络消费者 ··· 119
5.5 网络营销策略 ··· 124
5.6 搜索引擎营销 ··· 126
5.7 微博营销 ··· 134
5.8 微信营销 ··· 141
5.9 直播营销 ··· 145
5.10 短视频营销 ··· 151
5.11 社群营销 ··· 156
在线课堂 ··· 162

支撑体系篇

第 6 章 电子商务物流 ··· 165
6.1 电子商务物流概述 ··· 167
6.2 电子商务物流运作模式 ··· 170
6.3 电子商务物流技术 ··· 176
在线课堂 ··· 185

第 7 章 电子支付与互联网金融 ··· 186
7.1 电子支付工具 ··· 187
7.2 电子货币 ··· 189
7.3 网上理财 ··· 193
7.4 网络保险 ··· 195
7.5 新型电子支付方式 ··· 198
在线课堂 ··· 204

第 8 章　电子商务法律与法规 ··· 205
8.1　电子商务法律概述 ·· 206
8.2　电子合同的法律制度 ·· 209
8.3　电子签名与电子认证的法律制度 ······························ 212
8.4　电子支付的法律制度 ·· 215
8.5　电子商务中的知识产权保护 ··································· 221
8.6　电子商务市场秩序规则 ·· 223
8.7　电子商务税收法律制度 ·· 228
8.8　电子商务人格权的法律保护 ··································· 230
在线课堂 ··· 232

前沿热点篇

第 9 章　跨境电子商务 ·· 235
9.1　跨境电子商务概述 ··· 236
9.2　我国跨境电子商务的发展 ······································ 238
9.3　跨境电子商务的商业模式 ······································ 239
9.4　跨境电子商务的流程 ·· 242
9.5　跨境电子商务平台 ··· 248
在线课堂 ··· 253

参考文献 ·· 254

基础篇

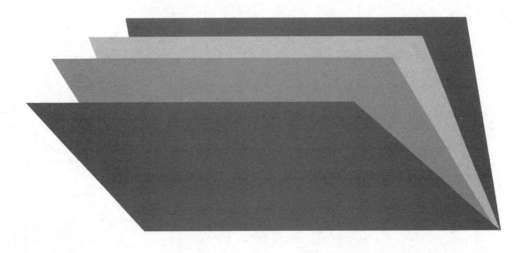

第1章 电子商务导论

学习目标

1. 了解电子商务的产生与发展现状。
2. 理解电子商务的发展方向与发展阻力。
3. 理解电子商务的特征。
4. 掌握电子商务的概念。
5. 掌握电子商务的分类。

导入案例

中国电商往事　故事还在继续

一、雨后春笋

互联网在国内外早已高速发展。亚马逊和 eBay 先后创立,并迅速获得市场和消费者的认可。1999 年 3 月,马云创立了 B2C 公司阿里巴巴;5 月,B2C 网站 8848 在北京成立;8 月,邵亦波和谭海音成立易趣;11 月,李国庆、俞渝夫妇回国,创办了当当网;2000 年 4 月,郭凡生成立了 B2B 公司慧聪网。

二、大局初定

2000 年 3 月 10 日,美国纳斯达克(NASDAQ)指数触及历史高点后就开始急速下挫。2000 年年初,8848 形势还一片大好,但仅几个月后,资方听到亚马逊股价大跌的声音,认为 B2C 业务行不通,董事会决定转型,改为主营 B2B 业务。一番折腾,8848 错失了上市机会,从此走向没落。2003 年 5 月 10 日,阿里巴巴旗下 C2C 交易网站淘宝网上线,但当时,中国 C2C 还是易趣的天下,市场占有率高达 80%。2002 年,eBay 收购易趣网 33% 股份进入中国。2003 年 6 月,邵亦波卖掉易趣其余的 67% 股份,网站更名为 eBay 易趣。2003 年的"非典"造成全民恐慌,刘强东的"京东多媒体"生意惨淡,由此,他把目光投向了网络。2004 年,京东多媒体网正式上线,线上线下相结合出售 3C 产品。2004 年 8 月,亚马逊收购卓越,正式进入中国。2005 年 9 月,腾讯推出 C2C 平台拍拍,一年后,拍拍成功跻身国内 C2C 三大巨头之列。

三、资本如水

电商的快速发展,实际上是靠资本的助力。2005 年 8 月,杨致远用 10 亿美元和雅虎中国的全部资产换取阿里巴巴 39% 的股权。孙正义也一样,他不仅投资了阿里巴巴,还在 8848 成立一个月后就被薛蛮子拉入伙,与美国国际数据集团(International Data Group,IDG)一起投资了 100 万美元。一年后,软银又联合 IDG 向当当投资 600 万美元。

2010年，阿里巴巴确定了"湖畔合伙人"制度，通过28名创始人的传承来把持其董事会。两年后，阿里巴巴宣布以76亿美元现金和优先股回购雅虎手中的50%的阿里股票，从而进一步减少了雅虎的股权。这样，持股仅7%的马云就牢牢控制了整个阿里巴巴。2014年，京东在纳斯达克上市，刘强东虽然持股18.2%，但通过AB股设计，投票权却高达80.9%，牢牢控制着京东。掌握了控制权且有充足的资金，马云和刘强东们终于可以大干一场了。

四、电商往事

光靠资本做后盾远远不够，更需要深谙中国国情的战略和战术。在成立淘宝的时候，马云直接宣布淘宝免费3年。2005年年初，淘宝会员数突破600万人，此时eBay易趣会员数是1 000万人，但商品量、浏览量、成交额等指标，淘宝均已超过eBay易趣。eBay决定在中国增加投资。而此时，马云在2005年10月宣布，将向淘宝投入10亿元，并继续免费3年，eBay易趣随即宣布商品登录免费。但其颓势已难挽回，到2005年年底，淘宝已占据国内C2C市场70%的份额。2006年12月，惠特曼把eBay易趣51%的股份卖出，实际退出中国市场。2014年，腾讯将拍拍并入京东，2016年4月，京东彻底关闭拍拍网。

五、物流之争

对电商的发展来说，"快"来自资本；而对消费者来说，"快"则来自物流。2007年，刘强东提出自己想做仓配一体物流。在他的坚持和推进下，京东的自建物流得以组建并壮大。2017年4月，京东物流独立运营，组建京东物流子集团。实际上，淘宝的崛起也助力了传统物流的发展。2006年5月，圆通成为第一家接入淘宝的配送服务商；而当时的申通，接入淘宝不到半年的时间，业务量从6万件增长到20万件。淘宝成了传统物流公司的订单流量池。

六、新的玩法

2010年，"凡客体"广告因为新颖、独立、个性而火爆全国。但是最终凡客走上了PPG的老路——砸钱过多在广告上且库存堆积，凡客的火爆就像龙卷风，衰落的时候根本来不及逃。

2014年，丁磊用了一周的时间就拍板了网易考拉项目。网易严选开国内电商先河，诞生了"严选模式"。一时间，巨头纷纷效仿。

2016年，拼好货和拼多多APP正式合并为拼多多，借着社交电商的风，成功导入大量流量。拼多多用低价产品留住对价格敏感的用户，再通过微信群团购的方式进一步裂变，呈现爆发式的增长。截至2020年年底，拼多多年活跃买家数达7.884亿位。

2017年，小米转攻线下，布局小米之家，从开始的售后客户服务中心直接升级为直营零售体验店。雷军希望用互联网的技术和方法来改造传统零售的生产、流通和销售环节，并称之为"新零售"。

2018年是社交电商爆发的一年，社交软件抖音也不再仅仅只是一个视频工具，抖音购物车全线开放以后，许多电商企业也都开启了抖音营销之路。发展至今，抖音通过内容营销带货、购物车项目、小程序等一系列变现模式，打造了一个电商生态闭环。

2019年的电商直播呈现席卷之势，各具特色的主播逐渐征服了每一个屏幕后面的消费者。"电商+直播"模式的呈现使得各电商平台，不论参与与是，都加速了其在直播电商领域的布局。

2020年，社区团购进入"混战"，各个平台纷纷出台自己的社区团购品牌。同时，拼多多首创"百亿补贴"促销概念改变了整个电商行业的格局，于是"百亿补贴"成为一项长期战略，众平台纷纷效仿。

（资料来源：中国电子商务研究中心. 中国电商往事　故事还在继续[OL]. http://www.100ec.cn/.）

思考题：
1. 阅读以上材料后，从我国电子商务发展历程中，你得到了什么启示？
2. 你认为电商未来的发展趋势是什么样的？

1.1　电子商务基本概念

关于电子商务的概念，至今没有一个统一的定义，组织机构、学者、企业界从不同的角度对其进行了表述。

1.1.1　组织机构对电子商务的定义

▶ 1. 联合国经济合作和发展组织（OECD）

OECD曾对电子商务的定义做过深入研究，其研究报告《电子商务的定义与统计》指出，狭义的电子商务主要包括利用计算机网络技术进行的商品交易，而广义的电子商务将范围扩大到服务领域。

2004年，OECD从业务流程的角度对电子商务再次进行了定义：电子商务是以计算机网络为媒介的自动商务流程，既包括企业内部流程，也包括企业外部流程。电子商务的处理过程需要整合各项任务并且逾越单独的和个人的应用。

▶ 2. 国际商会

电子商务是指实现整个贸易活动的电子化——这是国际商会于1997年11月在巴黎召开的世界电子商务会议上，与会专家和代表从商业角度提出的定义。

从涵盖范围方面可以定义为：交易各方以电子交易方式而不是通过当面交换或者直接面谈方式进行的任何形式的商业交易。从技术方面可以定义为：电子商务是一种多技术的集合体，包括交换数据（如电子数据交换、电子邮件）、获得数据（如共享数据库、电子公告牌）以及自动捕获数据（如条形码）等。

▶ 3. 世界贸易组织（WTO）

WTO认为，电子商务就是通过电信网络进行的生产、营销、销售和流通活动，它不仅指基于互联网的交易，而且指所有利用电子信息技术来解决问题、降低成本、增加价值和创造商机的商务活动，包括通过网络实现从原材料查询、采购、产品展示、订购，到出品、储运以及电子支付等一系列的贸易活动。

▶ 4. 欧洲议会

欧洲议会在《电子商务欧洲动议》中给出的定义是：电子商务是通过电子方式进行的商务活动。

1.1.2 学者对电子商务的定义

▶ 1. 美国学者瑞维·卡拉克塔和安德鲁·B. 惠斯顿

美国学者瑞维·卡拉克塔和安德鲁·B. 惠斯顿在《电子商务的前沿》一书中提出：从广义上讲，电子商务是一种现代商业方法。这种方法通过改善产品和服务质量，提高服务传递速度，满足政府组织、厂商和消费者降低成本的需求。

▶ 2. 中国学者李琪

西安交通大学电子商务研究所所长李琪认为：从广义上讲，电子商务可定义为，电子工具在商务活动中的应用。从狭义上来说，电子商务可以定义为，在技术、经济高度发达的现代社会里，掌握信息技术和商务规则的人系统化地运用电子工具，高效率、低成本地从事以商品交换为中心的各种活动的总称。

1.1.3 企业界对电子商务的定义

▶ 1. IBM 公司

IBM 公司认为，电子商务是把买方、卖方、厂商和合作伙伴在互联网、企业内部网和企业外部网结合起来的应用。即电子商务＝网页＋信息技术＋商务。它所强调的是在网络计算环境下的商业化应用。

▶ 2. 惠普公司

惠普公司认为，电子商务是指从售前服务到售后支持的各个环节实现电子化、自动化。具体地说，电子商务是通过电子化手段来完成商业贸易活动的一种方式，电子商务使人们能够以电子交易为手段完成物品和服务等的交换，是商家和客户之间的联系纽带。

上述定义从不同的角度对电子商务进行了阐释，它们并没有对错之分。当今有学者还将电话购物、电视购物以及销售终端机也归入电子商务的范畴，使电子商务概念的范围更广了。

1.1.4 本书对电子商务的定义

上述观点有的侧重描述电子商务所包括的技术和商务范围，有的倾向刻画技术对商务的功用，有的则注重商务对技术的应用。无论是商会组织，学者还是知名企业，对电子商务的概念都有如下的基本解读。

（1）电子商务本质上是商务活动。

（2）电子商务是一种采用先进信息技术的商务方式。

（3）电子商务是"现代信息技术"和"商务"两个子集的交集。

（4）电子商务渗透到贸易活动的各个阶段，包括信息发布、信息交换、售前售后服务、销售、电子支付、物流、信息回馈等。

（5）电子商务的目的是实现商务活动，乃至在全社会实现高效率、低成本的贸易活动。

（6）电子商务的参与者包括供货商、销售商、广告中介、第三方平台、消费者、银行或金融机构以及政府等各种机构或个人。

（7）电子商务带来的不仅有经济效应，还有社会效应。

综合各方面不同看法，本书对电子商务的概念做如下表述：电子商务是指交易当事人或参与人利用现代信息技术和计算机网络所进行的各类商务活动。

总而言之，电子商务是在商务发展的内在要求及技术发展的外在推动下应运而生的。现在，人们已逐步认识到技术始终只是手段，商务才是电子商务的本质。

1.2 电子商务的发展历程

这些年来，随着我国国民经济的快速发展以及国民经济和社会发展信息化的不断进步，我国电子商务行业虽然历经曲折却仍然取得骄人成绩。

1.2.1 培育期（1999—2005年），适者生存

互联网早期没有固定的发展模式，每个创业者都认为自己的逻辑是对的，因而各种创新层出不穷。

早期的电子商务以网站为基础，主要有以下几种模式。

（1）零售商自营网站，比如沃尔玛、Macys。它们认为电商就是网上卖货，而这些网站本身就有货。

（2）门户网站电商，比如网易、新浪网。它们认为流量至上，因此有流量就能卖货。

（3）电商综合平台，比如亚马逊、易趣。它们认为消费者总想希望在一个专业网站解决所有的问题。

（4）黄页与信息展示，比如 ecplaza、中国黄页。它们认为网站就是撮合交易，重在信息"撮合"。

在这个阶段主要是商业和政府的探索，以及各种网站之间的对弈，排他性竞争已无法阻止创新者的陆续出现。只要企业存在一定的创新性，各种类型的网站在这个时期都能够生存，拥有属于自己的一片土地。

扩展阅读 1-1
淘宝与 eBay
易趣的对决

1.2.2 创新期（2005—2015年），胜者为王

从 2005 年到 2015 年，网民规模快速增长，互联网人口红利充分释放，我国电子商务的竞争在深度、广度和强度上持续升级，电商领域的资本、技术迎来全面创新；随着在线技术与物流信息技术的普及，出现了电商服务业，平台电商成为一种生态；由电商交易服务、在线支付、物流等支撑服务与衍生服务构成了日益完善的电子商务生态系统。

在这个时期，所有的企业不仅仅是依靠创新就能够生存，同时还要符合电子商务生态系统的发展，与服务业相结合才能够脱颖而出，成为这个行业的胜者。

这个阶段主要以下几个特点。

▶ 1. 广度不断拓展

在这个阶段，电子商务模式的创新不断丰富，渗透领域日益增多，比如，B2C 模式的天猫、京东；B2B 模式的找钢网、慧聪网；团购信息模式的美团、58 同城。

▶ 2. 产业链日益深化

支付宝的出现，让消费者能够在线支付。这构成了电子商务生态系统的重要支持环

节。后来，越来越多的平台也陆续推出了自己的支付产品。同时，"四通一达"与淘宝签订推荐物流供应商协议，使他们从原来的商务快递商转型为电商快递供应商。在此过程中，电子商务生态系统物流业贡献了重要力量。

扩展阅读1-2 曾红极一时却归于黯淡的电商企业

▶ 3. 线下转型线上

电子商务的发展，使许多企业由线下转型线上。这里主要对比了京东与苏宁从1998年到2017年，是如何从线下零售一步一步转型为线上销售的，详细发展如图1-1所示。

(数据来源：商务部 国家统计 中国互联网络信息中心 京东财报数据)

图1-1 京东与苏宁崛起

1.2.3 引领期(2015年—至今)，后来居上

在这个阶段，内容与社交成为主导，向农业、工业不断渗透，国际影响力日渐增强。同时，门类开始逐渐细致化，各种各样的电商类型都陆续出现在大众的视野里，比如：拼多多、小红书的社交生活类；今日头条、抖音、快手的视频内容类；货拉拉、瓜子(二手车直卖网)的交通出行类；大丰收、找油网的农业工业类。

以下将从内容电商、社交电商、直播电商来了解这个时期电商的特点：

▶ 1. 内容电商

如图1-2所示，传统货架式电商主要由用户产生需求，即用户上网搜索后进行比较购买；内容电商则主要由商家提出需求，即根据算法推送给有需求的用户。内容电商颠覆了传统电商购物链条的走向，将商家的产品用更精准的方式推送给目标客户。

(资料来源：微信公众号 行业研究报告)

图1-2 传统货架式电商与内容电商的区别

字节跳动无疑是内容电商模式的佼佼者，旗下主要的内容推送平台——抖音已经被大部分人使用，同时其交易平台也渐渐泛化。

▶ 2. 社交电商

社交电商的基本运作模式是基于社交媒介功能，在社交关系的基础上，通过社交活动、内容分享等方式，低成本地获取流量，并转化流量，最终实现商业变现。社交电商重构了"人、货、场"的关系，将搜索式购物向发现式购物转变。

社交电商模式的发展，可谓是经历了很长的探索期，从2009年美丽说成立到拼多多、云集等头部企业陆续上市，经历了近10年的时间。目前，专注于社交电商的一些头部商家的商业模式都已相对清晰、成熟，基本上都走在了IPO上市的道路上，中小型社交电商的整合几率增大。

▶ 3. 直播电商

2020年，直播电商迅速发展，淘宝直播、抖音直播、快手直播三大平台无处不在。但是任何行业在高速增长阶段往往都是粗放式发展，会存在许多不完善的地方，直播电商行业也一样，显然，"强监管"可以让行业发展更加有序。随着直播行业迎来"强监管"规范化发展，商家利益将得到更好的保障，主播将走向专业化，有实力的主播才会留下来，并得到更好的发展机会。

扩展阅读1-3
直播电商行业
发展现状与动因

5G的到来也让直播电商更上一个台阶。5G具有低延时、大宽带的技术特性，可以使直播变得更加高清甚至超高清，同时会使直播具有更强的实时互动能力。由此，直播带货体验会发生巨大的变革，那就是更加高清、沉浸式互动，用户体验会更好，直播内容会更创新，转化效率会更高。

在这个时期，技术发展更加迅速，一切的系统秩序趋于平稳化，但与此同时，也会给现有的商业模式带来新的挑战以及给后来者带来新的机遇。后来者所带来的新商业模式，会更加新颖且吸引消费者，因此其前景将不可估量。

1.3 电子商务发展现状

1.3.1 全球电子商务发展现状

▶ 1. 全球电子商务发展特点

1995年，亚马逊和eBay在美国成立。此后，这种以互联网为依托进行商品和服务交易的新兴经济活动，迅速普及全球。新一轮科技革命和产业变革交汇孕育的电子商务，极大地提高了经济运行的质量和效率，改变了人类的生产生活方式。2016年，全球电子商务市场规模超过25万亿美元，成为世界经济的亮点和新增长点。

当前全球电子商务呈现以下几个特点。

(1) 市场规模不断扩大

根据国际知名调查公司E-marketer的数据，2011—2016年，全球网络零售交易额从0.86万亿美元增长至1.92万亿美元，年平均增长率达17.4%。随着全球智能手机保有量不断提升、互联网使用率持续提高、新兴市场快速崛起，全球网络零售仍保持两位数增长的势头，跨境电子商务尤其是跨境B2C(企业对个人)日益活跃。根据埃森哲的研究报告，2015—2020年全球跨境B2C年均增速约达27%。

(2) 地区差距逐渐缩小

欧美地区电子商务起步早、应用广。2016年，美国网络零售交易额达到3 710亿美元,比2015年增长8.5%,占美国零售总额的比例约8%。目前,80%的美国制造商拥有自己的网站,60%的小企业、80%的中型企业和90%的大型企业已经开展电子商务应用。2015年,欧盟电子商务B2C交易额为4 074亿欧元,增幅为13.4%。法国、德国、西班牙、意大利等国的市场份额最大,占欧盟电子商务市场总量的77.5%;丹麦、卢森堡、德国和荷兰的网购用户渗透率最高,均超过了70%。

亚洲地区电子商务体量大、发展快。电子商务虽起源于欧美,但兴盛于亚洲。亚洲地区网络零售交易额已占全球市场的46%。中国、印度、马来西亚的网络零售年均增速都超过20%。中国网络零售交易额自2013年起已稳居世界第一。全球10大电商企业中,中国占4席。印度电子商务市场过去几年保持约35%的高速增长。中印两国网民人数占到全球网民人数的28%,每年还将新增1亿人,巨大的网民红利将继续支持亚洲市场发展。

拉丁美洲、中东及北非地区电子商务规模小、潜力大。拉丁美洲是全球B2C电子商务发展最快的区域之一,近5年交易额均保持两位数增长,2015年达到590亿美元。网民增长红利、互联网普及度提升、本土技术创新等是拉美电子商务市场被看好的主要原因。非洲地域广阔,人口分布不均,实体店数量少,居民购物不便,电子商务发展存在刚性需求。近年来,非洲各国更加重视电子商务发展,加大了电子商务基础设施建设力度。据研究机构预测,2025年,非洲主要国家的电子商务交易额将占其零售总额的10%。

(3) 企业并购趋于频繁

互联网经济具有天然的规模效应,随着竞争加剧以及投资人的撮合,竞争对手有动力、有条件进行合并,市场集中度不断提高。2017年,《福布斯》杂志评选最有投资价值的10大公司,9家是互联网企业,其中阿里巴巴位居榜首,脸书和优步分列第二和第三。2012—2016年,全球私营电子商务企业共获得467亿美元投资,其中,美团大众点评获得33亿美元投资,位列首位。获得1亿美元以上投资的企业主要分布在中国、美国和印度,分别有25家、20家和10家。2016年,中国电子商务领域重大并购达15起,涉及资金超过1 000亿元人民币,其中包括腾讯以86亿美元收购芬兰移动游戏开发商84.3%的股权,京东以98亿元人民币并购沃尔玛控股的一号店,阿里巴巴以10亿美元收购东南亚知名电商企业来赞达(Lazada)等。每一项市场并购都对行业发展产生重要影响。

目前,全球领军互联网企业都已构建了以平台为核心的生态体系。亚马逊、阿里巴巴等以电商交易平台为核心,向上下游产业延伸,构建云服务体系。谷歌、百度等以搜索平台为核心,做强互联网广告业务,发展人工智能。脸书、腾讯等以社交平台为核心,推广数字产品,发展在线生活服务。苹果、小米等以智能手机为核心,开拓手机应用软件市场,开展近场支付业务。以平台为核心的生态体系不断完善,将吸引更多用户,积累更多数据,为平台企业跨界融合、不断扩张创造条件。互联网领域"强者恒强"的趋势更加明显。

中国为了预防和制止平台经济领域垄断行为,保护市场公平竞争,2021年《国务院反垄断委员会关于平台经济领域的反垄断指南》(国反垄发〔2021〕1号)发布,以促进平台经济规范有序、创新健康发展,维护消费者利益和社会公共利益。

(4) 共享经济异军突起

共享经济随着移动互联网的发展而迅速崛起,共享领域不断拓展。从最初的汽车、房屋共享,发展到金融、餐饮、空间、物流、教育、医疗、基础设施等多个领域,并向农业、能源、生产甚至城市建设扩张。共享经济让全球数十亿人既是消费者,也是经营者,最大限度地提升了资源利用效率,带来了就业方式的变革,但同时也产生了一些新问题,对监管提出了挑战。

目前,全球估值超过100亿美元的共享经济企业有4家,分别是优步(Uber)、爱彼迎(AirBnb)、滴滴和联合办公(WeWork)。其中,优步估值高达680亿美元。中国是全球规模最大的共享汽车和共享单车市场,2016年,共享出行次数超过百亿次,占全球市场的67%。共享单车的月活跃用户数超过2 000万人。北京外国语大学做了一项调查,外国留学生将共享单车以及网购、支付宝和高铁,称为中国"新四大发明"。这一说法表明共享经济在中国拥有广阔的市场前景和全球影响力。

(5) 跨境电商迅猛崛起

跨境电商经历了"信息服务—在线交易—全产业链服务"三个发展阶段。如今,跨境进口电商已经形成从生产商、制造商,到消费者、批发商、零售商的产业链,目前主要有B2B、B2C、C2C三种跨境贸易流通渠道以及自营与平台两种跨境进口电商模式。2019年是中国电子商务风云变幻的一年:中国电子商务增速首次低于全球平均水平;就全球实力而言,中国电商在东南亚地区与中东地区更有影响力,这表明从跨境电商在全球的发展状况上来看,中国电子商务仍有很大的发展空间。自2012年起,中国各部门先后制定并完善了涉及跨境电商的政策与制度,其中,2015年"46号文"的发布开始了中国跨境电商的制度化建设,2019年实施的《中华人民共和国电子商务法》作为我国电商领域的"根本大法"在其中发挥了重要作用。2018年,相关政策密集出台,整体环境不断规范,这表明2018年是中国跨境电商制度化建设的重要节点。

▶ 2. 全球电子商务制度建设情况

电子商务的规范治理不仅仅是中国需要解决的问题,同时还是全球课题。国际组织和世界各国在促进和规范电子商务发展方面的实践和经验,值得我们借鉴。

(1) 加强规划引导,保障各方权益

在营造电子商务基础发展环境方面:美国政府从基础设施、税收政策等方面为电子商务的早期快速成长创造了宽松有利环境。1993年,美国政府将互联网发展提升为国家战略,实施了"信息高速公路"计划。1996年,成立了电子商务跨部门工作组,制定电子商务发展政策,积极推进电子商务全球自由贸易,通过互联网开辟国际贸易自由区和免税区,将信息科技的优势转化为商贸优势,以电子商务发展推动全美经济持续增长。日本在内阁设立IT(信息技术)推进战略部,负责制订实施有关IT促进计划。欧盟制定《单一数字市场战略规划》。英国、法国、德国等也加强信息基础设施建设,积极创造电子商务发展的基础环境。

在保障电子商务各方合法权益方面:目前已有30多个国家和地区制定了电子商务相关法律法规,从信息安全、知识产权、隐私保护等方面保障企业和消费者权益,防范和打击不法行为。美国颁布了《互联网税收不歧视法案》《网络安全法案》。加拿大颁布了《反网络诈骗法》。欧盟颁布了《电子商务指令》《电子通信领域个人数据处理和隐私保护指令》《消费者纠纷网上解决机制条例》《一般数据保护条例》。英国颁布了《电子商务条例》。

(2) 统筹线上线下,维护公平竞争

为推动实体经济和虚拟经济的深度融合发展,维护市场公平竞争,各国政府开始在政策和立法层面努力保持线上线下一致,针对电子商务的特殊性问题,制定新的政策措施,并做好与现有法律的衔接。

美国参议院于2013年、2015年先后两次通过《市场公平法案》,试图将电子商务税收从个别征收扩展至普遍征收。根据法案,电子商务企业向消费者收取消费税,企业所在政府向企业收取销售税,从而避免由于电子商务免税政策带来的不公平竞争和税收流失问题。但由于各方争议较大,法案在众议院并未通过。

对于金融、媒体和通信等有市场准入限制的行业,各国政府对互联网及电子商务企业和传统企业也是一视同仁,均要求遵守现行法规。例如:美国将网络借贷(P2P)、众筹等互联网金融纳入传统金融监管框架,美证监会要求对网络借贷公司实行注册制。新西兰规定,所有允许传统经营方式进入的领域必须无差别地向互联网和电子商务开放。

(3) 构建国际规则,争取本国权益

国际组织积极构建多边法律框架。在电子商务税收、数字化服务市场准入、跨境数据流动、信息安全等领域积极开展研究,探索建立适应网络经济发展的国际规则体系,为各国电子商务立法衔接与规则统一提供框架体系。联合国国际贸易法委员会(UNCITRAL)于1996年通过了《电子商务示范法》,2001年通过了《电子签名示范法》,2005年通过了《电子合同公约》,2016年通过了《关于网上争议解决的技术指引》,2017年通过《电子可转让记录示范法》。世界贸易组织(WTO)成员自1998年开始讨论电子传输及数字化产品如何适用世贸规则等问题,目前已就通过电子方式传输临时性免征关税达成一致。经济合作与发展组织(OECD)于1998年发布了《关于电子商务中消费者保护指南》《电子商务税收政策框架条件》。亚太经合组织(APEC)于1998年发布了《APEC电子商务行动蓝图》,并设立电子商务工作指导组,其成员经济体于2004年签署了《APEC隐私保护框架》。

各国对电子商务议题关注度高,但大多从保护本国市场和相关产业国际竞争优势出发,国家之间的谈判立场和原则存在分歧,各国基于产业利益展开博弈。美国在数字产品及服务领域占据优势,在国际场合大力倡导其提出的数字贸易规则,主要包括主张自由开放的互联网、禁止对数字产品征收关税、促进跨境数据流动、保护关键源代码、反对服务器本地化、推广创新型加密产品等。上述内容特别是跨境数据流动、数字产品市场准入、服务器本地化等敏感问题,在国际上存在较大分歧和争议。欧盟在互联网市场并不占据优势,主要关注个人数据保护等内容,德国还针对微软、苹果、亚马逊、谷歌和脸书等美国互联网企业展开反垄断调查。发展中国家则主要关注电信、物流等基础设施的改善,以及加强合作和能力建设等问题。

1.3.2 国内电子商务发展现状

当前,我国电子商务正在进入密集创新和快速扩张的新阶段,日益成为拉动我国消费需求、促进传统产业升级、发展现代服务业的重要引擎。具体而言,具有以下几个特点。

▶ 1. 电子商务依旧快速增长

我国电子商务仍然保持快速增长态势,潜力巨大。近年来我国的电子商务交易额增长率一直保持快速增长的势头,特别是网络零售市场发展迅速。2021年,全国网上零售额达到13.1万亿元;而在2021年,天猫"双十一"购物狂欢节成交额达5 403亿元,更是让人们看到我国网络零售市场发展的巨大潜力。毫无疑问,电子商务正在成为国民经济快速可持续增长的重要动力和引擎。

2. 电子商务应用基础坚实

企业、行业信息化的快速发展，为加快电子商务应用提供了坚实基础。近年来，在国家大力推进信息化和工业化融合的环境下，我国服务行业、工业企业加快信息化建设步伐，电子商务应用的需求变得日益强劲。不少传统行业在开展电子商务应用方面取得了较好成绩。如农村信息化取得了可喜的成绩，不断创新电子商务应用模式，一些村庄围绕自身的资源、市场优势，开展特色电子商务应用，传统零售企业纷纷进军电子商务。其他行业如邮政、旅游、保险等也在已有的信息化建设基础之上，着力发展电子商务业务。

扩展阅读1-4
电子商务"十四五"发展规划

3. 电子商务服务业较完善

电子商务服务业是伴随电子商务的发展、基于信息技术衍生出的为电子商务活动提供服务的各行业的集合。在构成上主要包括：平台服务业、代运营服务业、物流服务业、信用服务业、咨询服务业、教育培训服务业、数据基础服务业、金融服务业等。

经过近十年的迅猛发展，在物流快递、在线支付和电子认证等服务业的发展推动下，电子商务服务业快速发展。2020年中国电子商务服务业营业收入达5.45万亿元，较2019年增加了0.98万亿元，同比增长21.9%。2020年受新型冠状病毒疫情的冲击，线下遭遇关店潮，线上服务需求迅速增长。直播购物、网上支付、无接触式配送、上门退货等成为疫情下消费者网购的"新常态"，商家对于IT解决方案、新型营销服务、专业运营服务、物流服务的需求直线上升。依托电商服务领域的科技创新、服务创新和营销创新，新业态新模式不断涌现，如无接触式配送服务、跑腿服务、PaaS（平台即服务）平台化服务、精准营销服务、主播培训服务、代运营服务等，促使电商服务成本逐渐降低，效率不断提高。习近平总书记关于社会主义社会建设重要论述中提到，带领人民创造幸福美好生活是社会建设的主线，发展中保障和改善民生是社会建设的重点任务。我国电子商务服务业的创新和发展，正朝着这个方向不断改进和完善。

4. 跨境电子交易快速发展

跨境电子交易获得快速发展。在国际经济形势持续不振的环境下，我国中小外贸企业跨境电子商务仍逆势而为，近年来保持了30%的年均增速。有关部门正加紧完善跨境网上交易对平台、物流、支付结算等方面的配套政策措施，促进跨境电子商务模式不断创新，出现了一站式推广、平台化运营、网络购物业务与会展相结合等模式，使更多中国制造产品得以通过在线外贸平台走向国外市场，有力推动了跨境电子商务纵深发展。

扩展阅读1-5
老对手的默契：
快手与抖音在跨境电商再相逢

5. 电商发展环境不断改善

电子商务发展环境不断改善。社会建设的基本原则是坚持社会公平正义，为了构建良好的电子商务发展环境，相关部门协同建立推进电子商务发展的工作机制，围绕电子认证、网络购物等主题，出台了一系列政策、规章和标准规范。

扩展阅读1-6
后疫情时代，以新业态新模式引领新型消费加快发展

1.4 电子商务的分类与特征

1.4.1 电子商务的分类

▶ 1. 按商业活动运作方式分类

(1) 完全电子商务

完全电子商务，即可以完全通过电子商务的方式实现和完成整个交易过程的交易。

完全电子商务只是说所交换的产品和服务是虚拟的，也就是电子化的，即可以通过信息网络来传播完成的，比如电子报刊、电子书还有各种付费电子版论文等。但它不是电子商务发展的高级阶段，因为电子商务的高级阶段是实现全方位的数字自动化，最大限度地消除人工干预，是电子商务应用的高级层次，是电子商务发展的理想阶段。

(2) 不完全电子商务

不完全电子商务，即指无法完全依靠电子商务的方式实现和完成完整交易过程的交易，它需要依靠一些外部要素，如运输系统等来完成交易。

不完全电子商务，首先基于网络解决好信息流的问题，使交易双方在互联网上结识、洽谈，然后通过传统渠道完成交易。这种方式主要适用于实付产品即有形的实物商品。

▶ 2. 按电子商务应用服务领域范围分类

(1) 企业对消费者(Business to Consumer，B2C)的电子商务

企业对消费者的电子商务基本等同于电子零售业。目前，互联网上已遍布各种类型的商业中心，提供各种商品和服务，如食品、日用品、化妆品、服饰、咨询、培训等。

(2) 企业对企业(Business to Business，B2B)的电子商务

企业对企业的电子商务是指企业使用互联网或各种商务网络向供应商订货和付款。企业对企业的电子商务发展最早，已经有了很多年的历史，特别是通过增值网络(Value Added Network，VAN)上运行的电子数据交换(EDI)，使企业对企业的电子商务迅速扩大和推广。公司之间可以使用网络进行订货、接受订货和付款。

(3) 个人对个人(Customer to Customer，C2C)的电子商务

个人对个人的电子商务是指网络零售中个人卖家对个人买家之间的商业行为。其经营门槛较低，形式灵活多样，虽然在电子商务交易额中占比小，但在网络零售市场的发展过程中具有十分重要的位置。

(4) 企业对政府机构(Business to Government，B2G)的电子商务

B2G 是指企业和政府机构之间通过网络进行交易活动的运作模式，比在线下更加有效。企业和政府机构之间的电子商务可以覆盖许多事务，例如通过海关报税平台、国税局和地税局报税平台报税等。

(5) 消费者对政府机构(Consumer to Government，C2G)的电子商务

消费者与政府机构的电子商务是政府的电子商务行为，不以营利为目的，将消费者与政府机构的许多事物通过网络进行处理，如网上报税、网上身份认证、网上发放福利基金、网上社区服务、网上公益活动、网上政策发布和信息查询等，政府通过网络上的各类

服务为大众创造良好的服务体验，提高了政府的工作效率。

▶ 3. 按开展电子交易的信息网络范围分类

（1）本地电子商务

本地电子商务通常是指利用本城市或本地区内的信息网络而实现的电子商务活动，电子交易的地域范围较小。本地电子商务系统是利用互联网、内联网或专用网将下列系统联结在一起的网络系统：参加交易各方（包括买方、卖方及其他各方）的电子商务信息系统；银行金融机构电子信息系统；保险公司信息系统；商品检验信息系统；税务管理信息系统；货物运输信息系统；本地区EDI中心系统（本地区EDI中心系统是联结各个信息系统的中心）。本地电子商务系统是开展远程国内电子商务和全球电子商务的基础系统。

（2）国内电子商务

国内电子商务是指在本国范围内进行的网上电子交易活动，其交易的地域范围较大，对软硬件和技术要求较高，要求在全国范围内实现商业电子化、自动化、金融电子化，交易各方具备一定的电子商务知识、经济能力和技术能力，并具有一定的管理水平和能力。

（3）全球电子商务

全球电子商务是指在全世界范围内进行的电子交易活动，参加电子交易的各方通过网络进行贸易，这会涉及有关交易各方的相关系统，如买卖方国家进出口公司系统、海关系统、银行金融系统、税务系统、运输系统、保险系统等。全球电子商务内容繁杂，数据来往频繁，这就要求电子商务系统严格、准确、安全、可靠，要制定世界统一的电子商务标准和电子商务（贸易）协议，使全球电子商务得到顺利发展。

1.4.2 电子商务的特征

电子商务是因特网爆炸式发展的直接产物，是网络技术应用的全新发展方向。因特网本身所具有的开放性、全球性、低成本、高效率的特点，也成为电子商务的内在特征，并使得电子商务大大超越了作为一种新的贸易形式所具有的价值，它不仅会改变企业本身的生产、经营、管理活动，而且会影响整个社会的经济运行与结构。

① 电子商务将传统的商务流程电子化、数字化。一方面以电子流代替了实物流，可以大量减少人力、物力，降低了成本；另一方面突破了时间和空间的限制，使交易活动可以在任何时间、任何地点进行，从而大大提高了效率。

② 电子商务所具有的开放性和全球性的特点，为企业创造了更多的贸易机会。

③ 电子商务使企业可以以相近的成本进入全球电子化市场，使中小企业有可能拥有和大企业一样的信息资源，从而提高中小企业的竞争能力。

④ 电子商务重新定义了传统的流通模式，减少了中间环节，使生产者和消费者的直接交易成为可能，从而在一定程度上改变了整个社会经济运行的方式。

⑤ 电子商务一方面破除了时空的壁垒，另一方面又提供了丰富的信息资源，为各种社会经济要素的重新组合提供了更多的可能，这将影响社会的经济布局和结构。

1.5　电子商务的影响

1.5.1　电子商务对社会经济的影响

▶ 1. 促进经济发展

电子商务的出现让许多人涌进电商行业。例如，淘宝这一类的电商平台准入门槛相对来说比较低，因此很多人都会选择它们来创业发展，在一定程度上促进了经济发展。自从电商发展起来，特别是近几年，像"双十一""双十二"这些"电商节日"，淘宝、京东的销售额是非常庞大的。中商产业研究院数据显示，2021年"双十一"全国交易额为9 651.2亿元，同比增长12.22%。淘宝、京东两大头部平台交易额占全网交易额的92.15%。电子商务推动了经济的发展，加快了资金的流动速度。

▶ 2. 创新交易方式

电子商务未出现之前，人们必须面对面进行交易，但是电子商务的出现打破了这种格局，实现了网上选购、网上交谈，而在线电子支付创新了交易方式，足不出户就能够进行交易。在线电子支付是电子商务的关键环节，也是电子商务得以顺利发展的基础条件，随着电子商务在电子交易环节上的突破，网上银行、银行卡网络支付、银行电子支付系统及电子支票、电子现金等服务，也正在将传统的金融业带入一个全新的领域。

▶ 3. 带动相关产业

电子商务的应用已经渗透到社会经济的各个领域，涵盖了银行业、保险业、证券业、电信业、交通业、外贸、海关、流通业、信息服务业、制造业、农业、医药业、新闻业、教育业、政府机构等各个方面。以政府机构为例，政府承担了大量的社会、经济、文化的管理和服务的功能，尤其是作为"看不见的手"，在调节市场经济运行、防止市场失灵等方面有着很大的作用。在电子商务时代，当企业应用电子商务进行生产经营，银行实现金融电子化，以及消费者实现网上消费时，将同样对政府管理行为提出新的要求，电子政府或称网上政府，将随着电子商务的发展而成为一个重要的社会角色。

▶ 4. 增加就业机会

每一个新事物的出现，都会需要一些人来维持它的正常运转，而电子商务也不例外，需要一些专业的人来进行维护和支持运转，一些新岗位需要大量的人，就业的机会也就随之而来了。

1.5.2　电子商务对传统零售业的影响

▶ 1. 市场规模逐渐缩小

自改革开放以来，基于实体门店进行商品经营活动的零售业迅速发展，对国民经济的全面发展起到了积极的推进作用。基于"互联网+"的电子商务环境，互联网技术与零售业相结合，形成网络零售业。由于线上交易方便、快捷，对广大消费者来说，具有很大的诱惑力，越来越被人民群众所接受，越来越多的人放弃了线下购物，因此传统零售业的市场规模逐渐缩小。

▶ 2. 影响领域逐渐扩大

电子商务对部分传统零售业的影响是革命性的。首先受到影响的是传统服装零售业，在网上选服装，可选性大、品类丰富，并且价格实惠。因此，很多客人都放弃了在实体店购买服装，而选择在电子商务环境下购买。其次图书业也受了很大影响。网上书店品种齐全，而传统图书店不可能售卖所有类型的图书，这样购书者对于传统零售书店的依赖程度就大大降低。随着电子商务业的不断发展，电器行业也由线下销售逐渐转向线上销售，以京东为代表的以线上电器销售为主的网络商铺也抢走了传统零售业的市场份额。除此以外，近些年，随着更多电子商务平台的涌现，越来越多的经营领域也采用电子商务销售模式，如食品、化妆品、药品、新鲜水果、新鲜海产品等。

扩展阅读 1-7
为什么美国电商被实体店完爆，而中国却相反？

如图 1-3 所示，2020 年电商企业主营产品所属行业分布已经形成较稳定的格局，服装鞋包行业占比最高，达到 36.36%；其次是美妆洗护行业，占比达到 16.16%。

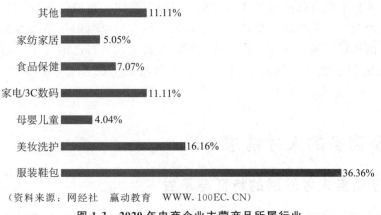

（资料来源：网经社　赢动教育　WWW.100EC.CN）

图 1-3　2020 年电商企业主营产品所属行业

▶ 3. 商家利润逐渐降低

在电子商务环境下，经销商不需要租门店，也不需要雇用大量服务员，甚至不需要囤货，因而销售价格低。而传统零售业人工成本高、店面租金高，其销售价格要比电子商务环境下高出一大部分才能有利润。然而迫于电子商务对传统零售业的压力，传统零售业的单品利润逐渐降低，与此同时销售量也在降低，最终导致传统零售业利润大幅降低。

扩展阅读 1-8
传统零售业变革急需转型新零售

1.5.3　电子商务对消费者的影响

▶ 1. 改变消费方式

电子商务已使网络购物成为现实，网上购物的最大特征是消费者的主导性，即购物意愿掌握在消费者手中。同时，消费者还能以一种轻松、自由的自我服务的方式来完成交易，消费者主权可以在网络购物中充分体现出来。只要消费者打开计算机、手机等，就能进入网上商店，查看成千上万的商品目录，从中挑选自己想要的商品，然后查看商品的规格和性能，随着多媒体技术的应用，还可以在屏幕上看到商品的照片甚至三维图形。对于选定的商品，消费者只需网上付款即可，订单确认后发出，商家几乎立即可以收到订单，随即就会发送或寄出顾客购买的商品。

▶ 2. 改变教育方式

随着因特网的广泛应用以及电子商务的推广，网络学校应运而生，它属于现代远程教育的一种方式。它以计算机通信技术和网络技术为依托，采用远程实时多点、双向交互式的多媒体现代化教学手段，可以实时传送声音、图像、电子课件和教师板书，身处两地的师生能像现场教学一样进行双向视听问答，是一种跨越时间和空间的教育传送过程。

▶ 3. 改变信息获取方式

在电子商务方式下，人们除了从电视、广播、书籍和报纸杂志等传统媒体中获取信息外，还可以从一种全新的媒介——因特网中获取所需的信息。因特网上拥有大量的、每天至少有千人乃至几十万人访问的网站，起到了真正的大众传媒的作用，它可以比任何一种方式都更快、更直观、更有效地把一个信息或思想传播开来。并且，网络传播信息有着双向性的特点，客户根据自己的需要获取信息，且没有时间、地域的限制。股票信息站点之所以火爆，是因为可以进行股票交易和股票查询；体育站点吸引众多体育爱好者，是因为它不仅有实时的体育报道，而且允许体育爱好者在其上发表自己的评论。通过网络还可以得到其他双向的信息服务，如通过黄页可以找到商业机会，通过招聘站点可以寻找工作等。

1.6 电子商务的人才需求

1.6.1 电子商务人才发展的特征与矛盾

国内知名电商智库网经社电子商务研究中心与国内专业电商人才服务商——赢动教育共同发布了《2019年度中国电子商务人才状况调查报告》，报告对403家样本电商企业进行了问卷调查，报告对中国电子商务人才发展存在的三大特征、三大矛盾进行了分析。

▶ 1. 电商人才发展的三大特征

（1）人才缺口仍然较大

根据调研，有稳定招聘需求和大规模招聘需求的企业比例达到80%，相比2018年，虽然比例有一定缩小，但需求量仍非常大。面向未来，从传统电商到数字产业电商，乃至中间的各个阶段，全面的行业变革需要大量的多元化人才来应对。

（2）电商人才需求强烈

数据显示，虽然客服、物流等基础岗位的需求数量在减少，但新媒体、内容创作、社群、主播、视频处理等方向的人才需求量增长非常快；2019年，对新媒体、内容创作、社群方向的人才需求位列第一。同时，数据分析与运营、主播、网红达人方向的人才需求紧随其后。

图1-4来自《2020年度中国电子商务人才状况调查报告》，由图可知，51.02%的企业急需淘宝天猫等传统运营人才，47.96%的企业急需新媒体、内容创作、社群方向人才，

46.94%的企业急需主播（助理）、网红达人方向人才，39.8%的企业急需客服、地推、网销等方向人才，22.45%的企业急需专业数据分析与应用人才。人才的稀缺以及电商的快速发展大大提高了相关行业的就业机会。

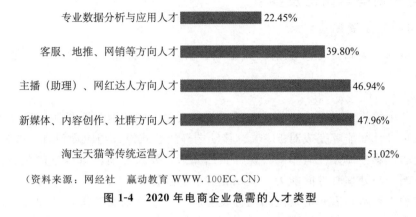

（资料来源：网经社　赢动教育 WWW.100EC.CN）

图 1-4　2020 年电商企业急需的人才类型

（3）对管理者的能力要求高

数据显示，团队人才方面的问题已经连续 5 年成为电商企业面临的最大挑战，特别是大量的"95 后"员工进入职场，他们的思维模式与行为模式与过去有很大不同，如何有效激发他们的能量，给当前的管理者提出了新的课题。

可见，人才是企业的核心要素，一般情况，超过 20%的年流失率就会给企业造成实质性影响。而 2019 年，有 43%的电商企业人才流失率超过了 20%。薪酬福利问题、成长空间问题、员工抗压问题成为离职的三大原因。

▶ 2. 电商人才发展的三大矛盾

（1）电商行业的快速变化与电商人才数量不足之间的矛盾

电商行业除了需要大量传统人才外，新媒体、内容创作与分发、社群、主播、视频制作、动画设计等方向人才的需求量远高于当前的人才供应量；高校每年电商专业毕业生有数十万人，但教学体系相对落后，和企业的要求相距甚远，一部分学生毕业以后并不能在电商领域很好地发展，也造成了电商人才数量不足的局面。

（2）电商企业对人才的要求与高校教育模式的矛盾

对企业来说，希望员工在工作中积极主动，有目标，执行能力强，具有持续的学习能力、有责任心并且敬业。但对高校来说，职业素质教育这一块正好是薄弱环节；对企业而言，加强实践性教学环节，企业与高校合作协同育人，更新教学体系与产业同步是企业最迫切的要求。高校也在这些方面做了大量的探索和实践，但大多数只在形式上做到了同步，并没有产生很好的效果。

（3）企业成本压力的不断上升与管理能力不强之间的矛盾

因离职所带来的替换成本、培训成本、流失成本、管理成本、人工成本、风险成本等，更是加大了企业的成本压力，特别是核心人才的流失，损失更大。

数据显示，有 62%的电商企业面临招聘压力大的局面，从而也带动了招聘成本的不断攀升，平均招聘成本在 600 元/人以上的电商企业比例每年都在上升。电商行业竞争激烈，项目运营的成本费用也越来越高，迫切需要高水平的员工队伍，但同时所带来的薪资待遇压力也随之增加。65%的企业认为，当前影响企业发展的最大挑战是团队人才问题。如何激发员工的能量以创造好的绩效，这将非常考验管理者的能力。

1.6.2 电子商务类岗位及要求

▶ 1. 电子商务类岗位

根据大量的市场调研与高校调研数据及分析，可以将电子商务类岗位划分为以下三大类。

（1）技术类岗位

电子商务中的技术类岗位比较典型的就是网页设计师和网站维护工程师。网页设计师岗位要求网页设计师能够完成对PC端、移动端等的版式设计与页面设计，并做好整个PC端、移动端的色彩整体设计与布局，保证页面和谐；要求必须具备基本的色彩搭配、流程设计、图形制作与处理软件的能力，应用相关的专业知识来策划、设计页面。

网站维护工程师则需要负责网站的开发、制作、修改以及升级，从而保证网站的正常运行，满足用户需求；要根据网站需求来制作与测试网站专题与功能模块，并对网站的软硬件设施的安全性、稳定性进行巡检，减少网站运行中的软硬件问题。网站维护工程师必须掌握程序开发语言、数据库，了解Web常见页面术语，在此基础上设计与制作网站，掌握网站的软硬件基础设施运行技术和浏览器兼容技术。网站维护工程师需要应用核心知识来独立开发、研发程序，应用数据库、Web常见页面技术、设计制作软件来设计网站程序，并对浏览页面问题进行调整与优化。

（2）电子商务类岗位

电子商务类岗位较典型的是平台运营专员，此类岗位通常要做好日常的平台测试、维护、更新与优化工作，要收集、分析、挖掘平台在运营过程中用户行为数据；策划、制定、执行与追踪主题活动；及时总结行业动向并调整电子商务的销售策略；优化产品服务。此类电子商务岗位要求人才具备电子商务模式与流程、市场调研与数据统计分析、客户关系管理、市场营销、新媒体运营、网络推广、办公软件等知识能力，具备分析数据的能力与应用电商平台统计软件的能力，以及撰写文案和判断电子商务运营文案内容质量的能力与推广执行的能力。

网络营销专员也是典型的电子商务类岗位。该岗位要求工作人员不仅能开发、跟进与维护市场中的潜在客户，落实与执行各项电子商务网络营销方案，从而提升网站流量和意向用户数量，还要积极地拓展与推广公司外部渠道，促成合作；通过应用多种网络推广手段在各类网站中宣传与推广企业的产品、服务；要求网络营销专员能掌握网络营销知识，可以应用新媒体、社会化媒体、自媒体等资源，分析、整理与发掘数据，掌握专业英语相关术语知识以及客户关系谈判技巧与维护知识。该岗位的电子商务类人才应具备网络推广能力，良好的数据分析能力与客户沟通能力，可通过互联网资源来追踪与捕捉热点信息。

（3）综合管理类岗位

电子商务中的综合管理类岗位比较典型的职位是产品经理。此类工作岗位要求工作人员不仅要做好原型设计与视觉设计的整体设计工作、技术实现与测试方面的研发工作，还要根据企业的需求展开企业内电子商务销售培训、电子商务产品推广方案、运营策略以及商品定价发布等多方面的工作，根据用户反馈信息做好数据分析与功能完善等工作。要想做好电子商务综合管理类岗位工作，必须掌握电子商务管理中应用的 Mindmanager、Axure、Project、Visio、Xmind 等项目管理必备工具；做好客户管理与消费者心理管理等工作，从整体上规划企业的电子商务运营模式，确定项目管理内容。

电子商务中的综合管理类岗位对工作人员的能力要求较高，要求此类岗位员工不仅要具备项目管理以及项目必备工具应用能力，从而捕捉行业动态，发掘、分析用户需求，还要具备原型设计、定义业务流程图、平台运营能力与辅导能力，从而提升企业的电子商务综合运营能力。

不论是电子商务何种岗位，都要求工作人员必须具备搜索信息、理解信息、处理信息、语言沟通、学习、团队合作与沟通等基本能力。

▶ 2. 电子商务类岗位的要求

电子商务类岗位的要求主要集中在电子商务知识、技能、价值观、个人认知与性格 5 个维度。

电子商务类岗位人才的知识维度，一方面强调知识类型，另一方面强调知识层次。电子商务知识类型就是要求电子商务类岗位人才根据岗位工作内容掌握电子商务、设计、互联网、计算机、软件、电子商务管理等知识；从知识层面来看，主要是专科、本科、研究生等不同层次的电子商务类岗位人才。

在电子商务类岗位人才的技能维度方面，则重点强调电子商务类岗位工作人员应具备良好的语言表达能力、学习能力、策划能力以及销售能力等。需要注意的是，语言表达能力，重点强调的是学生的英语表达能力，这为未来电子商务的国际化发展奠定了基础。

电子商务类岗位人才的价值观维度，则主要强调电子商务类岗位工作人员应具备良好的团队合作意识与沟通能力、责任心。团队合作能力与沟通能力是多个企业对电子商务类岗位工作人员在价值观方面的首要要求。

从个人认知维度来看，大多数企业则强调电子商务类岗位工作人员应具备一定的工作经验，以及上进、乐观、激情等性格特质。

在电子商务类岗位人才的性格维度方面，认真、负责、创新、细致、诚信等都是企业对电子商务类岗位人才的要求。不同企业由于其企业文化、企业发展战略不同，对电子商务类岗位人才的性格要求也不同。

扩展阅读 1-9
电商时代，每一个人都可以出彩

1.6.3　电商人才发展的建议与展望

《2019 年度中国电子商务人才状况调查报告》对电商人才发展给出了具体的两大建议。

▶ 1. 企业：升级人力资源管理系统

（1）升级企业的招聘体系

招人选人是人力资源部门的首要工作，根据调研，新员工入职第 1 个月的流失率是很高的。一般情况，在选人的时候，达不到岗位需求的，不符合企业文化的，不符合个人发展的，不建议录用。

（2）升级企业的培训体系

对待企业员工，特别是新员工，还应该给予不断的培训。没有良好培训体系的企业，员工就不会成长，忠诚度也不会很高。企业需要在内部建立导师制、在岗训练制度、员工晋级制度等，切实让员工有机会从普通员工向高绩效员工发展。

（3）升级企业的用人体系

不善于使用人才的企业发展必然缓慢，甚至会失败。电商企业可以在尊重人才、人尽其才、用人所长、容人所短方面多下功夫。

（4）升级企业的留人体系

企业没有必要也不可能做到人才零流失率。在一般情况下，流失率低于5%就会使企业组织僵化，但超过20%就要反思了。如何留人？企业可以考虑在待遇留人、事业留人、环境留人等方面去完善。

▶ 2. 高校：升级当前人才教育模式

（1）校企课程共建

电商企业专家和高校电商老师就电商运营、商务数据、新媒体、视觉设计、商业文案、现代物流等方面的课程内容及教学方式进行研讨，切实打造出符合实际，跟得上形式的课程体系。

（2）双创基地建设

在高校打造电子商务双创基地，在平台建设、项目运营、实验室共建等方面进行实践，完成"创业支持、人才培养、成果转化"等方面的建设任务。

（3）顶岗实习就业

在实践中学习是提升能力最快的方法，利用高校大量的电商人才，结合企业的人才需求，推荐学生到合适的企业去顶岗实习或跟岗实习，进一步提升他们的专业技能和水平。

目前的电子商务类岗位划分为基础性岗位与高级岗位，在基础性岗位中要求将岗位职能细化，在高级岗位中则强调创新性。基础性岗位是根据电子商务的业务内容提出的，企业可以根据自身的发展需求来开设电子商务销售、开发、运营、管理、客服等业务。电子商务高级岗位则要求工作人员必须具备一定的创新能力与创新理念，根据电子商务业务内容在优化、挖掘、设计等方面充分创新。

在未来的发展中，高校应以岗位需求为导向，在进行专业知识教育的同时，加强职业道德教育，帮助学生塑造正确的人生观和价值观。二十大报告指出"实施科教兴国战略，强化现代化建设人才支撑"。一方面，电子商务专业人才要努力掌握关键技术，抢占源头创新前沿，通过数字赋能，以实际行动践行科技报国的使命；另一方面，要脚踏实地，树立正确的三观，践行社会主义核心价值观，主动履行社会责任，把个人奋斗梦想融入中国发展建设的大潮中。尤其是创业型的电商人才，应依法诚信文明经营，努力把企业做强做优，努力为特色产业发展、带动社会就业、促进农民增收和加快经济社会高质量发展再立新功。

扩展阅读1-10
互联网营销师
新职业助力中
国经济发展

在线课堂

在线自测

练习与思考

技 术 篇

第2章　电子商务技术基础

> **学习目标**
>
> 1. 了解电子商务网站建设。
> 2. 掌握电子商务微信小程序和 APP。
> 3. 理解电子商务平台系统建设流程。
> 4. 掌握数据库技术概念以及常用产品。
> 5. 掌握电子商务前沿技术，云计算、大数据、物联网、智慧城市、5G、VR 技术。

导入案例

京东徐雷：智能供应链和物流将成为现代智慧城市不可或缺的部分

2020 年 4 月 3 日，《人民日报》评论版刊发了京东零售集团 CEO 徐雷署名的文章《抓住"新基建"契机顺势而为》。

徐雷在文章中表示，"新基建"是经济高质量发展的数字化、网络化、智能化"底座"，建设新型基础设施，就是未来中国经济的"种子工程"。自新冠肺炎疫情发生以来，"新基建"发挥的作用得到了充分的验证。以供应链为基础的零售平台精准匹配，推动民生物资迅速对接、物流及时配送，保障了千万家庭的日常生活；零售实体拓展线上销售空间，促进了生产生活秩序加速恢复；远程医疗、线上药店提供便捷的"互联网+医药"服务，缓解了医疗资源紧张……人们切实感受到，经济社会运行没有因隔离而停摆，一个重要的原因是 5G 网络、数据中心、人工智能、工业互联网、物联网等新型基础设施的赋能支撑。

与"新基建"的发展要求相契合，多年来，京东依托物联网、大数据、人工智能等技术，不断升级"智能供应链和智能物流"等核心能力（图 2-1）。这也是京东能够在全国"战"疫中为保障经济社会正常运行尽责出力的关键所在。在春节假期及居民隔离的双重约束下，从重点防疫物资的输送到高效的物流配送，从保障民生用品供应到助推滞销农产品上线销售，京东的智能供应链和智能物流对企业复工复产、群众生活保障发挥了积极作用。可以说，人们在疫情期间看到，"新基建"强化着中国经济对冲疫情影响的韧性，智能供应链和智能物流将像水电煤一样，成为现代智慧城市不可或缺的部分。

放眼全球，供应链水平正在成为影响各国产业和企业在世界范围紧密协作与快速发展的关键因素。不论是在疫情、自然灾害等特殊时期，还是在常规时期，中国经济向智能制造和智能服务的升级发展，都离不开智能供应链和智能物流。

可以预见，"新基建"将激发经济发展的内生动力和新动能，不仅能够助力经济发展迈向高质量，而且是企业应对挑战、转型升级的重要机遇。同时也要看到，"新基建"没有捷径可走，抓住这个机遇，必须投入恒心和耐力。

（资料来源：网经社）

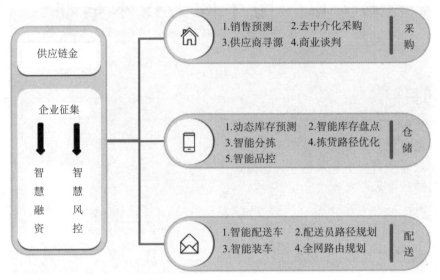

图2-1 京东智能供应链和智能物流

思考题：以京东为例，思考智能供应链和物流如何推动智慧城市的发展。

2.1 电子商务平台系统结构与开发语言

电子商务平台系统结构是保障电子商务活动开展的信息技术支持和管理服务环境的集合。从技术角度看，可以将电子商务平台系统结构看成一个三类框架结构：①电子商务网站建设；②电子商务微信小程序；③电子商务 APP 系统结构。

2.1.1 电子商务网站建设

▶ 1. 网站系统结构

一般来说，电子商务网站由一系列网页、后台服务器、网络设备和数据库等软件和硬件组成，如图2-2所示。从商务业务逻辑上看，电子商务网站应该具有以下几个部分。

（1）Web 内容服务

这部分主要提供电子交易过程中的企业宣传、产品展示、网站客户的注册管理、购物车管理和支付服务等内容服务。它面向 Web 访问用户，是网站对外服务的窗口。

（2）应用服务系统

这部分主要提供电子商务交易过程中的业务处理部分，如客户信息维护、网站产品管理、客户订单处理、产品出库入库、订单货物配送、商务数据计算、电子邮件服务等。它是网站的核心部分，整个电子交易的业务处理都在此完成，它同时与数据服务系统和安全服务系统相关联，以保证交易过程业务和数据的正确性与完整性。

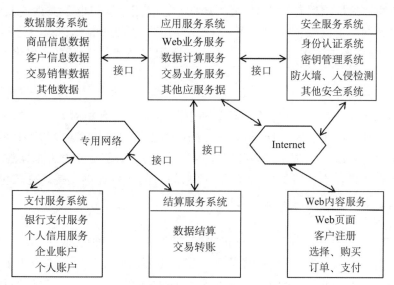

图 2-2 电子商务网站组成结构

(3) 数据服务系统

这部分主要提供网站电子交易中的数据服务,一般由数据库系统组成,提供各种数据信息服务,管理网站的数据信息,例如客户信息、商品信息、交易记录、账目数据等,保证交易过程中数据的真实性、有效性和完整性。

(4) 结算服务系统

这部分主要提供交易中的数据结算和交易转账服务,所有交易发生的资金往来都由这部分处理。

(5) 支付服务系统

这部分主要提供交易资金的支付服务,它一般由金融机构提供服务,通过专用的网络与网站的结算服务系统相连,使用专用的协议,完成账户资金的往来。

(6) 安全服务系统

这部分主要提供网站的安全保障,例如客户身份认证、各种系统的密钥管理、电子证书的颁发维护以及防火墙系统、入侵检测系统等,是保障电子交易过程安全的重要部分。没有安全的交易环境,就无法保证交易业务、交易数据和交易过程的真实、完整和有效,因此它是电子商务网站的重要组成部分。

▶ 2. 网站开发语言

(1) HTML 超文本标记语言

HTML 超文本标记语言(Hyper Text Markup Language,HTML)是为"网页创建和其他可在网页浏览器中看到的信息"设计的一种标记语言,可以说 HTML 超文本标记语言是网页制作必备的工具。HTML 是目前网络上应用最广泛的语言,也是构成网页文档的主要语言。HTML 文件是由 HTML 命令组成的描述性文本,HTML 命令可以说明文字、图形、动画、声音、表格、链接等。

(2) XML 可扩展标记语言

XML 可扩展标记语言(Extensible Markup Language,XML)是一种用于标记电子文

件使其具有结构性的标记语言。XML可扩展标记语言用于标记电子文件使其具有结构性，可以用来标记数据、定义数据类型，是一种允许用户对自己的标记语言进行定义的源语言。XML提供统一的方法来描述和交换独立于应用程序或供应商的结构化数据，非常适合万维网传输。

（3）JavaScript

JavaScript（缩写为JS）是一种基于对象和事件驱动并具有相对安全性的客户端脚本语言，同时也是一种广泛用于客户端Web开发的脚本语言，常用来给HTML网页添加动态功能，支持面向对象编程、命令式编程以及函数式编程。JS提供语法来操控文本、数组、日期以及正则表达式，不支持I/O，但可以由它的宿主环境提供支持。它被世界上的绝大多数网站使用，也被世界主流浏览器支持。

（4）ASP.NET

ASP.NET基于.NET Framework的Web开发平台，不但吸收了ASP以前版本的最大优点并参照Java、VB语言的开发优势加入了许多新的特色，同时也修正了以前ASP版本的运行错误。ASP.NET具备开发网站应用程序的一切解决方案，包括验证、缓存、状态管理、调试和部署等全部功能。其在代码撰写方面的特色是将页面逻辑和业务逻辑分开，将程序代码与显示的内容分离，让丰富多彩的网页更容易撰写，同时使程序代码看起来更洁净、更简单。

（5）Java Web

Java Web是用Java技术来解决相关Web互联网领域的技术栈，包括Web服务端和Web客户端两部分。Java在客户端的应用有Java Applet，不过使用很少；Java在服务器端的应用非常丰富，比如Servlet、JSP、第三方框架等等。Java技术对Web领域的发展注入了强大的动力。

（6）PHP

PHP（Hypertext Preprocessor，PHP）是一种HTML内嵌式的语言，一种在服务器端执行的嵌入HTML文档的脚本语言，常用于各种动态网站。作为当下主流网站开发语言之一，PHP源码是完全公开的，不断地有新函数库加入，并不停地更新，使得PHP无论在UNIX或是在Windows平台都可以有更多新功能且提供丰富的函数，从而在程序设计方面有更好的资源。

扩展阅读2-1
网站的建成步骤

网站开发语言的优缺点及应用领域如表2-1所示。

表2-1 网站开发语言的优缺点及应用领域

开发语言	优点	缺点	应用领域
HTML/JS	可以开发多样化的Web交互页面	后期维护不方便，在开发过程中会产生很多的冗余代码	APP开发、网页游戏开发、交互性较强的网站开发
XML	可以标记数据、定义数据类型，可以允许用户对自己标记语言进行定义	不适用于Web数据描述，标准通用标记语言软件的价格非常昂贵	广泛应用于e-Learning应用系统的开发

续表

开发语言	优点	缺点	应用领域
ASP.NET	构架较优,支持并行开发,扩展性好	性能较差,代码可重用性差	适用于大型网站的开发
Java Web	模块化、跨平台、扩展性强	学习难度大	适合大中型网站建设
PHP	简单易学、开源免费、拓展性强、速度快	应用范围窄	多为中小型网站开发

2.1.2 电子商务微信小程序

▶ 1. 小程序系统结构

微信小程序 MINA 框架通过封装微信客户端提供的文件系统、网络通信、任务管理、数据安全等基础功能,对上层提供一整套 JavaScript API,让开发者能够非常方便地使用微信客户端提供的各种基础功能与能力,快速构建一个应用。通过图 2-3 所示的框架图,可以看到整个 MINA 框架包含两大部分:View 视图层和 APP Service 逻辑层。

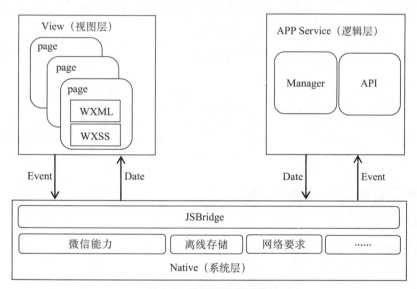

图 2-3 小程序开发框架

(1) View 视图层

VXML 是 MINA 提供的一套类似 HTML 标签的语言以及一系列基础组件。开发者使用 WXML 文件来搭建页面的基础视图结构,使用 WXSS 文件来控制页面的展现样式。

(2) APP Service 逻辑层

它是 MINA 的服务中心,由微信客户端启用异步线程单独加载运行。页面渲染所需的数据、页面交互处理逻辑都在 APP Service 中实现。MINA 框架中的 APP Service 使用 JavaScript 来编写交互逻辑、网络请求和数据处理,但不能使用 JavaScript 中的 DOM 操作。小程序中的各个页面可以通过 APP Service 实现数据管理、网络通信、应用生命周期管理和页面路由。

▶ 2. 小程序开发语言

小程序开发语言主要是 WXML、WXSS、JavaScript。

(1) WXML

WXML(WeiXin Markup Language，WXML)是框架设计的一套标签语言，结合基础组件、事件系统，可以构建页面的结构。基础组件类似 HTML 中的标签，事件系统是 JavaScript 中的事件，可处理逻辑并反映到界面上。作为一种标签语言，WXML 同样通过使用标记标签来描述页面结构，页面内容写在标签内部，标签由尖括号包围的关键词构成。

(2) WXSS

WXSS(WeiXin Style Sheets，WXSS)是一套样式语言，用于描述 WXML 的组件样式。WXSS 用来决定 WXML 的组件应该怎么显示。为了适应广大的前端开发者，WXSS 具有 CSS 大部分特性，同时，为了更适合开发微信小程序，对 CSS 进行了扩充以及修改。

小程序开发语言的优缺点及应用领域如表 2-2 所示。

扩展阅读 2-2
微信小程序与公众号和 APP 的区别

表 2-2 小程序开发语言的优缺点及应用领域

开发语言	优　　点	缺　　点	应用领域
WXML	数据绑定、列表渲染能力	后期维护不方便	用于页面结构描述，主要为用户"静态"呈现内容
WXSS	WXSS 和 CSS 很像，基本所有的 CSS 都支持	不支持大括号嵌套（{{ }}）、不支持引入字体和本地资源	用于为用户显示样页面元素的外观，如页面中布局、元素类别、字体、颜色等

2.1.3 电子商务 APP 系统结构

▶ 1. APP 系统结构

以 APP iOS 端为例，其系统架构如图 2-4 所示。

各层的分工如下。

UI View 层：显示层，负责 UI 的渲染。

Controller 层：作为 View 层和 View Model 层中间层对上提供数据给 View 层展示，对下负责响应用户的交互。

Service 服务层：负责具体的业务实现，包括对网络请求的封装以及请求后返回的数据的包装、整理、解析、缓存等。

Model 层：数据层。

mPaas 框架：主要负责提供一些底层的功能支持，如数据库、拍照、分享等。

▶ 2. APP 开发语言

(1) HTML5

HTML5 是为移动设备构建基于 Web 的应用程序的一种理想的编程语言，它能够使各种数据类型易于插入，且其考虑到了不同的屏幕尺寸和合理化输入参数，甚至能

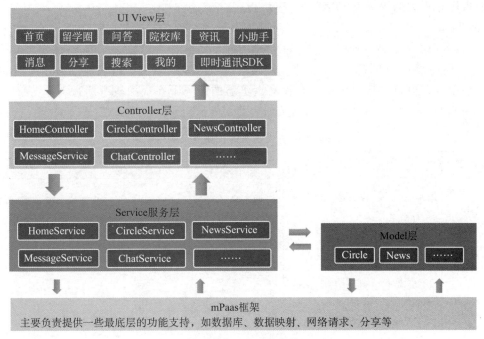

图 2-4　APP 系统架构

起到减少浏览器竞争的作用,但 HTML5 仍然存在问题——它只是一种提议的标准。目前,许多不同的浏览器都以各种不同的方式支持 HTML5,从成本效率的角度来看,它具有在当前版本的 HTML 上构建的优势,能使全新的 HTML5 编程语言更易学习。

(2) Objective-C

Apple 选择了 iOS 应用程序的主要编程语言 Objective-C 来构建功能强大且可扩展的应用程序。作为 C 语言超集,它确实具有许多功能,可以精确处理图形,具有 I/O 和显示功能。此外,作为 Apple 开发框架的一部分,Objective-C 已完全集成到所有的 iOS 和 MacOS 框架中。但是,现在它在 Apple 生态系统中逐渐被功能更强大的 Swift 取代。

(3) Swift

Swift 是 Apple 生态系统中最新的编程语言,它在为 Apple 最新的 API、Cocoa 和 Cocoa Touch 编写代码方面有着普遍性。iOS 开发人员喜欢使用 Swift 进行完整的编程,因为它是一种与 Objective-C 结合使用的语言,能够消除在使用 Objective-C 过程中可能造成的许多安全漏洞。

(4) C++

在构建适用于 Android 和 Windows 的移动应用程序时,C++仍然是移动应用程序开发平台上的首选语言。作为一种功能强大的编程语言,C++允许在现有的每个平台上针对几乎所有目的开发移动应用程序。它可能不够前沿,但在智能手机技术发生革命之前,它仍在编程世界中占据着主导地位。

(5) C♯

C♯是 Windows Phone 应用程序开发中功能强大的编程语言,它为 Microsoft 提供了便利,而 Objective-C 为 Apple 提供了帮助。对忠实的 Microsoft 用户而言,可以用 C♯编程语言来构建强大的 Windows Phone 应用程序。

(6) Java

Java 编程语言是 Android 应用程序开发最受欢迎的语言之一。Java 是由 Sun Microsystems(现在由 Oracle 拥有)开发的一种面向对象的编程语言,可以通过两种不同的方式运行:在浏览器窗口中运行,或者在没有浏览器的情况下在虚拟机中运行。

APP 开发语言的优缺点及应用领域如表 2-3 所示。

表 2-3　APP 开发语言的优缺点及应用领域

开发语言	优　点	缺　点	应用领域
HTML5	可以开发多样化的 web 交互页面	后期维护不方便,在开发过程中会产生很多的冗余代码	APP 开发、网页游戏开发、交互性较强的网站开发
Objective-C	动态识别、指标计算、弹性消息机制,可以和 C、C++、Swift 混合编程	不支持命名空间,不支持运算符重载,不支持多重继承,使用动态运行时类型,所有的方法都是函数调用,很多编译时的优化方法都用不到	是编写 iPhone 应用程序的主要编程语言
Swift	简洁的语法、更强的类型安全、函数式编程的支持、编写 OSX 下的自动化脚本	Xcode 支持不够好,第三方库的支持不够多,语言版本更新带来的编译问题	与 Objective-C 共同运行于 macOS 和 iOS 平台,用于搭建基于苹果平台的应用程序
C++	可进化性(可复用性)、语言非常灵活、功能强大、语法思路层次分明	开发效率低,语言复杂和标准化语言苍白,初级程序员易犯错误	一些基础软件和高级语言的运行时环境、业务型应用软件的后台,就像游戏的服务器后台和一些企业内部的应用系统
C#	有先进的语法体系,C# 的 IDE 功能非常强大,C# 的文档有包含中文的多国语言	语言格式过于严谨,没有考虑代码量	APP 中通常是借助 Unity 开发游戏
Java	纯面向对象的语言,平台无关性,具有较好的安全性,提供许多内置的类库	解释型语言的运行速度及效率极低,取消了指针操作,灵活性不如 C 语言	主要运用于 Android 应用程序

2.1.4　电子商务平台系统建设流程

电子商务平台系统分为电子商务网站建设、电子商务微信小程序、电子商务 APP 系统结构。每一个电子商务平台系统建设都是由三层框架结构中的一层或多层框架结构构成。其中电子商务平台系统建设流程大体相同,具体如下。

1. 前期工作

清楚了解自身定位，并分析同行们已有的站点。电子商务平台在建设前需要收集大量的资料用于后续的建设。

2. 注册域名

域名是一个电子商务系统网站的关键，域名不仅仅是一个网站的地址还是一个网站的"门面"，好的域名一定非常好记且容易引起别人的注意，所以选好域名非常重要。其中，网站需要注册域名，小程序需要在微信公众平台的官网首页完成注册，APP 则不需要注册。

3. 总体规划

对电子商务平台进行规划设计。一个好的电子商务平台，不仅仅是一个网络版的电子商务平台，它还必须给浏览者，即商城的潜在用户提供方便的浏览导航，合理的动态结构设计，适合商务发展的功能构件，如信息发布系统、产品展示系统、团购系统、运营统计收集客户反馈的表单、在线支持、产品分类查询，甚至是网上订购、在线业务管理等，需要有丰富实用的资讯和互动空间。

4. 开发过程

开发网站用来进行网站前端与后端方面的设计；在小程序中利用微信官方网站提供开发框架调试和开发；而在 APP 中则进行程序开发。

(1) 选择技术开发语言

选择建站程序，目前的建站程序有 java、php、.NET 等语言开发语言，不同电子商务平台系统运用不同的开发语言，用以解决开发的程序安全问题和二次开发问题。

(2) 开发阶段

首先对客户需求进行整理，并对产品有明确定位。设计人员进行网上购物系统原型策划，设计出客户可查看的软件原型图；审核完毕，进入 UI 设计阶段，这个阶段主要是给用户带来更好的视觉体验；接着进入程序开发阶段，程序员对设计进行程序编码，使电子商务平台能够正常运行；最后对电商网站进行内容填充以及上传商品。

5. 测试发布

(1) 测试

这里的测试是指在规定的条件下对程序进行操作，以发现程序或平台错误，衡量网站质量，并对其是否能满足设计要求进行评估的过程。

电子商务网站：测试网上购物系统功能和网站的性能，对网站的前后台开发都完成后，需要对两者进行整合和测试后才能发布，比如看网站打开的速度、网站功能是否能正常操作、网站的链接是否能打开、网站的内容是否错乱等工作。

小程序：将小程序的代码提交，并审核开发配置信息，在确认后，进行测试，如微信搜索关键字是否能找到、支付功能是否完善、小程序的性能等，测试通过后才可以进行小程序的发布。

APP：APP 测试要分为安卓端与苹果端两类，使产品在多机型同步测试，尤其注意需完成个人用户的注册问题、第三方支付问题、BUG 调试修复等工作后，再上线发布。

微信小程序与 APP 的对比如图 2-5 所示。

图 2-5　小程序与 APP 对比

（2）发布

产品发布是企业竞争优势的源泉，在产品发布时发挥核心优势，企业承担的总成本和风险将降低。电子商务平台在发布时需要注意宣传，如小程序与公众号捆绑，APP 在新媒体中发布广告和下载链接等。

▶ 6. 更新与维护

对于电子商务平台进行更新，最好给项目指派一个只专注于这个任务的小团队。对出现的 BUG 进行修复，以保证平台的正常运行。电子商务平台与维护有利于支持业务持续增长，使开发团队有更多时间用在开发和钻研新功能上。

2.2　数据库技术

2.2.1　概念与特征

▶ 1. 概念

数据库技术是信息系统的一个核心技术，是一种计算机辅助管理数据的技术，它用来研究如何组织和存储数据，如何高效地获取和处理数据。它是通过研究数据库的结构、存储、设计、管理，以及应用的基本理论和实现方法来实现对数据库的数据进行处理、分析和理解的技术，即数据库技术是研究、管理和应用数据库的一门软件技术。

▶ 2. 特征

（1）组织性

数据库技术根据信息和数据的某一共同特性进行归类和处理，从而形成一个数据集合，在数据互相联系的基础之上完成工作，这就是数据库技术的组织性。

（2）独立性

数据库当中的信息虽然在很多方面都有着联系性和共通性，但数据还是互相独立的，这种独立分别包括逻辑层面的对立和物理层面的对立。

（3）可控性

数据库当中存在大量的信息，而在这些信息当中难免会出现信息重复冗余的现象，这种信息重复对于用户而言造成了诸多不便,而数据库技术的可控性就是能够根据用户需求进行信息处理,清除重复的信息。

(4) 共享性

共享性可以说是数据库技术的最大特点,数据库的建立者将数据共享当作最终目的,努力实现人与人、企业与企业甚至国与国之间的数据共享。

(5) 灵活性

数据库技术可以根据用户需要将各种信息进行灵活组合和编辑,可见其具有很大的灵活性。

2.2.2 数据库技术的发展

▶ 1. 数据库技术发展历程

(1) 从 0 到 1,数据库前期

1940—1980 年这 40 年是第一个时期,这个阶段属于数据库的前期阶段,可分成以下 4 个阶段,如图 2-6 所示。

萌芽阶段 1940—1950年	初级阶段 1951—1960年	中级阶段 1961—1970年	高级阶段 1971—1980年
文件系统使用磁盘文件来存储数据	第一代数据库:出现了网状模型、层次模型的数据库	第二代数据库:关系型数据库和结构化查询语言	新一代数据库:"关系—对象"型数据库

图 2-6 数据库的前期阶段

在这个时期,网状数据库和层次数据库已经很好地解决了数据的集中和共享的问题,但在数据独立性和抽象级别上仍有很大缺陷。用户在对这两种数据库进行存取时,需要明确数据的结构,指出存取路径,而关系数据库就可以较好地解决这些问题。

(2) 关系型数据库开创新纪元

从 1980 年数据库进入了一个新的 40 年发展时期,在 40 年的数据库发展的第一个 10 年,是从 0 到 1 的关系型数据库时期。

1981—1990 年属于商业关系型数据库的起步阶段,关系型数据库模型是把复杂的数据结构归结为简单的二元关系,即二维表格形式,如图 2-7 所示。举个例子,就像在新员工入职的时候公司都会给其一个编号,这个编号和该员工是一一对应的,这就是一个二元关系。在关系数据库中,对数据的操作几乎全部建立在一个或多个关系表格上,通过对这些关联的表格进行分类、合并、连接或者选取等运算实现数据的管理(结构化查询语言,sql 语句来对数据进行处理)。

在这个时期,Oracle、IBM DB2、Sybase 以及 SQL Server 和 Informix 等开始逐步崭露头角。

(3) 互联网与开源世界崛起

1990—2000 年,开源数据库开始中崭露头角,出现了 PostgreSQL 和 MySQL 等。与此同时,出现了一些分析型数据库。因为之前出现的都是 OLTP 事务型数据库,但随着大数据的出现,需要对数据进行分析,为了避免读写冲突,就需要建立专门的分析型数据库系统,因此出现了 OLAP 分析型数据库,例如 Teradata、Sybase IQ、Greenplum 等就快速成长起来。

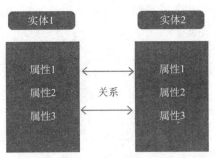

图 2-7　关系型数据库模型

（4）分布式划时代的到来

2000—2010 年，以谷歌为代表的互联网公司逐渐推出了面向 BigData 的数据库计算框架及存储系统，也就是所谓的谷歌 GFS（Google File System）、Google Bigtable、Google MapReduce——"三大技术"。GFS 解决了分布式文件系统问题，Google Bigtable 解决了分布式 KV（Key-Value）存储的问题，Google MapReduce 解决了在分布式文件系统和分布式 KV 存储上面如何做分布式计算和分析的问题。

之所以产生了这"三大技术"，是因为数据强一致性对系统的水平拓展以及海量数据爆发式增长的分析能力出现了断层。因此就需要解决这个问题，把这种数据的强一致性需求弱化，换来能够使用分布式的集群做水平拓展处理。

谷歌"三大技术"在业界诞生以后，衍生了一个新的领域叫 NoSQL（Not Only SQL），就是针对非结构化、半结构化的海量数据处理系统。现如今也有许多商业公司在文档数据（MongoDB）、缓存（Redis）等应用开发中都会用到 NoSQL 系统。

扩展阅读 2-3
分布式数据库
YiDB

分布式数据库模型如图 2-8 所示。

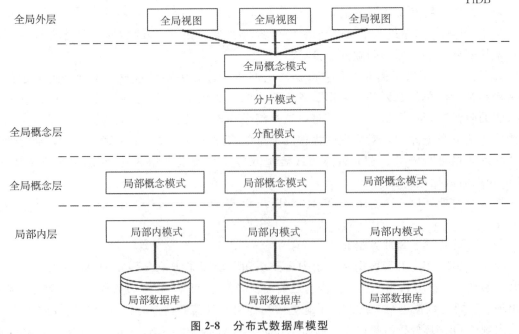

图 2-8　分布式数据库模型

(5) New 的 10 年，New 的时代

而在 2010 年之后到 2020 年的 10 年间，AWS Aurora、Redshift、Azure SQL Database、Google F1/Spanner 以及阿里云的 POLARDB 和 AnalyticDB 等都发展起来了。数据经历了从结构化数据在线处理到海量数据分析，从 SQL＋OLTP 的 RDBMS 到 ETL＋OLAP 的 Data Warehouse，再到今天 NoSQL＋Data Lake 的异构多源的数据类型的发展历程。

谷歌、亚马逊、阿里巴巴这些云计算厂商成了这 10 年期间数据库发展的主要原动力，创造了主要的核心数据库新技术，并继续不断向前。

总结来看，数据库从早先的原始阶段，到关系型数据库，再到 NoSQL、NewSQL，不断地在向云原生、分布式、多模和 HTAP 的能力演进。总体而言，我们可以展望，未来 10 年将是 HTAP 和 Cloud Native DB、Real-Time SQL 主导的时期。

▶ 2. 数据库技术的发展现状

数据库技术是信息系统领域的一项核心技术。随着科技的不断普及和发展，如今，数据库技术与各种技术相融合并广泛应用于多个领域，由此也衍生出了多种新的数据库技术。

(1) 数据库技术与网络通信技术的融合

近年来，数据库技术与网络通信技术的融合越来越深入，分布式数据库系统就是两者融合的产物。分布式数据库有效地将分散在各处的数据库系统通过网络通信技术连接起来。分布式数据库既可以对数据进行集中的管理，又可以让各个节点进行自主的管理。

(2) 数据库技术与面向对象技术的融合

目前，人们已经将面向对象技术逐步引入数据库领域，推动着数据库技术与面向对象技术的融合发展。面向对象数据库系统就是数据库技术与面向对象技术融合发展的产物。面向对象数据库系统是一种支持面向对象特性的数据库系统，因此，面向对象数据库系统既具备对象的概念、方法和技术，又具备常规数据库系统的处理能力。

(3) 数据库技术与多媒体技术的融合

近年来，随着多媒体技术的广泛应用，多媒体信息的数量也在不断地增加。为了更好地对这些多媒体信息进行有效的管理，就要不断地推进数据库技术与多媒体技术的融合发展。多媒体数据库系统就是数据库技术与多媒体技术融合发展的产物。多媒体数据具有信息量大、实时性强以及分布性广等特征。多媒体数据库不但能够表示和理解多媒体数据，还能够刻画、管理和表现各种媒体数据的特性。

(4) 数据库技术和人工智能技术的融合

人工智能技术是一种新兴的技术，是一门研究计算机模拟人的大脑思维和模拟人的活动的科学。人工智能技术注重逻辑推理和判断，但缺乏高效的数据处理能力；而数据库技术具备高效的数据处理技术，而缺乏逻辑推理方面的能力。因此，可以将二者优势互补，进行融合性的发展。智能数据库就是数据库技术和人工智能技术融合发展的产物。智能数据库具备数据库技术与人工智能技术的优点，是一种新型的数据库系统，在未来有很广阔的发展前景。

▶ 3. 数据库技术的发展趋势

数据库的系统架构，有以下几个趋势：大数据和数据库一体化、云原生和分布式技术

结合、智能化、多模数据处理、软硬件一体化、安全可信。具体的一些应用如下。

(1) 云原生关系型数据库 PolarDB

每个数据块分成三个物理节点,不用关心分布式带来的挑战,比如分库分表、分布式的查询,对应用完全透明,读写一份数据,做到了分布式技术透明化、集中式部署。

PolarDB 的存储与计算架构分离,能在分钟级别部署一个新的计算节点,或者扩容存储节点。同时,在性能上做了大量的优化,非常好地兼容了生态,比如 100% 兼容 MySQL 和 PostgreSQL,高度兼容 Oracle。

其性价比在商业数据库中有非常大的竞争优势,在实际的客户案例里,利用 PolarDB Oracle 兼容版替换现有的 Oracle,在性能一样的前提下,整体成本不到原来的三分之一。

除了云原生的架构,还有分布式架构版的 PolarDB-X。在每个分区里面做这种三节点的架构,同时,三节点利用协议做数据的一致性保障,而且三节点可以做到同城跨 AZ 部署。

(2) 一体化设计是下一代数据分析系统的核心理念

下一代的系统是将云原生技术和分布式技术合二为一:上面是分布式,而下面是云原生的方式实现。每个分区都可以享受云原生带来弹性、高可用的能力,同时,上面有分布式带来的水平拓展的能力,解决高并发可能带来的瓶颈问题。

(3) 云原生数据仓库 AnalyticDB

云原生的数据仓库本质上也是云原生的架构,存储池化、计算池化、存储计算分离,同时实现海量存储弹性、轻量化部署。云原生数据仓库 AnalyticDB 的架构如图 2-9 所示。

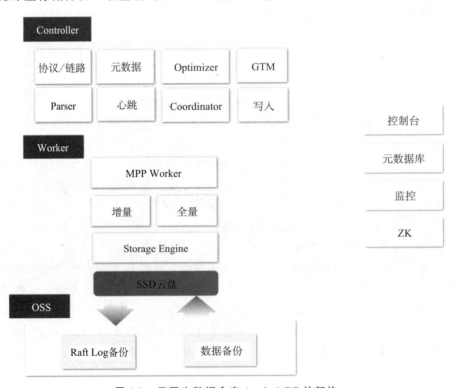

图 2-9 云原生数据仓库 AnalyticDB 的架构

利用这些技术实现数据处理和计算分析的离在线一体化、数据库与大数据一体化。如同现实生活中的仓库，所有物品要分门别类放好。所以，数据仓库比较适合已经范式化的数据格式、业务类型比较固定的场景，性价比非常高。

以上阿里在云原生数据仓库方面做的一些工作，同时也利用这套架构研发了AnalyticDB(ADB)，支持了淘宝天猫对实时交易数据进行在线交互式分析和计算的需求，同时支持复杂的离线ETL与在线分析的融合。

(4) 数据湖

数据湖——"湖底"的数据参差不齐，"湖面"却是平的。不同于数据仓库，数据湖的存储是多源异构的，只需要有一个统一的界面对这些数据进行分析、处理。

阿里打造了一个云原生的Serverless数据湖解决方案DLA：基于对象存储，对多源异构的数据存储进行统一的计算和分析，利用云原生的Serverless技术，可以用非常低的成本实现弹性高可用的能力，并且满足安全性的要求。

(5) 多模、智能化和安全可信

在管控这一层实现异常检测、安全诊断，通过K8S这套编排技术，把多源异构的资源管理起来，打造智能化的运维管控平台。

例如阿里做了全加密的数据库，数据进入内核以后不需要解密，利用安全硬件技术做了全加密的流程和保护，实现了不解密也能进行数据加工和处理。

除了结构化数据外，数据业务的多样化还带来了多模数据，例如文本、时序、图片、图数据等非结构化数据。针对多模数据，阿里设计研发了基于云原生架构的多模数据库Lindorm以及云原生内存数据库Tair来支持多模数据处理。

最后是生态工具，从传输、备份到管理。传输采用DTS，实现端到端数据同步，用DBS数据备份完成多云多端的逻辑备份、物理备份，DMS企业级的开发建模流程，ADAM用来针对基于传统数据库和数据仓库开发的应用评估与迁移。

在疫情期间，各行各业有一个非常大的变化——传统的离线业务和在线业务在快速融合，线上线下的边界越来越模糊。这带来的挑战是，业务波峰波谷的变化越来越剧烈。这是疫情带来的必然变化，数字化的转型也是一个必然发生的事实。

在这种背景下，阿里云原生数据库PolarDB、云原生数据仓库AnalyticDB，不仅支持了"双十一"，更在疫情期间服务了各行各业，尤其是在线教育、游戏等传统的线上线下边界越来越模糊的行业。

2.2.3 常见的数据库产品

关系型数据库是目前最受欢迎的数据库管理系统，技术比较成熟。常见的关系型数据库有MySQL、SQL Server、Oracle、Access、DB2等。

▶ 1. MySQL

MySQL是最受欢迎的开源SQL数据库管理系统，它由MySQL AB开发、发布和支持。MySQL AB是一家基于MySQL开发人员的商业公司，它是一家使用了一种成功的商业模式来结合开源价值和方法论的第二代开源公司。MySQL是MySQL AB的注册商标。MySQL是一个快速的、多线程和多用户的SQL数据库服务器。MySQL服务器支持关键任务、重负载生产系统的使用，也可以将它嵌入一个大配置(mass-deployed)的软件中去。

▶ 2. SQL Server

SQL Server 是由微软开发的数据库管理系统，是 Web 上最流行的用于存储数据的数据库，它已广泛用于电子商务、银行、保险、电力等与数据库有关的行业。它只能在 Windows 上运行，操作系统的系统稳定性对数据库十分重要。SQL Server 提供了众多的 Web 和电子商务功能，如对 XML 和 Internet 标准的多种支持，通过 Web 对数据进行轻松安全的访问，具有强大的、灵活的、基于 Web 的和安全的应用程序管理等。由于其易操作性以及友好的操作界面，深受广大用户的喜爱。

▶ 3. Oracle

提起数据库，第一个想到的公司一般都会是甲骨文(Oracle)。该公司成立于 1977 年，最初是一家专门开发数据库的公司。甲骨文在数据库领域一直处于领先地位。1984 年，它首先将关系数据库转到了桌面计算机上。然后，Oracle 5 率先推出了分布式数据库、客户/服务器结构等崭新的概念。Oracle 6 首创行锁定模式以及对称多处理计算机的支持……最新的 Oracle 版本主要增加了对象技术，成为关系—对象数据库系统。

目前，Oracle 产品覆盖了大、中、小型机等几十种机型，Oracle 数据库成为世界上使用最广泛的关系数据系统之一。Oracle 数据库管理系统是一个以关系型和面向对象为中心管理数据的数据库管理软件系统，其在管理信息系统、企业数据处理、因特网及电子商务等领域有着非常广泛的应用。因其在数据安全性与数据完整性控制方面的优越性能，以及跨操作系统、跨硬件平台的数据互操作能力，使得越来越多的用户将 Oracle 作为其应用数据的处理系统。

▶ 4. Access

Access 是美国微软公司于 1994 年推出的微机数据库管理系统，是小型应用数据库的代表。它具有界面友好、易学易用、开发简单、接口灵活等特点，是典型的桌面关系型数据库管理系统。

它结合了 Microsoft Jet Database Engine 和图形用户界面两项特点，是 Microsoft Office 的成员之一。Access 能够存取 Access/Jet、Microsoft SQL Server、Oracle，或者任何 ODBC 兼容数据库的资料。作为 Office 套件的一部分，Access 可以与 Office 集成，实现无缝连接。Access 提供了表(Table)、查询(Query)、窗体(Form)、报表(Report)、宏(Macro)、模块(Module)等用来建立数据库系统的对象，还提供了多种向导、生成器、模板，把数据存储、数据查询、界面设计、报表生成等操作规范化。

Access 为小型应用数据库，较少为企业使用，相比 Access 数据库，SQL Server 是部门级应用的数据库，MY SQL 和 postgreSQL 是部门级和企业级都合适的应用数据库，Oracle、DB2 和 informix 是大型企业级应用的数据库。

▶ 5. DB2

IBM DB2 是美国 IBM 公司开发的一套关系型数据库管理系统，它主要的运行环境为 UNIX(包括 IBM 自家的 AIX)、Linux、IBM i(旧称 OS/400)、z/OS，以及 Windows 服务器版本。DB2 主要应用于大型应用系统，具有较好的可伸缩性，可支持从大型机到单用户环境，应用于所有常见的服务器操作系统平台。DB2 提供了高层次的数据利用性、完整性、安全性、可恢复性，以及小规模到大规模应用程序的执行能力，具有与平台无关的基本功能和 SQL 命令。DB2 采用了数据分级技术，能够使大型机数据很方便地存储至 LAN

数据库服务器，使得客户机/服务器用户和基于 LAN 的应用程序可以访问大型机数据，并使数据库本地化及远程连接透明化。

DB2 以拥有一个非常完备的查询优化器而著称，其外部连接改善了查询性能，并支持多任务并行查询。DB2 具有很好的网络支持能力，每个子系统可以连接十几万个分布式用户，可同时激活上千个活动线程，对大型分布式应用系统尤为适用。

2.3 电子商务前沿技术

2.3.1 云计算

▶ 1. 云计算概述

（1）云计算的概念

"云"实质上就是一个网络。狭义上讲，云计算就是一种提供资源的网络，使用者可以随时获取"云"上的资源，按需求量使用，并且可以看成是无限扩展的，只要按使用量付费就可以。从广义上说，云计算是与信息技术、软件、互联网相关的一种服务，这种计算资源共享池被称作"云"，云计算把许多计算资源集合起来，通过软件实现自动化管理，只需要很少的人参与，就能让资源被快速提供。

总之，云计算不是一种全新的网络技术，而是一种全新的网络应用概念，云计算的核心概念就是以互联网为中心，在网站上提供快速且安全的云计算服务与数据存储，让每一个使用互联网的人都可以使用网络上的庞大计算资源与数据中心，如图 2-10 所示。

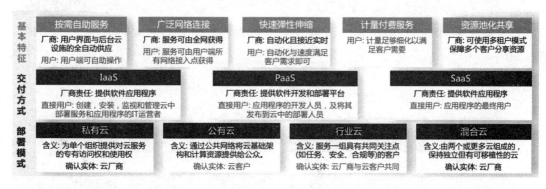

（图片来源：亿欧智库）

图 2-10 云计算模式可视模型（NIST）

（2）云计算发展现状

2020 年，云计算取得了空前的发展，在多方面取得进展，其中较为突出的有如下三点。

1）进入盈利时代

通过持续投入技术研发，云计算帮助客户进行数字化转型和业务增长。2020 年，阿里云实现收入 161 亿元，同比增长 50%，主要系互联网、零售和公共部门客户收入的强劲增长所推动。在业务方面，2020 年"双十一"期间，公司实现了"双十一"核心系统的全面云原生化，每万

扩展阅读 2-4
云计算的优势
与特点

笔峰值交易的IT成本较4年前下降了80%，规模化应用交付效率提升了一倍之多，并成为全球最大规模的云原生实践。2020年11月，阿里云为国内首家入选Gartner全球数据库领导者阵营的云厂商，标志中国数据库步入全球顶级数据库行列。除此之外，像金山云、Ucloud、腾讯云等相关云计算厂商也都实现了营收的正向增长，整体欣欣向荣。2020年第一季度和第二季度，亚马逊云计算业务营收分别为102.19亿美元和108.08亿美元，连续两个季度超过100亿美元，上半年合计营收210.27亿美元，同比增长30.78%。云生态规模持续扩大，云计算业务盈利能力进一步提升，进入盈利时代。

2) 开启原生安全时代

自2018年起，对云计算安全能力的关注度直线上升。中国信息通信研究院的云计算发展调查报告显示，42.4%的企业在选择公有云服务商时会考虑服务安全性，原生安全性是影响企业选择的重要因素；43%的企业在私有云安全上的投入占IT总投入的10%以上，较上一年度提升了4.8%。原生云安全理念开始兴起。国际上，2020年Gartner、Forrester、Rackspace、VMware等研究机构和云厂商纷纷提出原生安全理念；在国内，阿里云、360等厂商将原生安全定义为企业下一代云安全架构。根据全球最具影响力的研究和咨询公司之一，Forrester发布的《云安全解决方案预测，2018—2023年》(Cloud Security Solutions Forecast, 2018 To 2023)统计，云平台原生安全占据了云安全市场规模的73%。原生云安全已经深入人心。

3) 云计算高能计算时代

高性能计算工作负载（HPC）通常分阶段或分批运行，近年来，HPC系统在新产品设计和高级仿真方面提供了更多帮助，以至于HPC用户一直在探索云计算以更轻松地访问资源。

(3) 中国云计算发展趋势

在多重因素推动下，多样化与多维化是中国云计算发展的两大趋势，如图2-11所示。多样化是指混合IT、混合云、多云共存的企业IT环境，多维化是指规模范围（广度）、行业垂直度（深度）、价值延续（长度）多维协同发展。

扩展阅读2-5 云计算的发展趋势详解

(图片来源：亿欧智库)

图2-11 云计算发展新趋势

▶2. 云计算在电子商务中的应用

在如今科学技术飞速发展的情况下，将"云计算"应用到电子商务领域，组建成新的商务模式，其主要的发展思路为基于电子外包服务的相关应用。云服务含有的电子外包模式依据"按需分配"的模式，电子商务企业可以在具有实用需求的时候快速得到相关资源与服务的支撑，使其成为企业应用云计算的基本环境与物理结构。

(1) 基于"供应链云"的全程电子商务模式

在该结构中，企业利用供应链的基本模式进行核心业务流程的搭建，具体构建企业供应链的管理模式，之后使用企业自身具有的计算机平台与相关技术，以此对企业服务流程进行不断的完善和增强，合理地调配企业资源，企业利用分布广泛的云服务实现全程的电子商务管理目的，如图 2-12 所示。

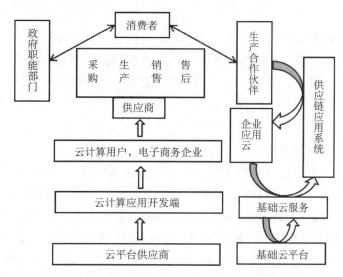

(图片来源：姜红波. 电子商务概论[M]. 3 版. 北京：清华大学出版社，2019 年.)

图 2-12　基于云计算的全程电子商务产业链

(2) 基于"移动云"的移动电子商务模式

由于企业具有庞大的分布式云系统模式，其信息处理功能十分强大，运算的效率也十分高，再加上云计算所提供的按需分配的模式，以及在 5G 服务出现之后提供的全新的移动云服务模式，都会彻底地打破移动服务存在的限制，如图 2-13 所示。

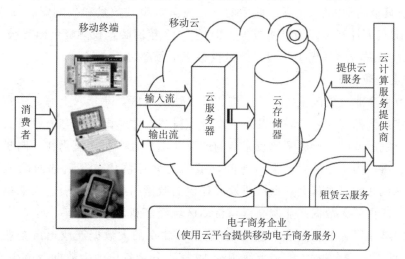

(图片来源：马佳琳. 电子商务云计算[M]. 北京：北京理工大学出版社，2017.)

图 2-13　基于移动云的移动商务模型

2.3.2 大数据

▶ 1. 大数据概述

(1) 大数据的概念

对于大数据(Big data),研究机构 Gartner 给出了这样的定义。大数据是指需要新处理模式才能具有更强的决策力、洞察发现力和流程优化能力来适应海量、高增长率和多样化的信息资产。

麦肯锡全球研究所给出的定义是:一种规模大到在获取、存储、管理、分析方面大大超出了传统数据库软件工具能力范围的数据集合,具有海量的数据规模、快速的数据流转、多样的数据类型和价值密度低四大特征。

扩展阅读 2-6
企业应用大
数据的意义

(2) 大数据发展现状

1) 大数据市场规模增长

2018 年,全球大数据市场规模达到 403 亿美元,同比增长 16.14%;其中,硬件、软件和服务所产生的收入分别为 127 亿美元、167 亿美元、109 亿美元,占比分别为 31.5%、41.4% 和 27.1%。我国大数据产业循序发展,应用不断深化,已经成为当今经济社会领域备受关注的热点之一。2019 年,我国大数据产业规模达 5 397 亿元,同比增长 23.1%。2020 年,我国大数据产业整体规模达到 6 670.2 亿元。截至 2020 年上半年,全球已建成超大型数据中心 541 个,相比 2015 年增长了超过一倍。服务器作为数据中心提供算力的计算底座,其出货量近几年也一直呈稳定上升趋势,据 IDC 报告显示,2020 年上半年全球服务器出货量达到了 580 万台,中国大数据硬件市场规模达到 2 850.1 亿元,软件市场规模达到 1 362.6 亿元。大数据逐渐成为全球 IT 支出新的增长点。

2) 大数据融资活跃

我国大数据领域融资活动逐渐兴起,呈现持续升温的态势。2014 年,投融资事件共 256 起,投融资金额 303.75 亿元。此后两年,投融资事件数量和投融资金额均持续上涨,2017 年,投融资事件和金额均有所减少,但是 2018 年回暖,投融资金额突破 1 500 亿元。2019 上半年,投融资事件仅 104 起,但是投融资金额超过 400 亿元。

3) 大数据产业聚集

我国大数据产业集聚区主要位于经济比较发达的地区,北京、上海、广东是发展的核心地区,这些地区拥有知名互联网及技术企业、科技人才、国家强有力政策支撑等良好的信息技术产业发展基础,形成了比较完整的产业业态,且产业规模仍在不断扩大。除此之外,以贵州、重庆为中心的大数据产业圈,虽然地处经济比较落后的西南地区,但是贵州、重庆等地依托政府对其大数据产业发展提供的政策引导,积极引进大数据相关企业及核心人才,力图占领大数据产业制高点,带动区域经济新发展。

据 2018 年《中国大数据企业产业地图》显示,北京的大数据产业上市企业数量多,达到了 37 家。此外,广东为 21 家,上海则为 10 家,其余省份的大数据上市企业均在 10 家以下,如表 2-4 所示。

表 2-4　大数据企业基础设施

基础设施	数据采集	杭州海康威视数字技术股份有限公司、深圳视界信息技术有限公司、北京四维图新科技股份有限公司
	基础技术服务	恒拓开源信息科技股份公司、星环信息科技有限公司
	存储管理	天津南大通用数据技术有限公司、软通动力信息技术有限公司、成都四方伟业软件股份有限公司
	数据流通	国信优易数据有限公司、北京数美时代科技有限公司
	分析挖掘	北京北大方正电子有限公司、龙信数据有限公司、北京腾云天下科技有限公司

大数据基于云计算的数据处理与应用模式，使其能够在合理时间内进行撷取、管理、处理，并整理成帮助企业经营决策的资讯。2015 年是大数据应用启动元年，当年大数据主要应用于媒体社交娱乐业、金融业、基础电信行业。随着计算机及其存储设备、互联网、云计算等技术的发展，大数据应用领域随之不断丰富，并开始向医疗、交通、政府等领域深入。当前，各产业都在深入挖掘大数据的价值，研究大数据的深度应用。电商借力大数据实现快速发展，医疗行业通过大数据提高治愈率，旅游行业通过大数据实现营销，安防行业通过大数据提高应急处理能力和安全防范能力，交通行业通过大数据能够有效缓解交通拥堵，并快速响应突发状况，为城市交通的良性运转提供科学的决策依据。

扩展阅读 2-7
大数据发展趋势

▶ 2. 大数据在电子商务中的应用

以下从人、货、场 3 个方面简单分析一下大数据在电商的运用。

（1）人

1）商家

其一，建立精准定位，如今大的市场基本都呈饱和状态，同质化严重，竞争激烈。大数据可以为商家建立更加精准的市场定位，开拓出新的市场，更快地进行品牌建设。实行差异化竞争策略，并基于大数据不断地更新自身对于细分领域市场情况的了解，辅助经营策略的制定，保持独特的竞争力，在细分市场垂直领域赢得立足之地。

其二，赋能企业决策，通过监控店铺经营状况、消费者购买情况、进销存等，快速对接线上市场，实时同步店铺动态，为店铺提供经营指导。通过大数据还可以了解竞争商品的信息，对比友商分析自身不足，以便企业及时进行优化。

其三，切入电商精准营销，通过大数据对顾客的个人信息、购买能力、消费喜好、即时需求等，刻画用户画像，进行精准营销，降低流量获取成本，提升店铺利润。

2）买家

其一，需求匹配，根据买家输入的关键词可以为买家精准高效匹配所需商品。

其二，大数据使得消费者获得信息渠道多元化，消费者有了更大的自主权与议价能力，倒逼传统的消费结构进行改变，大数据时代新的消费者行为逐渐形成。

（2）货

储存货物的作用之一是缓解电商供给需求对冲，从而达到优化供应链的效果。大数据可以让商家了解商品销售情况,动态把握爆款 SKU 与产品生命周期,调整产品结构。通过整合商品数据、门店数据、销售数据和库存数据,可以预测销售,为智能补货提供支撑,让消费者避免想买买不到的尴尬,提升消费体验,提高商品周转率,降低货物积压。

(3) 场

在物流方面,"双十一"的快递到达时间每一年都在刷新,这背后少不了大数据的影子。物流的三个主要环节就是仓储、运输与管理,通过压缩这三个环节,实现高效配送。

在仓储方面,"双十一"时,分析消费者可能购买的商品,提前下沉预售商品,并通过智能仓储将产品前置到离消费者最近的场所,实现极速送达。

在运输层面,优化物流动线,实时监控运输车位置以及空驶情况,降本提效。

在管理方面,可以对物流资源进行合理配置,控制管理成本。

如今,电商行业越来越重视精细化运营,对于数据的需求在不断攀升。但是数据的体量大不意味着价值高,只有真正有实用价值的数据才能帮助电商更好地获利。

扩展阅读 2-8 云计算加速数据库与大数据系统演进

2.3.3 物联网

▶ 1. 物联网概述

(1) 物联网的概念

物联网是互联网的另一种表现形式,它是可以在物联网中物和物之间进行通信与交换,最后实现智能化的识别、跟踪、定位及管理的网络。物联网是一种非常典型的信息与通信系统,它既具有现有互联网的信息存储和传递能力,又具有物品信息的自动采集和处理能力。物联网技术的智能识别能力可以通过二维码、RFID 读写器等技术手段将产品的生产信息和物流信息直接传输到储存网络中,并且向外传递。利用智能传输设备,可以使信息传输简单、高效、安全。

(2) 物联网的发展现状

2019—2020 年,物联网的应用持续增长,使用该技术的公司从 85% 激增到 91%。其中 83% 的应用者至少有一个项目已经达到使用阶段,而 2019 年这一比例仅为 74%。

各国对物联网的应用力度都很大,但应用速度和对成功的看法略有不同。如图 2-14 所示,美国、法国、德国和中国的物联网应用者比例最高。所有接受调查的国家都有约四分之一的项目处于使用阶段。平均而言,中国的物联网项目进入使用阶段的速度最快(10 个月),而德国项目需要的时间稍长(14 个月)。尽管应用的速度不同,但中国和德国公司都强烈地感觉到了物联网对其成功的重要性。

与其他国家相比,英国和日本国内的应用速度较慢,他们的物联网项目更多处于学习阶段。

同样,各行业对物联网的应用力度也很大,不过在医疗保健领域的应用率较低。在所调查的零售、医疗、能源和制造业的决策者中,属于物联网应用者的比例非常高,所有行业中有大约四分之一

扩展阅读 2-9 物联网发展趋势详解

	全球	美国	英国	德国	法国	日本	中国
物联网应用者占比	91%	92%	88%	94%	92%	87%	91%
处于使用阶段的项目占比	25%	26%	24%	24%	25%	24%	25%
进入使用阶段时间/月（中位数）	12	11	12	14	11	12	10
对公司的成功至关重要	90%	86%	81%	97%	93%	91%	98%
计划2年内更多应用物联网	64%	69%	64%	54%	67%	64%	60%

（图片来源：《物联网信号报告（上）：现状和未来之现状调研》，2020）

图 2-14　全球使用物联网应用者占比

的项目处于使用阶段，如图 2-15 所示。除能源行业外，进入使用阶段的平均时间为 12 个月，能源行业一般要多花 1 个月左右。

	总计	制造	医疗	零售	能源
物联网应用者占比	91%	93%	89%	94%	94%
处于使用阶段的项目占比	25%	23%	25%	26%	26%
进入使用阶段时间/月（中位数）	12	12	12	12	13
对公司的成功至关重要	90%	93%	87%	92%	90%
计划2年内更多应用物联网	64%	67%	58%	58%	55%

（图片来源：《物联网信号报告（上）：现状和未来之现状调研》，2020）

图 2-15　行业使用物联网应用者占比

2. 物联网在电子商务中的应用

如今物联网的应用不仅仅是一个概念，它已经在电子商务中运用，如图 2-16、表 2-5 所示。物联网在完善产品质量监控、改善供应链管理、提高物流配送质量、一物一码、明确电子商务税务等方面具有十分重要的推动作用。尤其是在 5G 加持下的物联网中，以"一物一码"溯源，构建"万物互联、万物皆媒、价值互通"新消费服务生态，为政府、企业和消费者提供"品质可溯、品牌可视、消费可信"的品牌新生态服务。

扩展阅读 2-10
疫情期间的物流网应用产品

表 2-5 物联网应用场景

场景	服务
工厂	设备维护、库存优化、工人健康、安全
城市	交通、公共健康和安全、资源管理、服务支付
医疗保健	健康改善、慢性病护理
外部环境	发生在城市间的户外环境
工地	运营效率、设备维修
车辆	车联网
家庭	家务自动化、能源管理、安全性
人类生产力	AR、移动连接线
办公室	安防、能源管理

面向 G 端

- **智慧城市**：智慧城市融合信息技术与城市建设，提升城市管理效率，改善人民生活质量，物联网建设为其发展提供技术支撑和保障；2018 年全球智慧城市市场规模为 3 080 亿美元，预计 2023 年增长为 7 172 亿美元
- **智慧交通**：联网化和智慧化是未来交通系统的发展方向，基于视频监控与采集、GPS、RFID 等物联网技术建设的感知网络是核心；2017 年全球智能交通市场规模达 2 789.5 亿美元
- **智慧安防**：数字时代，技术安防不断发展，物联网从感知、传输、应用层面提供技术支撑

……

面向 C 端

- **智能穿戴**：智能穿戴设备承担数据采集的角色，是物联网的核心载体；据 IDC 数据，2019 年全球可穿戴设备出货量达到 3.365 亿台，相比 2018 年的 1.78 亿台增长了 89%
- **智能家居**：智能音箱（爆款单品）：2019 年全球智能音箱销量达到 1.469 亿台，比 2018 年增长 70%；向全屋智能发展，包括智能家电、智能门锁、智能照明等
- **智慧出行**：共享单车设备需要物联网技术（GPS 定位）的支撑，2017 年全球共享单车用户规模高达 2.27 亿人，智能化的出行服务是重要的发展趋势

……

面向 B 端

- **车联网**：车联网即车辆物联网，运用传感器、通信、数据处理等技术。截至 2017 年，全球车联网市场规模约为 525 亿美元
- **智能制造**：物联网赋予设备连接能力是智能制造发展的关键之一，2018 年全球市场规模约为 1 770 亿美元，是 2015 年的近 4 倍
- **智慧物流**：全球物流市场规模从 2010 年的 5 416 亿美元扩大至 2018 年的 9 534 亿美元，基于信息采集、大数据分析等信息技术，物流系统趋向智能化发展
- 2018 年中国智慧物流市场规模达 4 860 亿元，增长 19.4%

……

（图片来源：亿欧智库《巨头企业物联网业务布局研究》，2020 年 8 月）

图 2-16 物联网的面向端

2.3.4 智慧城市

▶ 1. 智慧城市概述

（1）智慧城市的概念

智慧城市是指运用信息和通信技术手段感测、分析、整合城市运行核心系统的各项关键信息，从而对包括民生、环保、公共安全、城市服务、商业活动在内的各种需求做出智能响应。其实质是利用先进的信息技术，实现城市的智慧式管理和运行，进而为城市中的人创造更美好的生活，促进城市的和谐、可持续成长。

（2）智慧城市的发展现状

2020年年初，突如其来的新冠肺炎疫情使智慧城市建设面临重大考验。部分智慧城市建设落实较好的城市运用互联网、大数据、人工智能等信息技术手段提升了城市治理及管理的精细化、智能化水平，为疫情控制提供了有效协助。但其中也有一部分与智慧城市相关的设施在此次防疫"战争"中处于瘫痪状态，暴露了中国智慧城市建设中基础设施薄弱、"数据孤岛"等现实短板。未来我国仍须继续探索提升智慧城市科学治理水平的有效路径，提升智慧城市数字化管理能力。随着"新基建"的号角吹响，在智慧城市建设中暴露出的短板有望被快速弥补。

扩展阅读2-11
智慧城市的
发展趋势

自我国推进智慧城市建设以来，住建部发布三批智慧城市试点名单，截止至2020年4月初，住建部公布的智慧城市试点数量已经达到290个。目前，我国智慧城市试点数量累计已达749个，如图2-17所示。

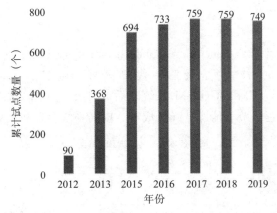

（图片来源：前瞻产业研究院《2020年中国智慧城市发展研究报告》）

图2-17 2012—2019年中国智慧城市累计试点数量

▶ 2. 智慧城市在电子商务中的应用

如图2-18所示，智慧城市包括智慧政务、智慧教育、智慧医疗、智慧安防、智慧交通、智慧环保、智慧园区、智慧物流、智慧制造、智慧能源等内容。其中，智慧物流、智慧园区已经在电子商务领域深度应用。

智慧物流是现代物流发展的主要方向，也是电商发展必经之路。将智慧物流基础设施和互联网设施相结合，可以降低物流成本。同时，它

扩展阅读2-12
优秀智慧城市
——上海

能为电商企业提供仓储、打包、物流、管理系统输出、大数据挖掘等一条龙服务，实现了电商仓储条码化、无纸化、可视化、智能化。

智慧园区大大提升了物流信息化、标准化、智能化水平，使其能以最小的成本带来最大的效益。从备货、仓储、分拣到装车转运，通过深化供应链、物流链等创新模式，推动物流、仓储及园区信息化、智慧化建设，打造智慧型电商生态。

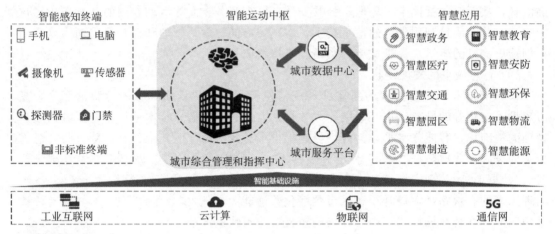

（图片来源：亿欧智库）

图 2-18　智慧城市图解

2.3.5　5G

▶ 1.5G 概述

（1）5G 的概念

第五代移动通信技术（5th generation mobile networks 或 5th generation wireless systems、5th-Generation，5G 或 5G 技术）是最新一代蜂窝移动通信技术，也是继 4G（LTE-A、WiMax）、3G（UMTS、LTE）和 2G（GSM）系统之后的延伸，如图 2-19 所示。5G 的性能目标是高数据速率、减少延迟、节省能源、降低成本、提高系统容量和大规模设备连接。

需求推动技术进步，其也会从基础模块进行叠加性的升级，比如硬件模块的叠加、基站的数量、技术步骤的极简化、频段的发射间隔、有用信息占带宽的比重等，是在物理层面和现行技术极限化的层面进行升级。

但是 5G 时代，技术的进步会通过理念的革新、设计思路的转变，以及实现机理与老技术完全不同的新技术来实现，因此在技术的路径上是没有尽头的。所以在5G时代，是技术的自然演化创造着人类的新需求。

（图片来源：艾瑞咨询）

图 2-19　移动通信需求与技术的互动关系

（2）5G 网络全球发展现状

当前，在全球范围内，5G 正在快速发展过程中，众多电信运营商均已经宣布或即将宣布 5G 商用。根据 GSA 的统计，截至 2020 年 9 月中旬，全球共有 129 个国家/地区的 397 家运营商对 5G 网络进行了投资，124 家运营商已经着手进行 5G 网络的建设，其中来自 44 个国家/地区的 101 家运营商已经推出了符合 3GPP 标准的 5G 服务（94 家运营商推出了 5G 移动服务，37 家运营商推出了 5G FWA 或家庭宽带服务）。

尽管众多运营商开展了 5G 网络的投资与商用，但在全球范围内，发展极不均衡。根据中国工信部在 2020 年 11 月 23 日披露的数据，中国 5G 基站达 70 万个，全球占比七成，连接超过 1.8 亿个终端。除中国外，在全球范围内，仅韩国就发展了约 1 000 万个 5G 用户，建设了超过 12 万个 5G 基站；美国发展了 500 万～600 万 5G 用户，表现尚可。

由于基站建设尚有待提升，在全球范围内，5G 网络与 4G 网络对比，尚难体现出优势。根据 Opensignal 于 2020 年 8 月对 5G 下载速率的测试（图 2-20），最快的是美国威瑞森电信（Verizon）的 506.1Mbit/s（毫米波部署的因素），最慢的是美国电信运营商 T-Mobile 的 47.0Mbit/s，对比各运营商的 4G 和 5G 网络，其中威瑞森电信差距最大，达到 18.4 倍，而 T-Mobile 仅为 1.7 倍，难以体现 5G 网络的优势。另外，根据 SpeedTest 同期测试，中国移动为 318.23Mbit/s、中国联通为 180.94Mbit/s、中国电信为 213.74Mbit/s，体现了中国 5G 网络建设的成果。

根据 IPLytics 在 2020 年 1 月发布的专利分析报告，全球 5G 核心专利，有 34% 被中国企业掌握，位列全球首位。在 5G 建设中，目前中国居全球领先地位，大部分用户和基站位于中国。

在产业实践上，中国 5G 基础设施和用户数全面增长，70 余万基站与超过 2 亿个终端连接遥遥领先于世界其他国家。而根据 2021 年全国工业和信息化工作会议上的信息，中国将新建超 60 万个 5G 基站，继续巩固全球领先的优势。

扩展阅读 2-13
5G 发展趋势

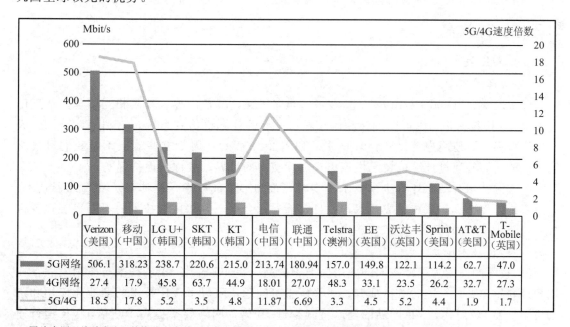

	Verizon（美国）	移动（中国）	LG U+（韩国）	SKT（韩国）	KT（韩国）	电信（中国）	联通（中国）	Telstra（澳洲）	EE（英国）	沃达丰（英国）	Sprint（美国）	AT&T（美国）	T-Mobile（英国）
5G 网络	506.1	318.23	238.7	220.6	215.0	213.74	180.94	157.0	149.8	122.1	114.2	62.7	47.0
4G 网络	27.4	17.9	45.8	63.7	44.9	18.01	27.07	48.3	33.1	23.5	26.2	32.7	27.3
5G/4G	18.5	17.8	5.2	3.5	4.8	11.87	6.69	3.3	4.5	5.2	4.4	1.9	1.7

（图片来源：澎湃新闻《科技城丨全球 5G 发展的核心影响因素及未来趋势》2021）

图 2-20　全球各运营商 5G 与 4G 网络的下载速率与差距对比

2.5G在电子商务中的应用

(1) 高清视频+直播业务

5G技术超高的下载速率和移动性优势,首先带来的是高清视频变革。在个人应用方面,4K高清视频、高清游戏、赛事直播等应用将得到发展;在行业方面,5G技术改变传统的视频传输模式,在媒体直播、移动执法、智慧城市等领域将得到广泛使用。

从平台来看,淘宝的风口由图文转到短视频,再由短视频转到直播。淘宝于2016年启动直播购物,后单独推出淘宝直播APP,2018年,淘宝直播带货已超千亿元,每天直播超6万场。2019年的"双十一"直播带货达到几百亿元,2020年直播带货,已经不是点缀,而是未来电商模式的主流,"双十一"直播带货直破千亿元。5G技术给直播带来科技动力,4K高清,所见即所得,镜头直接拉升就可以清晰看到商品的所有细节,而且直播更流畅、展示更立体和互动更真实,将进一步加速和优化电商直播走势。

(2) 工业互联网业务

在工业互联网业务方面,在建的"5G+工业互联网"项目超过600个。工业互联网创新发展驶入快车道,据公开数据测算,2019年,我国工业互联网的产业经济增加值规模已达3.41万亿元。2020年上半年,工业互联网在平台建设、融合应用及安全保障等方面都取得积极进展。

在平台建设方面已培育形成超过500个特色鲜明、能力多样的工业互联网平台,其中具备一定行业、区域影响力的平台数量超过70个,部分重点平台服务工业企业近8万家。

在融合应用方面,5G与工业互联网的融合进入实施阶段,建设超过10万个5G基站,在工业、交通、医疗等行业和领域,已形成上百个5G创新应用场景。

在安全保障方面,已发布30余项工业互联网安全相关标准,初步形成对百余个工业互联网平台、900余万台联网设备的实时监测能力,共服务9万多家工业企业。

2.3.6 VR技术

1. VR技术概述

(1) VR的概念

虚拟现实(Virtual Reality,VR)技术,顾名思义,就是虚拟和现实相互结合。从理论上来讲,VR技术是一种可以创建和体验虚拟世界的计算机仿真系统,它利用计算机生成一种模拟环境,使用户沉浸到该环境中,如图2-21所示。因为这些现象不是我们直接所能看到的,而是通过计算机技术模拟出来的现实中的世界,故称为虚拟现实。

其关键技术有动态环境建模技术、实时三维图形生成技术、立体显示和传感器技术、应用系统开发工具和系统集成技术。并且,随着社会生产力和科学技术的不断发展,各行各业对VR技术的需求日益旺盛。

(2) VR技术现状

5G技术的商用为VR技术的应用插上了翅膀。在4G时代,VR技术与应用发展存在用户体验感差、计算能力有待提升、头显沉重等问题,阻碍了VR技术的商业化应用和市场发展。而5G时代,VR产品的延迟将减少近10倍,网络效率提高100倍,VR运行速度这一问题可以被很好地解决。同时,从计算能力、产品实用领域等诸多因素来看,"5G+VR"模式都具有优势。5G的发展促进了VR技术迎来行业拐点的重要时刻。

(图片来源：艾瑞咨询)

图 2-21　PC VR 系统组成及其交互方式

从供给端来看，随着 VR 行业的渐渐发展，VR 硬件设备的渐渐成熟，对 VR 内容的探索将成为中国厂商的主流。根据艾瑞咨询的预测，2021 年，在我国 VR 市场上，消费级内容成为仅次于 VR 头戴设备的第二大细分领域。其中，VR 游戏和 VR 影视将成为两大主流内容细分领域，分别占比 34％、32％。

从需求端来看，随着 VR 技术的发展和概念的普及，其市场需求将不断提升。一方面，VR 产品的不断增长是必然趋势；另一方面，随着产品的增多，技术的发展，VR 产品价格将会细化，又进一步推动 VR 产品的普及。根据 IDC 中国数据，2018 年，我国 AR/VR 行业的消费支出为 30.38 亿元，预计在 2019—2023 年保持高速增长趋势，年均复合增速将会达到 77.8％，至 2023 年，消费支出规模有望破 650 亿元。

▶ 2. VR 技术在电子商务中的应用

设想人们可以将呆板的二维视角转化为可观可感的沉浸式体验，全方位了解产品信息与性能效用，运用设备便可以轻松穿越到市集商场，沉浸式的购物体验完美地解决了"图片仅供参考"的尴尬难题，给人们带来便利的同时添加了网络购物的趣味性，甚至今后的线上购物模式可能会变成这样：进店，查询商品，客服交流都以视频、直播、3D 的形式出现，顾客对商品的了解会加深，可更好地解决顾客在购物时可能存在的多种疑问。

扩展阅读 2-14
VR 发展趋势

【案例】

Showroom

亚马逊在 2019 年 1 月正式推出 Showroom。亚马逊 Showroom 是客户可视化在线家居购物的新方式，以逼真的房间效果呈现不同商品的配搭，为客户提供值得信赖的一站式定制化的家居购物体验。该功能允许消费者将亚马逊在售家具的 3D 图像放入一个虚拟房间，帮助消费者了解它的真实外观。房间的墙壁颜色、地毯样式和地板材质可以自由改变，以展现在不同背景环境下亚马逊所售家具的搭配效果。除了了解家具在不同风格下的搭配效果，右侧的推荐功能更起到了带货作用，点击房间内的某个家具，推荐栏就会把亚马逊商城内同品类的家具筛选出来展现给消费者，消费者可以利用这一功能来替换房间内的家具，感到满意后，还能将整个房间的家具一键加入购物车。毫无疑问，亚马逊的自营家居品牌在该功能中十分受欢迎。此外客户在设计自己的家居时可以保存多个设计以便查看。Showroom 最大的亮点是以货带货。购买家具 A 的消费者很可能因为觉得 VR 模拟出的搭配效果好而同时购买家具 B、家具 C，无形间提高了客单价，卖出了更多商品。

（资料来源：雨果网）

思考题：虚拟现实技术在跨境电商领域中是否有优势？

在线课堂

在线自测

练习与思考

第3章　电子商务安全

> **学习目标**
>
> 1. 了解电子商务网络主要安全问题。
> 2. 掌握对称加密和非对称加密的工作原理。
> 3. 掌握数字摘要、数字信封、数字签名、数字时间戳和数字证书的基本概念，以及各自对安全方面的保障。
> 4. 掌握VPN的分类。
> 5. 掌握SSL优点及安全性。
> 6. 掌握影响手机支付安全的因素。

导入案例

危险的互联网

在人工智能、大数据的时代，互联网就像如今的电一样基础必要。世界头号社会工程学黑客米特尼克的"互联网安全故事"至今脍炙人口。当年，15岁的米特尼克就能入侵美国防空系统，仅用一根电话线就可以调动核武器！虽然米特尼克没做那些匪夷所思的事情，但是在DeCon大会上黑客们破解了ATM机，ATM机开始源源不断地吐出美金。由于有利可图，网络犯罪案件才会急剧增加，网络安全事件也是呈倍数增长。网络犯罪没有负罪感，再加上互联网的发展，网络已经是全球交流不可或缺的必需品，因此，网络犯罪的强度和范围逐年递增。例如首例网络犯罪：1958年，一名小小的工程师偷偷修改了自己账户，使其账户不会出现负值，而这个取之不尽的小宝藏被安全地使用了整整8年。2012年，一个名为"要塞"的计算机病毒，侵入了全球500多万台计算机、数十家国际金融机构，窃取了高达5亿美元！同年，据统计因网络犯罪美国损失了207亿美元，受害人多达710万人，平均每人损失290美元。2013年，我国查获网络犯罪案件17万起，直接受损2 300亿元，受害人数近3亿人。除此以外，爱沙尼亚被DDOS攻击事件，以及伊朗核电站被"震网病毒"攻击事件，都表明网络犯罪的危害。

枪械无罪，有罪的是扣动扳机的人，网络确实带来巨大的效益，但同时也带来大量的网络犯罪，且那些掌握高科技的人和不懂网络安全的人相比，不懂网络安全的人更为危险。对此各个国家面对网络犯罪都设有专门侦查组织。1996年，美国设立C-37，专门侦查网络犯罪；1998年，我国成立网络警察；2013年，欧洲网络犯罪中心在荷兰成立。对于高频的网络犯罪，我们首先能做的就是不成为扣动扳机的人。

中国国家互联网信息办公室提出："各国应该求同存异，达成七点共识，包括：互联网应该造福全人类，应该带来和平和安全，应该更多地服务发展中国家的利益，应该注重保护公民权益，应该文明诚信，应该传递正能量，应该有助于未成年人成长，同一个世界，同一个网络，中国始终坚持开放、合作的态度携手各国，迈向全球共治的时代。"

（资料来源：科通芯城[OL]. https://www.cogobuygroup.com/intro/group/.）

思考题：在未来，大数据和物联网相结合，网络犯罪是否会直接影响我们周边环境？互联网的安全体现在个人，如果遇到网络安全问题，如网络诈骗和网络暴力，我们该如何应对？

3.1 电子商务网络安全

3.1.1 电子商务网络安全问题

电子商务网络安全是一个复杂的系统问题，它不仅与计算机网络有关，还与电子商务应用环境、人员素质和社会因素有关。其中比较典型的电子商务网络安全问题包括：信息泄露、篡改、身份识别问题、系统安全漏洞、病毒感染、黑客攻击、网络的缺陷及来自其他方面的各种不可预测的风险。以下对其中的6种主要网络安全问题进行阐述。

▶ 1. 信息泄露

信息泄露是指信息在电子交易中商业机密被泄露，主要包括两个方面：①交易双方进行交易的内容被第三方窃取；②交易一方提供给另一方使用的文件被第三方非法使用。商家环节的信息泄露风险主要有：内部倒卖、木马病毒、第三方工具后门、弱口令、无线与监听问题。用户环节比较突出的问题有：账号被盗、木马病毒、钓鱼、无线与监听问题。平台端碰到的问题主要分为两类：内鬼和系统漏洞。

▶ 2. 篡改

篡改是指在电子交易中信息在网络传输过程中可能被他人非法修改、删除或重做，这样就使信息失去了真实性和完整性。

我国境内遭过篡改的政府网站数量如图3-1所示。

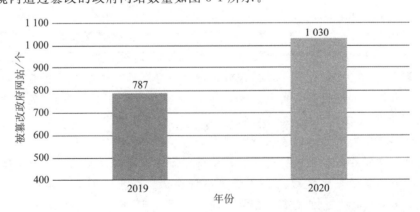

（资料来源：中国互联网络信息中心（CNNIC）第47次《中国互联网络发展状况统计报告》）

图3-1 我国境内遭篡改的政府网站数量

3. 身份识别问题

如果不进行身份识别，第三方就有可能假冒交易一方的身份以破坏交易，破坏被假冒一方的信誉或盗取被假冒一方的交易成果等。进行身份识别后，交易双方就可防止"相互猜疑"。

4. 系统安全漏洞

系统安全漏洞是指 xss 漏洞、url 跳转程序设计缺陷、客户端问题、服务器配置问题、支付漏洞、信息泄露、web 程序其他漏洞等。近 10 年系统安全漏洞数量走势如图 3-2 所示。

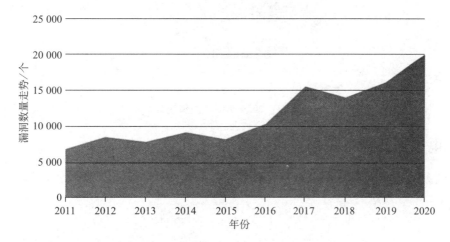

（资料来源：微信公众号"天融信教育"）

图 3-2 近 10 年系统安全漏洞数量走势

5. 病毒感染

病毒感染是指病毒通过某种途径潜伏在计算机的存储介质（或程序）里，当达到某种条件时即被激活，通过修改其他程序的方法将自己精确拷贝或者演化成其他形式放入其他程序中，从而感染其他程序，进而对计算机资源进行破坏。病毒感染的方法分为驻留型病毒和非驻留型病毒。驻留型病毒感染计算机后，处于激活状态，一直到关机或重新启动，非驻留型病毒在得到机会激活时并不感染计算机内存。不少病毒利用网络作为自己的传播途径，借助网络很多病毒传播得更快，破坏性更大，造成经济损失动辄数百亿美元。2020 年病毒类型统计如图 3-3 所示。

扩展阅读 3-1
网络病毒
现况与危害

6. 黑客攻击

黑客攻击是指黑客通过一些技术手段攻击目标，攻击可分为非破坏性攻击和破坏性攻击两类。非破坏性攻击一般为扰乱系统的运行，并不盗窃系统资料，通常采用拒绝服务攻击或信息炸弹；破坏性攻击则是为了侵入他人电脑系统，盗窃系统保密信息，破坏目标系统的数据。随着各种应用工具的传播，黑客已经大众化了，不像过去那样非计算机高手不能成为黑客。

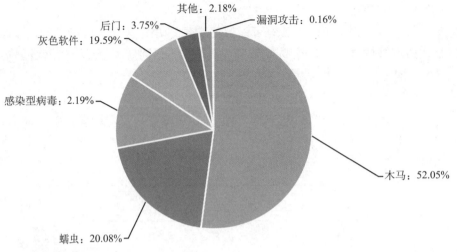

(资料来源：瑞星2020年中国网络安全报告)

图3-3　2020年病毒类型统计

3.1.2　电子商务网络安全问题分类

电子商务网络安全问题大体分为：网络信息安全、网络系统安全、网络交易安全。其大致归类如图3-4所示。

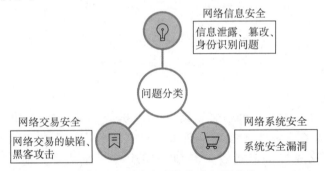

图3-4　电子商务网络安全问题分类

▶ 1. 网络信息安全

网络信息安全问题是指电子商务信息在网络传递过程中面临的信息被窃取、信息被篡改、信息被假冒和信息被恶意破坏等问题。如电子的交易信息在网络传输的过程中，可能被他人非法修改、删除或重放(指只能使用一次的信息被多次使用)，从而使信息失去原有的真实性和完整性；网络硬件和软件问题导致信息传递的丢失、谬误，以及一些恶意程序的破坏而导致电子商务信息遭到破坏；交易双方进行交易的内容被第三方窃取或交易一方提供给另一方使用的文件被第三方非法使用等。因此，电子商务中对信息安全的要求就是要求信息传输的安全性、信息的完整性及交易者身份的确定性。

▶ 2. 网络系统安全

网络系统安全主要是指计算机和网络本身存在的安全问题，也就是保障电子商务平台的可用性和安全性的问题，其内容包括计算机的物理、系统、数据库、网络设备、网络服务等安全问题。

▶ 3. 网络交易安全

网络交易安全问题是指在电子商务虚拟市场交易过程中存在的交易主体真实性、资金的被盗用、合同的法律效应、交易行为被抵赖等问题。如电子商务交易主体必须进行身份识别，若不进行身份识别，第三方就有可能假冒交易一方的身份，破坏交易，损害被假冒一方的声誉或盗窃被假冒一方的交易成果，甚至进行欺诈。

3.1.3 电子商务网络安全的特征

▶ 1. 保密性

保密性是指确保信息不暴露给未授权的实体或进程。

▶ 2. 完整性

完整性是指只有得到允许的人才能修改数据，并且能够判别数据是否已被篡改。

▶ 3. 不可否认性（不可抵赖性）

不可否认性是指防止通信或交易双方对已进行业务的否认。

▶ 4. 认证性

认证性是指信息发送者或系统登录者身份的确认。

▶ 5. 可用（访问）性

可用（访问）性是指得到授权的实体在需要时可访问数据，即攻击者不能占用所有的资源而阻碍授权者的工作。

▶ 6. 可控性

可控性是指可以控制授权范围内的信息流向及行为方式。

▶ 7. 审查性

审查性是指对出现的网络安全问题提供调查的依据和手段。

▶ 8. 合法性

合法性是指各方的业务行为存在可适用的法律和法规。

扩展阅读 3-2
当当网盗刷事件

3.2 电子商务安全技术

目前，针对不同的电子商务网络安全问题有许多解决方案，通常采用的安全技术主要有加密技术、信息隐藏技术、计算机取证技术、基本认证技术、反病毒技术、黑客防范技术、防火墙技术、虚拟专用网络技术。

3.2.1 加密技术

加密技术是电子商务采取的基本安全措施，其主要功能是提供机密性服务，交易双方可以根据需要在信息交换的阶段使用。根据密钥的不同，可以将加密技术分为三大类：对称加密技术（Symmetric Cryptography）、非对称加密技术（Asymmetric Cryptography）和对称与非对称结合加密技术。对称加密技术又称单密钥（图 3-5），非对称加密技术又称公—私钥加密技术（图 3-6）。

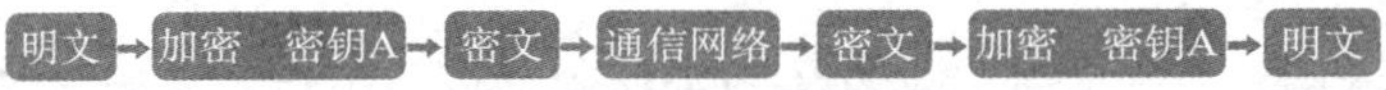

明文→加密 密钥A→密文→通信网络→密文→加密 密钥A→明文

图 3-5 对称加密技术

明文→加密 密钥A→密文→通信网络→密文→加密 密钥B→明文

图 3-6 非对称加密技术

从图 3-5 中可以看出，在整个对称加密过程中，由于采用相同的加密算法并只交换共享的密钥，所以系统的安全性也就取决于密钥的安全性；如果第三方获取该密钥就会造成信息失密，也就是说，只要进行通信的交易双方能够确保该密钥在交换过程中未曾泄露，那么机密性和完整性就可以得到保障。由于加密和解密使用的是同一个密钥，所以在传递和分发密钥的时候必须通过安全的通道。需要注意的是，对称加密技术无法鉴别交易发起方或交易最终方。

非对称加密技术对信息的加密和解密使用不同的密钥，如图 3-6 示，即需要两个密钥：私有密钥 B 和公开密钥 A。如果用公开密钥 A 对数据进行加密，则只能用对应的私有密钥 B 才能进行解密；如果用私有密钥 B 对数据进行加密，那么只有用对应的公开密钥 A 才能解密。

非对称加密也有缺陷，那么我们就将对称加密、非对称加密两者结合起来，取其精华、去其糟粕，发挥两者各自的优势（图 3-7），从而形成了对称与非对称结合加密技术。

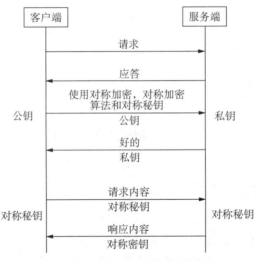

图 3-7 非对称和对称加密体制的结合

客户端说："咱们后续回话采用对称加密吧，这是对称加密的算法和对称密钥。"这段话用公钥进行加密，然后传给服务器。

服务器收到信息后，用私钥解密，提取出对称加密算法和对称密钥后，服务器说："好的。"

后续两者之间信息的传输就可以使用对称加密的方式了。

这是个非常经典的数据传输过程，也是 https 传输协议里面最经典的部分，这样把对称加密和非对称加密的作用发挥到了很好的地方。在 https 传输的过程中，如果单独只用对称加密或者单独使用非对称加密都会出现问题。

3.2.2 信息隐藏技术

由于信息技术不断得到创新与发展，电子信息隐藏技术作为近年来迅速崛起的一项信息安全技术也应运而生。该技术极大地提高了电子信息的安全性，并朝着更好的方向推动了未来电子信息技术的发展。信息的保护有计算机多媒体技术的支持，大大提高了信息传输的安全性和准确性。

利用加密技术对信息进行编码和加密，也就是所说的信息加密功能，将简单易懂的文本转换为编码格式，将纯文本转换为编码格式，并在处理过程中使用解密转换编码读取，以确保信息安全。通常，编码的信息处于加密状态，如果在传输过程中被第三方截获，第三方可以通过自己的解密技术来恢复加密的代码。虽然不会那么轻易被破解，但是并不会100%保证信息不会被解密，而且这种失真的代码在传输过程中并不是很隐蔽，相反很容易被发现。进行传输时，会存在第三方截获重要信息的现象，信息安全无法得到有效保障，即便截取信息者无法解密信息，也可能破坏信息，无法进行有效通信，从而造成工作中存在错误或延迟的后果。信息隐藏是目前一种新型的加密技术，已被广泛应用于信息安全领域。信息隐藏和信息加密具有一致的目的，通过防止信息在传输过程中被第三方拦截或解密，有效地保护了敏感信息，但是两者在最终效果上仍有很大差异。信息隐蔽技术可以从介质或宿主对象中隐藏敏感信息，并使用纯文本信息进行隐藏，即将敏感信息融合到普通信息中。在传输信息的过程中，可以避免第三方监视，并混淆第三方视听，以便安全地传输信息。该技术具有第三方不能准确有效地识别信息是否隐藏在纯文本信息中的优点，并且容易避开第三方的监视，从而确保信息传输的安全性。但在应用该技术的过程中，不应改变载体或主机对象的文件格式质量和大小，在将隐藏信息合并到载体或宿主对象时，应确保信息传递给对方后，接收方能够顺利、完整地解密隐藏信息，从而实现隐藏信息传输的价值。

简而言之，信息隐藏技术借助各种信号处理方式将保密信息隐藏在声像数据中，当不法用户采取不正当的手段截取数据包后，只能解读文件载体的内容，而看不到载体所包含的隐藏信息，或者即使知道数据包中含有隐藏信息，也无法正确对隐藏信息进行解读。

信息隐藏技术得以发展主要源于以下两个方面：①视频、图片等多媒体信息具有较强的冗余性，将信息嵌入多媒体信息中，并以此为媒介进行传输不会影响多媒体信息的使用，具有很强的可行性；②人在识别信息时具有掩蔽效应，对于一些特定的信息感受并不敏感，可以较好地将信息隐藏起来。

3.2.3 计算机取证技术

在如今的信息时代，信息技术为各行各领域带来了极大的便利，完全改变了人们的日常生活。但正所谓"道高一尺，魔高一丈"，网络犯罪案件也显著滋生。由于网络犯罪的低成本、隐蔽性等诸多特点，网络犯罪案件取证过程显得异常艰难。除此以外，电子商务影响着各行各业，同时也带来了许多电子商务纠纷，与网络犯罪同理，在考察取证上的难度十分大。在这些案件及纠纷中，电子信息证据的取证与搜集尤为关键，对案件走向与衡量罪行有非常重要的作用。计算机取证技术在电商行业的应用，对网络犯罪分子违法事实的确认，以及法律责任的追究具有进步意义。计算机的数据化、信息化存储功能，能够保障将删除的数据信息进行恢复或备份，这对违法人士犯罪行为事实证据的获取具有重要作用。因此，我们可以认为所谓的计算机取证其实就是从计算机以及相关硬件工具上取得完善的电子证据，使其成为有力的裁决证据，维护法律公正的重要过程。

传统型的互联网取证是指当发生网络违法犯罪行为时，执法部门工作人员通过技术手段和法律手续，对互联网上存在的电子证据进行固定提取。执法人员在网上开展查询取证步骤，同时要对取证的工作人员所有的电脑操作步骤以及对出现在电脑屏幕上网页内容的取证过程进行同步录音录像，必要时还要求有见证人实时现场监督，实时打印、拍照或录制视频。这种取证步骤的操作条件非常严苛，而且取证必须及时，时间成本较高。而当前海量的互联网数据已经对网络违法行为的证据收集提出了更高的要求，传统的人工审核互联网取证的方式已经无法满足现实需求。而且在现有互联网取证过程中，取证技术较落后，更加无法适应5G互联网下海量的数据存储。

在5G互联网背景下，我们可以透过网络结构抓到互联网本质，尝试从端对端分析入手，及时更新取证设备，整合人才，借助区块链、云计算等技术，进行互联网取证。

图3-8列示了计算机取证流程。

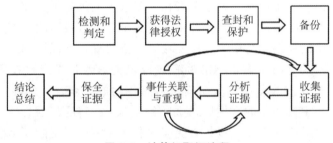

图3-8 计算机取证流程

▶ 1. 5G智能监管

随着5G时代的来临，互联网数据量暴增，有些违法交易数据不易察觉，所以必须安排专业人员对数据进行调查，这样才可以整合一些比较隐蔽的违法行为，保障用户用网安全。而面对数据量巨大，互联网取证难以提取、分析的问题，目前的研究思路主要是将5G与云计算、区块链技术相结合，利用区块链去中心化的特点，采用分布存储、加密通道等算法保存海量证据记录，这些电子记录可用来证明互联网取证的数据完整性。或者转变研究思路，从提取分析所有数据的取证思路转变为借助机器学习的方法进行智能分析，实行集中式软件管理，通过将电子产品中的网络控制面与数据面相互分隔，继而可以达到对网络数据的灵活调度，使网络作为管道变得更加智能，可以为互联网的快速准确取证提供良好的平台。

▶ 2. 5G取证设备

根据不同类型的数据采用不同的取证技术，为互联网收集审查网络数据提供便利，并尽量配备针对不同型号电子产品的取证软件。

可以与软硬件厂商合作，在5G技术的支持下，尽量统一端口和连接协议，方便本地数据的提取。采用运营商5G组建的VPN网络；中心机房由运营商提供光纤宽带(VPN)，前端设备通过5G网络将视频数据发送到中心管理计算机服务器，监控中心安装客户端软件。

同时，互联网与其他行业息息相关，个人信息以及机密信息几乎全部进行了数字化处理与记录，在取证的过程极其容易被人盗取信息。所以，取证设备要防止病毒入侵，防止不法分子窃取信息并篡改数据，以保障互联网取证过程的安全。对互联网数据进行端到端的保护，可以避免由不同网络系统、不同接入技术以及不同基站类型相互间复杂协调所可能产生的不利影响，从而最终强化互联网取证中的数据安全。

3.2.4　基本认证技术

认证技术主要用于信息认证，确认信息发送者的身份、防止外来入侵者假冒、验证信息的完整性，即确认信息在传送或存储过程中未被篡改。常用的安全认证技术主要有数字摘要、数字信封、数字签名、数字时间戳和数字证书等。

▶ 1. 数字摘要

数字摘要采用单向 Hash 函数对长短不一的报文进行某种交换运算得到固定长度的摘要码，在传输信息时将它加入文件一同发送给接收方，接收方对收到的报文用相同的方法进行变换运算，若得到的摘要码与发送来的摘要码相同，则可断定文件未被篡改。

▶ 2. 数字信封

数字信封是指信息发送方采用对称密钥来加密信息，然后将此对称密钥用接收方的公开密钥再加密（称为数字信封）之后，将它和信息一起发送给接收方。接收方先用自己的私有密钥打开数字信封，得到对称密钥，然后使用对称密钥解开信息，从而保证只有规定的收信人才能阅读到信的内容，如图 3-9 所示。

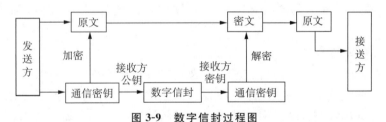

图 3-9　数字信封过程图

▶ 3. 数字签名

数字签名是一种类似写在纸上的普通的物理签名，但是使用了公钥加密领域的技术，用于鉴别数字信息。数字签名文件的完整性是很容易验证的，而且数字签名具有不可抵赖性。因此，采用数字签名技术既保证了信息传输的完整性和发送者的身份认证，又能够防止交易中的抵赖发生。

▶ 4. 数字时间戳

在交易文件中，时间是十分重要的信息，数字时间戳服务 DITS 就可以提供电子文件发表时间的安全保护。

▶ 5. 数字证书

数字证书是用电子手段来证实一个用户的身份及用户对网络资源的访问权限。在电子商务交易中，如果双方出示了各自的数字证书，并用它来进行交易操作，那么双方都不必为对方身份的真伪担心。数字证书是用来确认安全电子商务交易双方身份的工具,包括:证书版本号、序列号、拥有者姓名、拥有者的 Public-key 及有效期办证单位等。由于它由证书管理中心做了数字签名,因此,任何第三方都无法修改证书的内容。在电子交易中,任何信用卡持有人只有申请到相应的数字证书,才能参加安全电子商务的网上交易。证书的种类有很多,除了持卡人证书和商家证书以外,还有支付网关证书、银行证书和发卡机构证书等。

扩展阅读 3-3
数字签名及数字证书的原理

3.2.5 反病毒技术

反病毒技术主要包括预防病毒、检测病毒和消除病毒 3 种技术。

▶ 1. 预防病毒技术

预防病毒技术是指通过一定的技术手段防止计算机病毒对系统的传染和破坏。实际上,这是一种动态判定技术,即一种行为规则判定技术。也就是说,计算机病毒的预防是采用对病毒的规则进行分类处理,而后在程序运作中凡有类似的规则出现则认定是计算机病毒。具体来说,计算机病毒的预防是通过阻止计算机病毒进入系统内存或阻止计算机病毒对磁盘的操作,尤其是写操作来实现的。预防病毒技术包括磁盘引导区保护、加密可执行程序、读写控制技术、系统监控技术等。例如,防病毒卡的主要功能是对磁盘提供写保护,监视在计算机和驱动器之间产生的信号,以及可能造成危害的写命令,并且判断磁盘当前所处的状态:哪一个磁盘将要进行操作,是否正在进行操作,磁盘是否处于保护等,来确定病毒是否将要发作。计算机病毒的预防应用包括对已知病毒的预防和对未知病毒的预防两个部分。目前,对已知病毒的预防可以采用特征判定技术或静态判定技术,而对未知病毒的预防则是一种行为规则的判定技术,即动态判定技术。

▶ 2. 检测病毒技术

检测病毒技术是指通过一定的技术手段来判定特定计算机的一种技术。它有两种:一种是根据计算机的关键字、特征程序段内容、特征及传染方式、文件长度的变化,在特征分类的基础上建立的检测技术。另一种是不针对具体程序的自身校验技术,即对某个文件或数据段进行检验和计算并保存其结果,以后定期或不定期地用保存的结果对该文件或数据段进行检验,若出现差异,即表示该文件或数据段完整性已遭到破坏或感染,从而检测到病毒的存在。

▶ 3. 清除病毒技术

清除病毒技术是计算机病毒检测技术发展的必然结果,是计算机病毒传染程序的一种逆过程。目前,清除病毒大都是在某种病毒出现后,通过对其进行分析研究而研制出来的具有相应解毒功能的软件。这类软件技术发展往往是被动的,带有滞后性。而且由于计算机软件所要求的精确性,解毒软件有其局限性,对有些变种病毒的清除无能为力。目前市场上流行的英特尔公司的 PC_CILLIN、CentralPoint 公司的 CPAV,及我国的 LANClear 和 Kill89 等产品均采用上述 3 种防病毒技术。

3.2.6 黑客防范技术

黑客防范技术包括安全评估技术和入侵检测技术。

▶ 1. 安全评估技术

安全评估技术是指通过扫描器发现远程或者本地主机存在的安全问题，扫描器的一般功能是发现一个主机或者网络，而安全评估技术根据发现什么服务正运行在这台主机上，通过测试这些服务发现漏洞。

▶ 2. 入侵检测技术

入侵检测技术(IDS)可以被定义为对计算机和网络资源的恶意使用行为进行识别和相应处理的系统，包括来自系统外部的入侵行为和来自内部用户的非侵权行为。它从计算机网络系统中的若干关键点收集信息，并分析这些信息，看看网络中是否存在违反安全策略的行为和遭到袭击的迹象。在发现入侵后，会及时做出响应，包括切断网络连接、记录事件和报警等。

现有的入侵检测分类大多都是基于信息源和分析方法来进行的。

(1) 根据信息源的不同

1) 基于主机的入侵检测系统(Host-based Intrusion Detection System，HIDS)

HIDS 可监测系统、事件和 Windows NT 下的安全记录以及 UNIX 环境下的系统记录。当有文件被修改时，HIDS 将新的记录条目与已知的攻击特征相比较，查看是否匹配。如果匹配，就会向系统管理员报警或者做出适当的响应。

基于主机的入侵检测系统在发展过程中还融入了其他技术。检测关键的系统文件和可执行文件入侵的常用方法是定期检查文件的校验码，以便发现异常的变化。对异常情况反应的快慢取决于轮询间隔时间的长短。许多产品都是监听端口的活动，并在特定端口被访问时向管理员报警。这类检测方法将基于网络的入侵检测基本方法融入基于主机的检测环境中。

2) 基于网络的入侵检测系统(Network-based Intrusion Detection System，NIDS)

NIDS 以数据包作为分析的数据源，通常利用一个工作在混杂模式下的网卡来实时监视并分析通过网络的数据流。分析模块通常使用模式匹配、统计分析等技术来识别攻击行为。一旦检测到了攻击行为，IDS 的响应模块就做出适当的响应，如报警、切断相关用户的网络连接等。不同的入侵检测系统采用的响应方式也可能不同，但通常都包括通知管理员、切断连接、记录相关的信息以提供必要的法律依据等。

目前，许多机构的网络安全解决方案都同时采用了基于主机和基于网络的两种入侵检测系统，因为这两种系统在很大程度上是互补的。实际上，很多人在使用 IDS 时都配置了基于网络的入侵检测。在防火墙之外的检测器可以用来检测来自外部因特网的攻击。DNS、E-mail 和 Web 服务器经常是攻击的目标，但是又必须与外部网络交互，不可能全部将其屏蔽，所以应当在各个服务器上安装基于主机的入侵检测系统，其检测结果也要向分析员控制台报告。因此，即便是小规模的网络结构，也常常需要基于主机和基于网络的两种入侵检测能力。

(2) 根据检测所用分析方法的不同

1) 误用检测(Misuse Detection)

大部分现有的入侵检测工具都是使用误用检测方法。误用检测方法应用了系统缺陷和特殊入侵的累计知识。该入侵检测系统包含一个缺陷库并且检测出利用这些缺陷入侵的行为。每当检测到入侵时，系统就会报警。因为凡是不符合正常规则的所有行为都被认为是不合法的，所以误用检测的准确度很高，但是其查全度（检测所有入侵的能力）与入侵规则的更新程度有密切关系。

误用检测的优点是误报率很低，并且对每一种入侵都能提供详细资料，使用者能够更方便地做出响应。缺点是入侵信息的收集和更新比较困难，需要做大量的工作，花费很多时间。另外，这种方法难以检测本地入侵（如权限滥用等），因为没有确定的规则来描述这类入侵事件，因此误用检测一般是适用于特殊环境下的检测工具。

2）异常检测（Anomaly Detection）

异常检测的假设是入侵者活动异常于正常主体的活动。为实现该类检测，IDS 建立了正常活动的"规范集"，只要主体的活动违反其统计规律，就被认为可能是"入侵"行为。异常检测最大的优点是具有抽象系统正常行为，从而具备检测系统异常行为的能力。因为这种能力不受系统以前是否知道这种入侵的限制，所以能够检测出新的入侵或者从未发生过的入侵。大多数正常行为的模型使用一种矩阵的数学模型，矩阵的数量来自系统的各种指标，如 CPU 使用率、内存使用率、登录的时间和次数、网络活动、文件的改动等。异常检测的缺点是若入侵者了解了检测规律，就可以小心地避免系统指标突变，从而使用逐渐改变系统指标的方法来逃避检测。另外，异常检测的查准率也不高，检测时间较长。最糟糕的是，异常检测是一种"事后"的检测，当检测到入侵行为时，破坏早已发生了。

扩展阅读 3-4
新型的入侵检测系统

3.2.7 防火墙技术

中国互联网络信息中心（CNNIC）发布的第 46 次《中国互联网络发展状况统计报告》显示，2020 年，CNCERT 监测发现我国境内被篡改的网站数量为 243 709 个；我国境内被篡改的政府网站 1 030 个，较 2019 年同期（787 个）增长 30.9%。

在互联网越来越发达的今天，传统网站总会面临各种问题，例如，黑客入侵造成数据泄露、资金损失、业务中断；网页被篡改、挂链、机器灌水、恶意推广等。面对这些情况，安装防火墙是必要的选择。

防火墙是现代网络安全防护技术中的重要构成内容，可以有效地防护外部的侵扰与影响。其主要类型有过滤型防火墙、应用代理型防火墙、复合型防火墙。

过滤型防火墙是指在网络层与传输层中，可以基于数据源头的地址以及协议类型等标志特征进行分析，确定是否可以通过。在符合防火墙规定标准之下，满足安全性能的类型才可以进行信息的传递，而一些不安全的因素则会被防火墙过滤、阻挡。

应用代理型防火墙主要的工作范围是在 OSI 的最高层，位于应用层之上。其主要的特征是可以完全隔离网络通信流，通过特定的代理程序就可以实现对应用层的监督与控制。过滤型防火墙和应用代理型防火墙是应用较普遍的防火墙。

扩展阅读 3-5
防火墙的工作原理

复合型防火墙综合了过滤型防火墙技术，以及应用代理型防火墙技术的优点，譬如发过来的安全策略是包过滤策略，那么可以针对报文的报头部分进行访问控制；如果安全策略是代理策略，就可以针对报文的内容数据进行访问控制，因此，复合型防火墙技术综合了其组成部分的优点，同时摒弃了两种防火墙的原有缺点，大大提高了防火墙技术在应用实践中的灵活性和安全性。

3.2.8 虚拟专用网络技术

虚拟专用网络技术（VPN）是指一种在公用互联网络上构造专用网络的技术，将物理上分布在不同地点的专用网络，通过公共网络构造成逻辑上的虚拟子网，进行安全的通信，如图 3-10 所示。根据不同的划分标准，VPN 可以划分为不同的种类。

图 3-10 虚拟专用网络技术

按 VPN 的协议分类：VPN 的隧道协议主要有三种，即 PPTP、L2TP 和 IPSec，其中 PPTP 和 L2TP 协议工作在 OSI 模型的第二层，又称为二层隧道协议，IPSec 是第三层隧道协议。

按 VPN 的应用分类：Access VPN（远程接入 VPN）、Intranet VPN（内联网 VPN）、Extranet VPN（外联网 VPN）。Access VPN 是客户端到网关，使用公网作为骨干网在设备之间传输 VPN 数据流量；Intranet VPN 是网关到网关，通过公司的网络架构连接来自同公司的资源；Extranet VPN 是与合作伙伴企业网构成 Extranet，将一个公司与另一个公司的资源进行连接。

按所用的设备类型分类：网络设备提供商针对不同客户的需求，开发出不同的 VPN 网络设备，主要为交换机、路由器和防火墙；路由器式 VPN 部署较容易，只要在路由器上添加 VPN 服务即可；交换机式 VPN 主要是应用于连接用户较少的 VPN 网络；防火墙式 VPN 是最常见的一种 VPN 的实现方式，许多厂商都提供这种配置类型。

按实现原理分类：重叠 VPN 需要用户自己建立端节点之间的 VPN 链路，主要包括 GRE、L2TP、IPSec 等众多技术；对等 VPN 是指由网络运营商在主干网上完成 VPN 通道的建立，主要包括 MPLS、VPN 技术。

3.3 电子商务安全协议

3.3.1 电子商务安全协议分类

电子商务安全协议是为了完成电子商务活动而设计的协议，即两个或两个以上的参与者为完成某项特定的任务而采取的一系列步骤。安全协议的建立和完善是安全保密系统走上规范化、标准化道路的基本因素。一个较完善的电子商务安全系统，至少要实现加密机制、验证机制和保护机制。目前已开发并应用的安全协议主要有以下 6 种。

▶ 1. 加密协议

加密协议有两个要素：一是能把保密数据转换成公开数据，在不安全的公用网中自由发送；二是能用于授权控制，无关人员无法解读。因此，数据要划分等级，算法也要划分等级，以适应多级控制的安全模式。

▶ 2. 身份验证协议

身份验证是上网的第一道关口，且与后续操作相关。因此，身份验证协议至少应包括验证协议和授权协议。使用者要划分等级，不同等级具有不同的权限，以适应多级控制的安全模式。

▶ 3. 密钥管理协议

密钥管理协议具体包括密钥的生成、分发、存储、保护、公证等协议，以此保证在开放环境中灵活地构造各种封闭环境。根据互联网的特点，密钥在网上要做到端级和个人级，在库中要做到字节级。

▶ 4. 数据验证协议

数据验证协议具体包括数据保密压缩、数据验证、数字签名等功能，且数字签名要同时具有端级签名和个人签名的功能。

▶ 5. 安全审计协议

安全审计协议具体是指与安全有关的事件，包括事件的探测、收集、控制，以便进行事件责任的追查。

▶ 6. 防护协议

防护协议除了有防病毒卡、干扰仪、防泄射等物理性防护措施外，还对用于信息系统自身保护的数据（审计表等）和各种秘密参数（用户口令、密钥等）进行保护，以增强反入侵能力。

3.3.2　国际通用电子商务安全协议

▶ 1. 安全套接层协议

安全套接层（Secure Sockets Layer，SSL）协议是由美国网景公司设计开发的，主要用于提高应用程序之间的数据安全系数，实现兼容浏览器和服务器（通常是 WWW 服务器）之间安全通信的协议。SSL 用于支持两台计算机间的安全连接，它处于互联网多层协议集的传输层。安全套接层协议是一个保证任何已安装了安全套接层的客户和服务器间事务安全的协议，该协议向基于 TCP/IP 的客户/服务器应用程序提供了客户端和服务器的鉴别、数据完整性及信息机密性等安全措施，目的是为用户提供互联网和企业内联网的安全通信服务，其体系结构如表 3-1 所示。

扩展阅读 3-6
SSL 协议的
工作原理

表 3-1　SSL 协议体系结构

第一层	应用层协议			
第二层	SSL 记录协议	SSL 更改密码协议	SSL 警报协议	SSL 握手协议
第三层	SSL 记录协议			
第四层	TCP			
第五层	IP			

(1) SSL 记录协议

该协议建立在可靠的传输协议如 TCP 之上，为高层协议提供数据、封装、压缩、加密等基本功能的支持。它的操作包括：记录协议发出传输请求消息，把数据分段成可以操作的数据块，还可以选择压缩数据，加入 MAC 信息，加密，加入文件头，在 TCP 段中传输结果单元，解密接收到的数据，身份验证，解压，重组，然后才能支付给高级用户。

(2) SSL 更改密码协议

该协议由单个消息组成，该消息只包含一个值为 1 的单个字节，该消息的作用就是使未决状态拷贝为当前状态，更新用于当前连接的密码组。

(3) SSL 警报协议

该协议用来为对等实体传递 SSL 的相关警告。

(4) SSL 握手协议

该协议允许服务器和客户机相互验证，协商加密和 MAC 算法以及保密协议，用来保护在 SSL 记录中发送的数据，握手协议是在任何应用程序的数据传输之前使用的。

因此，SSL 协议实际上是 SSL 记录协议、SSL 更改密码协议、SSL 警报协议、SSL 握手协议组成的一个协议组。

SSL 作为一个被广泛采纳和应用的电子商务交易的支付协议，具有下述优点：①支持很多加密算法，可以使用 40 位或者 128 位的加密，如可以采用 DES、TripleDES 或 RSA 等加密算法，在收发数据前双方协商加密算法。②SSL 的实现过程比较简单，并且 SSL 工作于传输层，独立于应用层协议，能够对任何应用层协议提供透明的安全服务。③目前 SSL 协议被大部分的浏览器和 Web 服务器内置，IBM 等公司和 CyberCash 信用卡支付系统也都支持 SSL 协议。

因为 SSL 协议是一种结构简单、费用低廉的安全协议，所以它在性能上存在很多的缺陷，具体如下所述。①密钥管理问题。因为 SSL 协议是通过密钥来实现数据保密的，所以交易双方在交换密钥时其安全性也受到了考验。设计一个安全性很高的密钥交换协议是很复杂的，SSL 协议也不能很好地解决密钥的管理问题。在这个方面 SSL 协议的缺点具体表现为：在握手协议的接通阶段，交易双方会交换自己能够支持的密钥算法，但是交换的信息却是以明文的方式来传送的，这样在传送的过程当中就有被其他人恶意修改的可能。②SSL 系统不符合国务院最新颁布的《商用密码管理条例》中对商用密码产品不得使用国外密码算法的规定，要通过国家管理委员会的审批会有一些困难。③SSL 系统的安全性比较差。SSL 协议使用的是 RSA 等加密算法，并且其安全性完全依赖这些算法，也就是说，只要解开了 RSA 算法就攻破了 SSL 协议。这些密钥的安全性现在看来并不是很高，所以 SSL 协议的安全性也受到了人们的怀疑。现在已经有专家和黑客能够攻破 SSL 协议的对外出口版本。

▶ 2. 安全电子交易协议

为了克服 SSL 协议的缺点，满足电子交易持续不断增加的安全要求，更为了达到交易安全及合乎成本效益的市场要求，VISA 和 MasterCard 联合其他公司或机构，如微软、IBM、Netscape、GTE、SAIC、Terisa 和 Verisign 等，共同制定了安全电子交易（Secure Electronic Transaction，SET）协议。

SET 协议是一种应用于因特网环境下，以信用卡为基础的安全电子交付协议，它给出了一套电子交易的过程规范。通过 SET 协议可以实现电子商务交易中的加密、认证、密钥管理机制等,保证了在因特网上使用信用卡进行在线购物的安全。

　　SET 协议能够将信用卡的使用起始点从之前的商店扩展到消费者家里及消费者个人计算机中。在我国,一些较早开始研究电子商务的银行和外贸系统,在进行的有关电子商务的试验中选择了 SET 作为其所用的协议。如表 3-2 所示,SET 协议是专门为电子商务而设计的协议,在很多方面都优于 SSL 协议,但它仍然不能解决电子商务所遇到的全部问题。

表 3-2　SET 协议与 SSL 协议的比较

比较项目	SET 协议	SSL 协议
认证机制	商店服务器须认证	所有成员须认证
设置成本	安装电子钱包	无须安装
安全性	较高	较低
效率	低	高
工作层次	应用层	传输层和应用层之间
应用	信用卡支付交易	主要用于信息交流

▶ 3. 安全超文本传输协议

　　安全超文本传输协议(Secure Hyper Text Transfer Protocol,S-HTTP)是 HTTP 的扩展,提供了多种安全功能,包括客户机与服务器认证、加密、请求/响应的不可否认等。

　　S-HTTP 处于互联网协议集的最顶层——应用层。它提供了用于安全通信的对称加密、用于客户机与服务器认证的公开密钥加密(RSA 公司提供)以及用于实现数据完整性的消息摘要。值得一提的是,客户机和服务器能单独使用 S-HTTP 技术,即客户机的浏览器可用私有(对称)密钥得到安全保证,而服务器可用公开密钥技术来请求对客户机的认证。

3.4　电子商务安全意识与防范

3.4.1　网络欺诈安全

　　网络欺诈是指以非法占有为目的,利用互联网采用虚构事实或者隐瞒真相的方法,骗取数额较大的公私财物的行为。其花样繁多,行骗手法多样,常用的手段有 QQ 视频诈骗、"网络钓鱼"诈骗、网上代考诈骗、网络游戏诈骗、网络购物诈骗、网络酒托诈骗等。

▶ 1. QQ 视频诈骗

　　犯罪分子通过黑客技术窃取事主 QQ 密码,并远程启动视频探头,录取事主的视频资料,然后登录所窃 QQ,冒充事主有针对性地选择其 QQ 好友,要求与其视频聊天,向其播放事先录取的事主视频,在骗取信任后,编造出车祸、急需周转资金等各种借口骗取钱财。

2. "网络钓鱼"诈骗

"网络钓鱼"是指利用欺骗性的电子邮件和伪造的互联网站进行诈骗活动,获得受骗者财务信息进而窃取资金。作案手法有以下两种:第一种是发送电子邮件,以虚假信息引诱用户中圈套;第二种是不法分子通过设立假冒银行网站,当用户输入错误网址后,就会被引入这个假冒网站。

扩展阅读 3-7
网页背后的钓竿

2020年钓鱼攻击地域分布(前10)名单如图3-11所示。

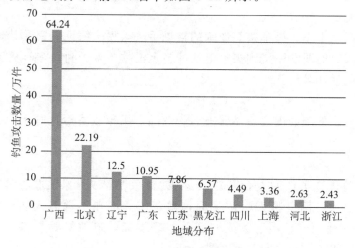

(资料来源:瑞星2020年中国网络安全报告)

图 3-11 2020年钓鱼攻击地域分布(前10)

3. 网上代考诈骗

由于种种原因,网上代考诈骗成为网上诈骗的一支新军,且短期内仍有相当市场。犯罪分子通过伪造网站,在网络上的各种论坛、博客等,发布各种虚假代考信息,利用目前社会上对文凭的畸形需求,诱骗广大网民特别是学生群体上当受骗。

4. 网络游戏诈骗

近年来,针对虚拟网络游戏的诈骗案件不断增多,常见的诈骗方式有:低价销售游戏装备,犯罪分子利用某款网络游戏,进行游戏币及装备的买卖,在骗取玩家信任后,让玩家通过线下银行汇款的方式,待得到钱款后即食言,不予交易;在游戏论坛上发布提供代练信息,待得到玩家提供的汇款及游戏账号后,代练一两天后连同账号一起侵吞;在交易账号时,虽提供了比较详细的资料,待玩家交易结束玩了几天后,账号就被盗了过去,造成经济损失。

5. 网络购物诈骗

网络购物诈骗是指买家在互联网上因购买商品时而发生的诈骗案件。其表现形式有以下几种。

(1) 多次汇款

骗子以未收到货款或提出要汇款一定数目方能将以前款项退还等各种理由迫使买家多次汇款。

(2) 假链接、假网页

骗子为买家提供虚假链接或网页,交易往往显示不成功,让买家多次往里汇钱。

(3) 拒绝安全支付

骗子以种种理由拒绝使用网站的第三方安全支付工具，比如谎称"我自己的账户最近出现故障，不能用安全支付收款"或"不使用支付宝，因为要收手续费，可以再给你便宜一些"等。

(4) 收取订金骗钱

骗子要求买家先付一定数额的订金或保证金，然后才发货。然后就会利用买家急于拿到货物的迫切心理以种种看似合理的理由，诱使事主追加订金。

(5) 约见汇款

这是网上购买二手车、火车票等诈骗的常见手法，骗子约见买家在某地见面验车或给票，同时又要求买家的朋友一接到买家电话就马上汇款，骗子利用"来电任意显软件"冒充买家给其朋友打电话让其汇款。

(6) 以次充好

用假冒、劣质、低廉的山寨产品冒充名牌商品，买家收货后连呼上当，叫苦不堪。

▶ 6. 网络酒托诈骗

犯罪分子专门挑选男性网友，利用其寻找"对象""情人"等欲求心理，取用暧昧网名通过网络聊天引诱见面消费，使其不知不觉落入圈套。同时利用男性爱面子、不愿为人知晓等心理弱点，迫使被骗男性"甘心情愿"吞下苦果，被迫进行高额消费。

扩展阅读 3-8
日常生活中应该
如何防范网络欺诈

3.4.2 手机支付安全

中国互联网络信息中心(CNNIC)发布的数据显示：截至 2020 年 6 月，我国手机网络支付用户规模达 8.02 亿人，较 2020 年 3 月增长 3 664 万人，占手机网民的 86.0%。由于智能手机系统的某些先天性不足，移动支付安全一直受到手机安全漏洞和各类手机木马的威胁。尽管目前所有的移动支付产品都非常注重支付的安全性，但移动支付的安全性仍然存在很多隐患。

▶ 1. 手机漏洞

(1) 系统软件出现漏洞

跟电脑系统漏洞一样，手机系统软件也会爆出漏洞问题，系统软件漏洞而引发的安全问题比比皆是。

(2) 应用程序出现漏洞

在智能机下载的应用程序软件出现漏洞也就是人们常说的 bug，因此应用程序每隔一段时间会进行更新并修复漏洞。

(3) 下载不安全的软件

来历不明的软件可能是经过特殊处理的携带漏洞的软件，如果下载了此类软件，将会导致手机漏洞的产生。

▶ 2. 手机病毒

根据腾讯安全发布的《2020 年上半年手机安全报告》的数据显示，2020 年上半年，新增支付类病毒包近 8.15 万个，同比增长 155.51%，是 2017 年至 2020 年上半年新增支付类病毒包数量最多的年份。

手机病毒可利用发送短信、彩信，电子邮件，浏览网站，下载铃声，蓝牙等方式进行传播，会导致用户手机死机、关机、个人资料被删、向外发送垃圾邮件泄露个人信息、自动拨打电话、发短（彩）信等进行恶意扣费，甚至会损毁 SIM 卡、芯片等硬件，导致使用者无法正常使用手机。

2020 年手机病毒类型占比如图 3-12 所示。

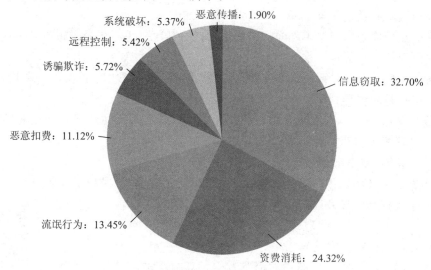

（资料来源：瑞星 2020 年中国网络安全报告）

图 3-12　2020 年手机病毒类型占比

▶ 3. 监控诱导

有些应用会擅自获取用户隐私的 SDK，它们会未经用户许可读取手机 IMEI 号、电话号码、短信记录、通讯录、应用安装列表、传感器信息等隐私，读取完成后还会悄悄地将数据传送到指定的服务器存储起来。

扩展阅读 3-9
教你保护手机
支付安全

3.4.3　移动互联网安全

▶ 1. 扫码安全

中国支付清算协会对外发布《2020 年移动支付用户问卷调查报告》称，2020 年，有 74.0% 的用户每天使用移动支付，较前一年提高 4.4 个百分点。移动支付已成为消费者日常使用的主要支付方式，而二维码支付是移动支付用户最常使用的支付方式，占比 95.2%，较 2019 年提高 2.6 个百分点。

在当前二维码广泛应用的背景下，借助二维码传播恶意网址、发布手机病毒等不法活动也开始逐渐增多。如天津市民刘女士在扫描二维码参加团购时，由于二维码中含有手机病毒，导致手机被扣除了百元话费。扫描二维码的安全依旧是移动支付用户担心的首要问题。

在日常生活中，扫码诈骗的常见套路有以下几种。

扩展阅读 3-10
如何保证
扫码安全

(1) 静态条码容易被"调包"

一般在商店、餐馆、路边杂货店等付款处，贴在墙上的二维码就属于静态条码。目前部分小商户用静态条码作为收款码，但静态条码容易被调换，如果扫描不法分子调换过的条码支付，资金将付给不法分子，而导致商户无法收到钱款。建议买家在付款时跟商家确认，或通过支付软件向商家出示动态条码，因为动态条码随时更新，不易被盗用，更加安全。

(2) 利用收款码伪造交通罚单

大家有时出门在外因路况不熟"吃"罚单是常有的事，一些不法分子正是盯上这一点，在车上张贴违停罚单，并附有二维码"扫码可缴费"，当车主扫码后显示"违章处理，转账200元，点击确认"，一步步设计圈套，实施欺诈。类似场景还有日常生活消费、公共事业缴费等。

(3) 利用小礼品诱导扫码

不法分子采用赠送小礼品的方式，诱导买家扫描二维码并在注册页面填写姓名、手机号、身份证号等相关信息，随后将个人身份信息转卖获利。

(4) 嵌入木马病毒的二维码

不法分子将木马病毒程序嵌入其生成的二维码当中，一旦误扫了此类条码，手机就可能中毒或被他人控制，导致账户资金被盗刷、个人敏感信息泄露等风险问题发生。

扩展阅读 3-11
便携扫码下隐藏的个人隐私问题

(5) 不法商家利用伪收款码

在网购过程中，存在不法商户在消费者支付环节骗取其使用购物平台监控外的扫码方式进行付款，一旦扫描不法商户发来的收款码进行支付，钱款将直接进入不法商户账户中，原本"收到货物才确认付款"的交易担保机制就无法发挥作用来保障消费者的合法权益。

▶ 2. Wi-Fi 安全

现在，公共 Wi-Fi 逐渐成为餐厅、电影院等公共场所的"标配"，却也因其开放的特点容易遭到不法分子攻击，成为风险 Wi-Fi。据腾讯手机管家发布的《2020年上半年手机安全报告》显示，2020年上半年，共发现公共 Wi-Fi 超过 11.76 亿个，其中，风险 Wi-Fi 占比 39.32%，高风险 Wi-Fi 占比 15.08%。

那么我们在日常生活中，如何保证 Wi-Fi 安全？

(1) 切勿随意连接 Wi-Fi

在公共场合，要提高安全防范意识，切勿随意连接 Wi-Fi。此外，要随手关闭手机的 Wi-Fi 自动连接功能，否则可能存在手机自动连接了不安全的免费公共 Wi-Fi 热点而造成损失。

(2) 切勿进行购物操作

连接公共 Wi-Fi 热点时，切勿进行购物操作，避免重要的个人敏感信息遭到泄露，甚至被黑客转账。此外，还可以用安全软件对隐私数据进行加密。

扩展阅读 3-12
Wi-Fi 陷阱实例

3.4.4 浏览器安全

浏览器作为网民最重要的上网入口，已经发挥着越来越重要的作用，浏览器的功能已从基本的看网页，发展成为提供全方位服务的综合工具。也正是这个原因，浏览器的安全性也受到了前所未有的挑战。一般浏览器有以下几种防护措施。

▶ 1. "挂马"拦截

"挂马"拦截可以结合木马网址库、恶意脚本检测等防"挂马"技术，阻止木马病毒通过网站入侵电脑。

▶ 2. "钓鱼"拦截

"钓鱼"拦截通过比对恶意网址库，对假冒网银、网购等钓鱼网站进行预警，在网购时提高防护级别，拦截劫持浏览器的"钓鱼"盗号型木马，增强安全性。

▶ 3. 下载安全扫描

下载安全扫描是指文件下载前自动识别恶意下载链接，下载后对文件进行病毒扫描，保证下载文件的安全性。

▶ 4. 开启系统级防护

开启系统级防护即开启微软 DEP、ASLR 和 SEHOP 等操作系统进行安全防护，防御漏洞攻击。

▶ 5. 沙箱隔离

沙箱隔离是指建立虚拟环境隔离病毒、木马，使其不会影响用户的真实电脑。

▶ 6. 高危插件隔离

高危插件隔离可以将危险插件和浏览器进程剥离，并放入沙箱中隔离，避免浏览器插件漏洞被利用。

▶ 7. 隐私保护

隐私保护可以不记录用户上网历史和 Cookies，防止用户被第三方网站跟踪，保护用户隐私安全。

▶ 8. 网站身份认证

网站身份认证是指建立统一的网站身份认证机制，辅助用户识别网站真实身份，降低被欺诈的风险。

▶ 9. 主页防篡改

主页防篡改可以保护浏览器主页，阻止恶意程序篡改主页地址。

▶ 10. 广告过滤

广告过滤可以在用户开启广告过滤的情况下，屏蔽各类病毒欺诈型广告。

2020 年中国恶意网址(URL)地域分布前 10 省市如图 3-13 所示。

3.4.5 路由器安全

路由器是终端上网设备，特别是无线上网设备接入互联网的重要入口。因此，正确、安全地使用路由器非常重要。一旦路由器遭到入侵或破坏，则连接在该路由器上的所有设备都将面临直接的安全威胁。如果路由器被黑客远程控制或劫持，则连接其上的上网设备，不论是 PC、Pad、手机，还是智能电视盒子等，都有可能被黑客监听或劫持，进而造成账号密码、浏览记录等隐私信息的泄漏。

那么，我们如何保证路由器安全？

扩展阅读 3-13
常见的路由器
安全问题

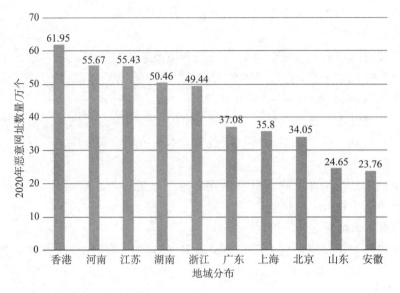

(资料来源：瑞星 2020 年中国网络安全报告)

图 3-13　2020 年中国恶意网址（URL）地域分布前 10

▶ 1. 隐藏 SSID

所谓 SSID，即指用来区分不同网络的标识符，就如同商场的标牌。默认无线路由器开启 SSID 广播功能，就如同路边的商场一样，任何人只要经过都可以根据标牌找到商场。隐藏 SSID、取消广播并把其设置为复杂的字段，既能避免接入端利用扫描功能获取该无线网络的名称，又能知道难以通过输入其全称来接入此网络。

▶ 2. MAC 地址过滤

每个连接到网络的设备都有全球唯一的 MAC 地址，采取白名单原则对 MAC 地址进行过滤，即只允许自己及家人的终端设备接入。

▶ 3. 采用认证加密方式

采用 WPA2-PSK 认证加密方式并将其密码设置成包含大小写特殊字符在内的 8 位以上复杂字段。

3.4.6　物联网安全

▶ 1. 物联网面临的威胁

物联网是以感知为核心的一种物物互联的综合信息系统，被誉为是继计算机、互联网之后的第三次技术浪潮，是能够实现连接物理空间与虚拟信息的基础。但是由于物联网技术上的缺陷和一些攻击者的恶意入侵以及对数据的恶意篡改，使得物联网技术面临巨大的威胁。

（1）隐私威胁

物联网主要采用无线通信，以及大量使用电子标签和无人值守设备进行通信，但由于成本、性能方面的限制，物联网大部分所使用的终端属于弱终端，很容易被非法入侵，甚至破坏，这就意味着使用者在使用过程中其隐私信息很有可能被攻击者获取。例如，攻击者通过获得使用者的身份信息、兴趣爱好，甚至商业机密等信息，给使用者带来安全隐患。

(2) 身份冒充

有些物联网的管理密码设置过于简单，有些还是出厂默认密码，这些设备因其无人值守的特性，被劫持后短时间内难于发现，此时就可以伪装成客户端或者服务器进行数据发送，执行某些恶意操作。例如，对某些门禁系统进行设置，可以轻易地进出房间。

(3) 信令拥塞

物联网中的终端与服务器的认证方式是一对一进行的，这就导致如果在物联网中的终端数量巨大，当这些终端在进行业务数据交换时，就会向服务器进行大规模的认证请求，此时这些信息就会导致服务器过载，从而使网络中的信令通道发生拥塞，间接引发 DDOS 攻击。

(4) 恶意程序

恶意程序通过许多方式进入无线网络环境和传感网络环境中。一旦入侵成功，它的传播性、隐蔽性、破坏性等相比 TCP/IP 网络而言更加难以防范，如类似蠕虫这样的恶意代码，本身又不需要寄生文件，若要检测和清除这样的恶意代码将很困难。

(5) 僵尸网络

僵尸网络由一系列被恶意软件感染的主机组成。攻击者通过各种途径传播僵尸程序进而感染互联网上的大量主机，组成一个僵尸网络，由此攻击者可用来执行一系列恶意活动。例如，分布式拒绝服务攻击、发送垃圾邮件、窃取个人信息、执行分布式计算任务等。这种网络攻击既可以导致整个物联网的基础网络或者重要应用系统瘫痪，也可以导致大量机密或个人隐私泄漏，还可以用来从事网络欺诈等其他违法犯罪活动。

▶ 2. 安全保护措施

(1) 强化身份认证

身份认证能有效地对抗冒充、非法访问、重演等威胁。对物联网应用而言，因设计人员考虑便利性大多会采用一次认证即可通行整个网络系统，因此，在统一的系统的接入口就需要可靠的身份认证。同时，为了防备攻击者将一些不受信任的设备接入物联网（如由攻击者控制的路由器），还需要对所用的设备进行身份认证。为解决身份认证问题，可根据业务的安全敏感程度在如密码强度、动静态密码、验证输入、不公开凭证、电子证书及生物识别技术等方面进行强化设计，在一些关键节点还需要多重身份认证。

(2) 完善加密机制

由于物联网中网络连接和业务使用紧密结合，所以有必要对受保护的链接进行加密。对一些安全要求不是很高的业务，实现安全机制对业务的透明，可以采用逐跳加密的方式在统一的物联网业务平台上实施安全管理不同的业务。但因为逐跳加密需要在各传送节点上对数据进行解密，所以各节点都有可能解读被加密消息的明文，因此对于高安全需求的业务，可通过端到端进行加密保密措施。

(3) 净化网络环境

网络环境是整个物联网正常运行的基础，从厂商到使用者都应对其安全引起重视。通信协议往往成为攻击者的一个很好的突破口，因此，厂商在应用发布前应做好充分测试，并对已有的固件进行查缺补漏，及时更新漏洞补丁。同时，作为使用者应提升系统的安全检查频率来加固系统，或者更换一些容易出问题的设备，特别是对僵尸网络，应及时清理，以此应对不断变化的网络攻击。

（4）实现多层次防御

通过多层次的防御措施，加强访问控制，来更好保障物联网的安全。防火墙作为专用网络与公共网络连接的第一道防线，实现过滤数据、用户的访问行为，则可在前端部署使用安全网关防火墙或是端点防护。但若攻击者以特征码侦测而进阶的攻击，就必须在下阶段使用用户行为分析（USA）或安全信息与事件管理（SIEM）做防御，通过大数据对用户与设备之间行为进行分析，再进阶以机械学习（Machine Learning）做防御，除了分析及监控现有数据之外，还要预测未来的威胁。

扩展阅读3-14
物联网安全的下一个要塞：电商平台

党的二十大报告强调"推进国家安全体系和能力现代化，坚决维护国家安全和社会稳定。"习近平总书记强调："没有网络安全就没有国家安全。"网络安全在国家层面被提到了一个前所未有的高度，其重要性不言而喻。但是，近年来网络信息行业发展不断面临新风险、新挑战。新的安全时代即将到来：居家办公、远程学习推动网络环境开放、用户角色增加、防护边界扩张，带来各类新安全风险；5G商用推进工业互联网发展，企业内外网关联增加了工业互联网安全风险；智慧城市、物联网和车联网在开启万物互联的同时，城市安全越来越受重视……因此，要坚持以良法保善治，加强党的领导，网络安全企业与数字产业和产业数字化各方协力，广大网民积极参与，保护我国经济社会发展的安全长城。

▎在线课堂

在线自测

练习与思考

商务篇

第4章 电子商务模式

> **学习目标**
>
> 1. 了解电子商务模式的概念及分类。
> 2. 了解商业模式画布。
> 3. 掌握 B2B 电子商务分类和盈利模式。
> 4. 掌握 B2C 电子商务分类和盈利模式。
> 5. 掌握 C2C 电子商务分类和盈利模式。
> 6. 掌握 O2O 电子商务运营和盈利模式。
> 7. 了解其他电子商务模式的概念。

导入案例

东南亚第一电商平台 Shopee 的崛起史

一、Shopee 介绍

Shopee 是新加坡上市公司 Sea Group(NYSE：SE)旗下的电商业务产品，也是东南亚及中国台湾地区的电商平台，于 2015 年在新加坡成立并设立总部，随后拓展至马来西亚、泰国、中国台湾省、印度尼西亚、越南及菲律宾共七大市场。Shopee 拥有的商品种类繁多，包括电子消费品、家居、美容保健、母婴、服饰及健身器材等。

二、狂奔的 Shopee

2017 年"双十一"时，Shopee 创下 250 万单的纪录，整体订单量是 2016 年"双十一"时的 4.5 倍，平台销售量达 700 万件。2018 年"双十一"全天，Shopee 创下了超过 1 100 万订单的历史新高，是 2017 年的 4.5 倍。2019 年，99 大促当天总订单量超 580 万单，较 2018 年同期翻了 3 倍，当天共售出 1 500 万件商品。

三、Shopee 的成功秘诀

短短的四年时间，Shopee 实现了跨越式发展，其成功秘诀主要如下。

1. 买家策略

Shopee 主推移动式购物，构建社区功能和游戏化运营，丰富商品品类，为用户提供便捷支付方案和物流方案，且投资巨额营销费用和用户补贴，保障用户权益。

2. 卖家策略

Shopee 一开始专注于 C2C，在 2016 年 10 月，拓展了 B2C 业务。Shopee 为卖家提供有效的支持，因为服务好商家就可以解决"货"的问题。且为了给卖家解决便携性问题，Shopee 提供了一站式电子商务解决方案，进行卖家培训和商家社区建设，提供 SLS 物流支持、技术支持和广告流量支持。

总的来说，Shopee 在买家端和卖家端都做了大量工作，在消费者心中建立了品牌地位，构建了不可替代的竞争壁垒。在电商行业想获得成功，不存在侥幸，只有全方位的提升，才能在激烈竞争的市场中取得一席之地。

（资料来源：网经社，http://www.100ec.cn/detail—6531384.html）

思考题：Shopee 的崛起对东南亚电商市场的影响。

4.1 电子商务模式概述

4.1.1 电子商务模式的概念

电子商务模式，是指在互联网环境中利用一定技术手段开展商务活动的商务运作方式，即构成电子商务的要素以不同形式形成的电子商务运营管理模式。

4.1.2 电子商务模式的分类

电子商务模式随着其应用领域的不断扩大和信息服务方式的不断创新，电子商务的类型也层出不穷，主要可以分为以下 4 种。

企业与企业之间的电子商务（Business to Business，即 B2B）；
企业与消费者之间的电子商务（Business to Consumer，即 B2C）；
消费者与消费者之间的电子商务（Consumer to Consumer，即 C2C）；
线下商务与互联网之间的电子商务（Online To Offline，即 O2O）。

4.1.3 商业模式的含义

区别于电子商务模式，商业模式是指企业与企业之间、企业与企业各部门之间，乃至企业与顾客之间、与渠道之间都存在各种各样的交易关系和联结方式。在分析商业模式过程中，主要关注企业在市场中与用户、供应商以及其他合作伙伴的关系，尤其是彼此间的物流、信息流和资金流之间的关系。

商业模式旨在说明企业如何对企业战略、运营结构和经济逻辑等具有内部关联性的变量进行定位和整合，以便在特定的市场上建立可持续的竞争优势。

成功的商业模式特征如下。

（1）成功的商业模式要能提供独特价值，这属于战略定位方面。独特价值就是别人不能提供或者不愿提供，或者没有想到可以提供的价值。企业能够给顾客提供独特价值，才会更容易被顾客认知和记忆。

（2）成功的商业模式是难以模仿但可以快速复制的。难以模仿，是指竞争对手难以模仿你的商业模式。可以快速复制，是指企业可以迅速实现裂变，实现企业效益的快速增长。企业通过确立自己的与众不同，来提高行业的进入门槛，从而保证利润来源不受侵犯。

（3）成功的商业模式是具备灵活性的。因为成功的商业模式不是一成不变的，是会随着环境的变化、企业成长阶段的不同而不断迭代升级的。企业要做到量入为出、收支平衡，这个看似不言而喻的道理，要想年复一年、日复一日地做到，却并不容易。

商业模式属于整体模式的范畴，需要企业各个部门相互配合，紧密联系，新常态背景下对企业的运行机制提出了更高的要求，需要管理决策层和执行层之间加强配合，实现既定目标。

4.1.4 商业模式画布

商业模式画布(The Business Model Canvas)是一种用来描述商业模式、可视化商业模式、评估商业模式以及改变商业模式的通用语言。它由 9 个基本构造块构成，涵盖了客户、提供物(产品/服务)、基础设施和财务生存能力 4 个方面，企业可以方便地描述和使用商业模式，来构建新的战略性替代方案，如图 4-1 所示。

(资料来源：360 文库 https://wenku.so.com/d/dd5a2375918db771772a2fbcf77d2a96.)

图 4-1 商业模式画布

▶ 1. 客户细分(Customer Segments)

客户是商业模式的核心，我们服务于哪些客户群体，要为谁创造价值，谁是我们的重要用户？得到这些问题的答案就可以定义一个或多个或大或小的客户细分群体，以及该服务于哪些客户群体。一旦做出决议，就可以凭借对特定客户群体需求的深刻理解，仔细设计相应的商业模式。

▶ 2. 价值主张(Value Propositions)

了解我们要向客户传递什么样的价值，我们正在帮客户解决哪一类难题，我们正在满足哪些客户需求，即公司通过其产品和服务所能向消费者提供的价值。通过价值主张来解决客户难题和满足客户需求。

▶ 3. 渠道通路(Channels)

了解通过哪些渠道可以接触我们的客户细分群体，如何去接触他们，哪些渠道成本效益最好、最有效，如何把我们的渠道与客户的例行程序进行整合。通过沟通、分销和销售渠道向客户传递价值主张。

▶ 4. 客户关系(Customer Relationships)

即公司同消费者群体之间所建立的联系。了解我们每个客户细分群体希望与我们建立和保持何种关系，哪些关系我们已经建立了，这些关系成本如何，如何把它们与商业模式的其余部分进行整合。同时我们还需要不断了解客户需求，不断改进产品和服务去满足客户需求。

▶ 5. 收入来源(Revenue Streams)

了解什么样的价值能让客户愿意付费，他们是如何支付费用的，他们更愿意如何支付费用。收入来源产生于成功提供给客户的价值主张。

▶ 6. 核心资源(Key Resoures)

了解我们的价值主张需要什么样的核心资源,我们的渠道通路需要什么样的核心资源,核心资源是提供和交付前述要素所必备的重要资产。

▶ 7. 关键业务(Key Activities)

了解我们的价值主张、渠道通路需要哪些关键业务,有关键业务才能存活下去。通过执行一些关键业务活动,运转商业模式。

▶ 8. 重要伙伴(Key Partnership)

了解谁是我们的重要伙伴和重要供应商,我们正在从伙伴那里获取哪些核心资源,合作伙伴都执行哪些关键业务。

▶ 9. 成本结构(Cost Structure)

了解我们的商业模式中最重要的固有成本是什么,哪些核心资源以及关键业务花费最多,包含商业模式上述各要素所引发的成本构成。

扩展阅读 4-1
海底捞的商业
模式画布

4.2 B2B 电子商务模式

随着传统综合型 B2B 电商商业模式的持续深化,中国的 B2B 电商市场营业收入额呈持续增长状态,特别是综合跨境电商受国家利好政策的影响成为亮点。

2018 年,我国的 B2B 电商市场交易规模达到 21.37 万亿人民币,增长率为 20.8%。2019 年,中国电子商务交易规模达 36.8 万亿元,同比增长 13.1%,其中 B2B 市场规模占比为 66.74%。2020 年,B2B 市场交易规模达到 31.19 亿万元。2011—2019 年,中国电子商务交易额及增长情况如图 4-2 所示。

(资料来源:中国电子商务研究院 前瞻产业研究院)

图 4-2　2011—2019 年中国电子商务交易额及增长情况

如图 4-3 所示,从 2019 年我国电子商务行业主要细分市场结构来看,B2B 行业的交易规模依然占据较大份额,其次是 B2C 零售电商行业。可见,B2B 电子商务模式在市场中也占据着主流地位。

第4章 电子商务模式

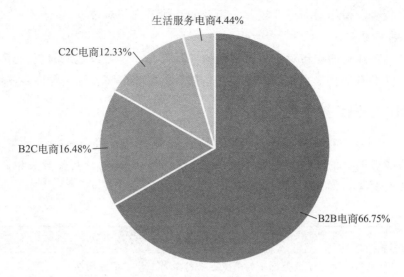

(资料来源：前瞻产业研究院整理)

图 4-3 2019 年我国电子商务主要细分市场结构

4.2.1 B2B 电子商务模式的概念

B2B(business to business，B2B)电子商务，也称企业对企业的电子商务或商家对商家的电子商务，是指企业与企业之间通过互联网或私有网络等现代信息技术手段，以电子化方式开展的商务活动。

B2B 电子商务是电子商务按交易对象分类的一种模式，在这种电子商务模式下进行电子商务交易的供需双方都是商家，它们使用互联网技术或各种网络商务平台，完成商务交易活动中的供求信息发布、商务洽谈、订货及确认订货、合同签订、货款支付、票据的签发及传送和接收、货物的配送及监控等全部或部分过程。

B2B 电子商务模式是电子商务中历史最长、发展最完善的商业模式，且涉及面十分广泛。B2B 电子商务模式通过信息平台和外部网站将面向上游供应商的采购业务和面向下游代理商的销售有机地联系在一起，从而降低彼此之间的交易成本，提高客户满意度。B2B 电子商务是目前电子商务市场的主流部分。

4.2.2 B2B 电子商务模式的特点

▶ 1. 交易对象相对固定

B2B 电子商务模式的交易对象比较固定，不像普通消费者发生的交易行为比较随意，这种固定体现了企业的专一性，也体现了企业之间交易的稳定性。

▶ 2. 交易过程复杂但规范

B2B 电子商务活动是各类电子商务交易中最复杂的，主要涉及企业间原材料、产品的交易，以及相应的信息查询、交易谈判、合同签订、货款结算、单证交换、库存管理和物品运输等，如果是跨国交易还要涉及海关、商检、国际运输、外汇结算等业务，企业间信息交互和沟通非常多。因此在交易过程中，对合同及各种单证的格式要求比较严格，操作过程比较规范，同时比较注重法律的有效性。与之相比，B2C 电子交易操作简单，涉及部门和人员相对较少,操作的随意性较大,相关的法律条文相对较少。

▶ 3. 交易对象广泛

B2B 电子商务活动的交易对象可以是任何一种产品,也可以是原材料,还可以是半成品或产成品,涉及石油化工、水电、运输、仓储、航空、国防、建筑等许多领域。

4.2.3　B2B 电子商务分类

根据 B2B 电子商务模式的发展,现阶段企业的 B2B 电子商务网站运营模式以及用户的需求都发生了较明显的变化。根据不同的分类标准,B2B 电子商务分类也会有所不同,且相互之间各有交叉,如表 4-1 所示。

表 4-1　B2B 电子商务模式分类

分类标准	商务模式类别
搭建主体	自建 B2B 电子商务网站、第三方平台型 B2B 电子商务网站
行业覆盖范围	综合型 B2B 电子商务网站、垂直型 B2B 电子商务网站
贸易类型	内贸型 B2B 电子商务网站、外贸型 B2B 电子商务网站
市场类型	面向制造业或商业的垂直 B2B 网站、面向中间交易市场的 B2B 网站
市场策略	卖方控制型 B2B 网站、买方控制型 B2B 网站、中介控制型 B2B 网站

▶ 1. 根据 B2B 电子商务网站的搭建主体划分

(1) 自建 B2B 电子商务网站

行业龙头企业基于自身的信息化建设程度,搭建以自身产品供应链为核心的行业化电子商务平台,串联起行业的整条产业链,并通过该平台实现供应链上下游企业的沟通和交易。

自建 B2B 电子商务网站在国内一般是大型企业为了提高效率,减少库存,降低采购、销售等方面成本而建立的交易平台。相对于第三方 B2B 网站来说,这种模式的 B2B 网站实现了真正意义上的电子商务:企业间商务活动的绝大多数环节都可以通过网络进行,如供求信息的发布与交易的协商、电子单据的传输、网上支付与结算、货物配送以及售后服务等。

目前,自建 B2B 的企业较少,只有少许大型企业选择这种模式,例如成立于美国加州的 Cisco(思科系统公司)。

(2) 第三方平台型 B2B 电子商务网站

第三方 B2B 电子商务网站是一个面向中间交易市场的网站平台,也是一个各行业企业的网上交易场所。第三方 B2B 电子商务网站本身不是经营商家,也不拥有交易产品,只是一个为各个企业提供采购和供应的交易平台。B2B 网站将采购商、制造商、销售商等信息集中到网站上,采购商可以在这个 B2B 电子商务网站上查询所需要的销售商及其商品的信息。

目前,市场上的中小企业占据了大部分第三方交易平台市场,而第三方交易平台模式也最适合中小企业。第三方平台立场中立,容易得到参与者的信任,集成买方需求信息和卖方供应信息、撮合买卖双方以及支持交易以便利市场操作,将买卖双方企业与第三方平台集成,能够很好利用第三方平台的规模效益。

与自建网站模式相比,第三方平台模式可以大大降低开发和维护的费用,成本较低,且在纳入管理、知名度及交易处理系统的安全性方面较为专业可信,因此第三方平台模式一般适合那些急于拓展市场而又缺乏资金实力和技术力量的中小型企业。

扩展阅读 4-2
科通芯城集团:
自营平台向第三方平台的转型

▶ 2. 根据 B2B 电子商务网站的行业覆盖范围划分

(1) 综合型 B2B 电子商务网站

综合型 B2B 电子商务网站是将各个行业中相近的交易过程集中到一个场所,为企业的采购方和供应方提供一个交易机会的电子商务网站,它涵盖了不同的行业和领域,为不同的行业与领域提供电子商务平台服务。国内的综合型 B2B 平台有阿里巴巴、慧聪网、环球资源网等。

扩展阅读 4-3
阿里巴巴国际站

(2) 垂直型 B2B 电子商务网站

垂直型 B2B 电子商务网站是针对一个行业内产品的服务,集中打造专业性信息平台。垂直型 B2B 电子商务平台将特定行业的上下游厂商聚集在网站中,使得各层级的厂商能够更容易地找到所需要的供应商、买家和产品。国内的 B2B 垂直型电子商务网站有中国服装网、华强电子网和国联股份旗下的涂多多等。

随着我国 B2B 电子商务模式垂直领域的快速崛起,B2B 电子商务模式深入各个产业链的上下游中,特别是以前市场相对封闭的钢铁、煤炭、工业品、物流、化工、涂料、玻璃、卫生用品、电子元器件等领域都受到了来自 B2B 电子商务的影响。基于此,B2B 电子商务模式垂直领域的快速崛起为我国 B2B 电商市场带来了新的"增长动力",也促进了我国整个电商市场的快速发展。

▶ 3. 根据 B2B 电子商务网站的贸易类型划分

(1) 内贸型 B2B 电子商务网站

内贸型 B2B 电子商务网站是指以提供国内供应者与采购者进行交易服务为主的电子商务市场,交易的主体和行业范围主要在同一国家内进行。

(2) 外贸型 B2B 电子商务网站

外贸型 B2B 电子商务网站是指以提供国内与国外的供应者与采购者交易服务为主的电子商务市场。相对于内贸型 B2B 电子商务市场,外贸 B2B 电子商务市场需要突破语言文化、法律法规、关税汇率等各方面的障碍,涉及的 B2B 电子商务活动流程更复杂、专业性更强。

▶ 4. 按照 B2B 电子商务模式的市场类型划分

(1) 面向制造业或商业的垂直 B2B 网站

垂直 B2B 网站可以划分上游和下游两个方向。在这种 B2B 电子商务模式中,供应链中的生产商或商业零售商可以与上游的供应商之间形成供货关系,生产商与下游的经销商形成销货关系。

例如,戴尔电脑公司与上游的芯片和主板制造商就是通过这种方式进行合作的,思科公司与其分销商之间进行的交易便是生产商与下游的经销商形成的销货关系。

简单地说，这种模式下的 B2B 网站类似在线商店，但面对的是企业级客户，用更快捷、更全面的方式让更多的上下游企业客户直观地了解自己的产品，促进交易。

（2）面向中间交易市场的 B2B 网站

面向中间交易市场的 B2B 网站，这种水平 B2B 交易模式是将各个相互关联的行业中相近的交易过程集中到一个场所，为企业的采购方和供应方提供一个交易的机会，如环球资源网、阿里巴巴、慧聪网、中商惠民、找钢网等，这一类网站既不是拥有产品的企业，也不是经营商品的商家，它只提供一个平台，在网上将销售商和采购商汇集一起，采购商可以在其网上查到销售商和销售商品的有关信息。根据所涉及的领域不同，可以分成面向水平交易所的综合型 B2B 网站和面向垂直交易所的垂直型 B2B 网站，如图 4-4 所示。

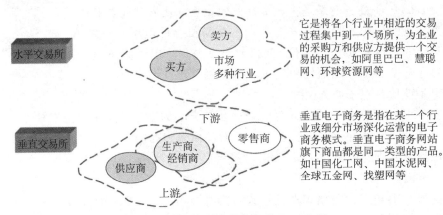

图 4-4　面向中间交易市场的 B2B 市场

▶ 5. 按照企业开展 B2B 电子商务模式的市场策略划分

（1）卖方控制型 B2B 网站

卖方控制型 B2B 网站是指由单一卖方建立，以寻求众多的买者，旨在建立或维持其在交易中的市场势力的 B2B 网站，例如戴尔官网、海尔官网等，如图 4-5 所示。

图 4-5　卖方控制型 B2B 市场

（2）买方控制型 B2B 网站

买方控制型 B2B 网站是指由一个或多个购买者建立，以吸引卖方前来报价，旨在把市场和价值转移到买方的市场。买方控制型市场战略除了由一个购买者直接建立的电子市场之外，还包括买方代理型和买方合作型两种买方控制型 B2B 网站，如图 4-6 所示。

（3）中介控制型 B2B 网站

中介控制型 B2B 网站是指由买卖双方之外的第三者建立，以便匹配买卖双方的需求与价格的 B2B 网站。

第4章 电子商务模式

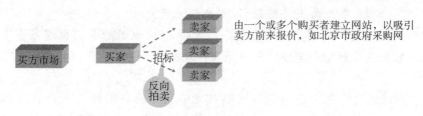

图 4-6 买方控制型 B2B 市场

4.2.4 B2B 电子商务发展历程

我国 B2B 电子商务起步较晚，主要从政府推动的商务应用起步，进而经历了初级电子商务—交易社区—合作贸易这几个阶段。基于服务能力立场而言，B2B 电商经历了信息服务阶段—交易服务阶段—供应链整合阶段这 3 个演进过程。

▶ 1. 1999—2002 年信息服务阶段（B2B 1.0 时代）

2000 年前后 B2B 1.0 兴起，彼时阿里巴巴、环球资源等几大 B2B 平台垄断市场。当时 B2B 电子商务平台主要是以提供信息服务为主，通过信息资讯连通供需双方，以信息资讯平台带动商业平台，主要经济模式为信息黄页。

那时候的 B2B 电子商务平台作为一个信息提供场所，供应方和采购方将自己的信息发布在 B2B 电子商务平台上，并从平台上获取自己所需的信息，从而形成交易。然而，仅消弭了信息不对称问题的"黄页"模式无法深入供应链等主要环节，平台黏性差、诚信规范以及营收低效等问题依旧存在，如图 4-7 所示。

2012 年，阿里巴巴香港退市，标志着 B2B 1.0 时代的终结。B2B 在 1.0 时代并未切入交易环节，只停留在信息交换的浅层关系，无论是能够获取的收入还是规模都已面临天花板，无法突破。

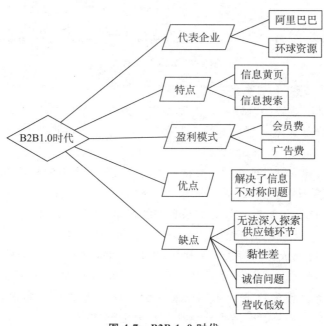

图 4-7 B2B 1.0 时代

2. 2003—2016年交易服务阶段（B2B 2.0 时代）

随着互联网的普及和电子商务的发展，一大批 B2B 电子商务信息服务提供商发展起来，它们为互联网在全球中小企业中的应用和普及发挥了巨大的作用，随即 B2B 2.0 时代开启。

B2B 2.0 时代通过将人工撮合与互联网技术有机结合，借助互联网和支付技术的发展，将物流、资金流和技术流借助全新的技术手段整合成一个新的有机整体，初步实现了贸易的全程互联网化，造就了全新的供应链模式。

这个阶段的 B2B 不只是一个信息提供场所，也是一个交易场所，供应方和采购方不仅可以在平台上发布信息，还可以直接进行交易，大大增加了买卖双方的便利性，如图 4-8 所示。

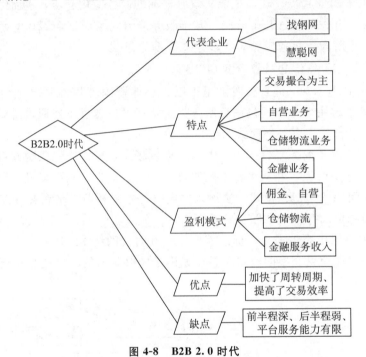

图 4-8　B2B 2.0 时代

3. 2017年至今供应链整合阶段（B2B 3.0 时代）

B2B 3.0 时代是产业级的互联网，需要供应链条的各个环节提供深度价值服务，提升全链条服务效率，降低成本，平台的核心服务直接关联整个的网站状况，因此对平台运营能力的要求是比较高的。

随着全产业链服务阶段云计算、大数据的发展，B2B 电商力图打通供应链，为供需方提供仓储、金融信贷等一体化综合服务，即建立一个"去中心化、社区化、公共型"的 B2B 外部业务协同平台"供应链商业网络"。经过交易数据的积累，B2B 电子商务还为采购双方提供了包括仓储、金融信贷、大数据分析等在内的一系列高附加值的服务，如图 4-9 所示。

以 1999 年阿里巴巴成立为标志，中国 B2B 电子商务已有 20 多年的历史，从 1.0 阶段的信息服务阶段发展到 2.0 交易服务阶段，再到 3.0 阶段的供应链整合，走向以大数据为核心的全产业链服务。作为行业的中间交易平台，B2B 电商承担着撮合上下游交易的重任，可以有效减少交易环节、缩减产业链条、提升流通效率。

近几年，B2B 电商平台在贴近消费者的零售、快消品、服装、农产品食材配送等领域

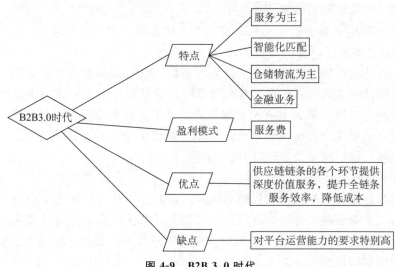

图 4-9　B2B 3.0 时代

发展超前,这是由于这些领域小的企业或者个体户式企业众多,消费习惯和 C 端(个人用户端)差异化模糊,而在大宗商品交易的电商平台,头部企业也纷纷在物流、金融等领域发力,整合供应链,实现由"交易闭环"向"交付闭环"的转变。

4.2.5　企业 B2B 电子商务模式

▶ 1. 企业 B2B 电子商务模式的概念

企业 B2B 电子商务模式是指企业自建 B2B 网站或者通过第三方平台建站等方式来实现企业之间的电子商务交易,主要是为了提高效率,减少库存,降低采购、销售、售后服务以及与用户或供应商之间的交易等方面的成本。

▶ 2. 企业 B2B 电子商务模式的特点

(1) 可控性强

企业通过自建 B2B 网站来实现和管理电子商务交易,可以打造一支完全属于企业自己的团队。由于对该网站足够了解,网站上的各项数据清晰透明,可以掌控交易场景和数据、物流配送、线上支付、线下交付等环节,使得企业对业务和服务的可控性增强,例如可以采取很灵活的方式来做营销活动的设计和宣传,而不受第三方平台规则的牵制。

(2) 灵活性高

企业自建的 B2B 网站的空间容量不受限制,自由灵活,没有佣金负担,一切都掌握在自己手中。这样就可以展示更多的商品,提供更好的用户体验,还可以结合用户特点,贴合用户的使用和消费习惯,为用户提供个性化服务。例如,京东掌柜宝为用户提供了掌柜快抢、满减满赠、满包邮等活动。

(3) 累积效应大

累积效应是指某种外力因素长期作用于同一物体,随着时间的推移,被作用的物体就会产生质的变化。企业搭建属于自己的 B2B 平台,可以慢慢积累自己的用户,虽然初期起步的时候会难一些,但随着用户的积累,网站的价值也会随之增长并且可以收获很高的客户忠诚度。

3. 企业应用 B2B 的常见模式

企业开展 B2B 电子商务的常见模式有以下几种类型。

（1）搭建自己的电子商务网站及 APP

企业完全自己出资搭建自身的电子商务网站和 APP。要做好电子商务网站，需要设计好网页内容，保持一定的更新速度，合理设置网站服务器，保证一定的出口带宽和传输速度；而要做好一个 APP，则需要在网站建设的基础上进行资源整合，利用同一数据库进行多个终端展示，全程像导式可视化操作。后期，要较多地将自己的网站或 APP 与专业电子商务平台链接，做好网站及 APP 的推广工作。

（2）应用第三方交易平台

企业应用第三方交易平台，即依赖第三方提供的公共平台开展电子商务。企业可以与国内主要的第三方交易平台合作，通过加盟成为会员来获取信息并进行交易，还可直接利用第三方 B2B 平台建立企业的主页，则供应商和客户都可以通过这些主页了解企业，与企业联系，增加贸易的机会。

（3）加入以龙头企业为核心的电子商务体系

龙头企业拥有上千家原材料、零配件供应商和产品经销商，都是供应链体系的核心。其网络平台对上下游供应商和经销商等企业有巨大的吸引力。企业为了成为电子商务供应链体系中的稳定一员，必须按照龙头企业的商务规划建立电子商务系统，通过贸易洽谈会、网络招商会等各种方式，建立与龙头企业的贸易往来，推动其 B2B 电子商务的应用与发展。

扩展阅读 4-4
京东新通路

4. 企业 B2B 的盈利模式

（1）降低采购成本

企业通过与供应商建立企业间电子商务，实现网上自动采购，可以减少双方为进行交易而投入的人力、物力和财力。另外，采购方可以通过整合企业内部的采购体系，统一向供应商采购，实现批量采购获取折扣。

（2）降低库存成本

企业通过与上游的供应商和下游的顾客建立企业间电子商务系统，实现以销定产，以产定供，实现物流的高效运转和统一，最大限度地控制库存。

（3）节省周转时间

企业通过与供应商和顾客建立统一的电子商务系统，实现企业的供应商与企业的顾客直接沟通和交易，减少周转环节，节省周转时间，提高了运行效率。

（4）拓展市场，增强企业竞争力

企业在网络上建立企业主页，上游的供应商和下游的企业客户都可以通过这些主页了解企业，并开展便捷的沟通，增加贸易的机会，提升企业的知名度。尤其在"流量为王"的时代，通过知名的第三方平台建立企业站点，可以帮助企业更好地拓展市场，从而增强企业竞争力。

4.2.6 平台 B2B 电子商务模式

1. 平台 B2B 电子商务的概念

平台 B2B 电子商务是指为交易活动中买卖双方企业提供信息发布、贸易磋商服务的平台供应商，它既不是拥有产品的企业，也不是经营商品的商家，并不参与双方的交易，只是提供一个平台，将销售商和采购商汇集在一起撮合形成交易，为双方提供交易服务。

▶ 2. 平台 B2B 电子商务模式的特点

（1）独立性

独立性是指它既不是买家也不是卖家，而是作为交易的平台，为买家和卖家提供平台的相关服务。上游有众多厂商，下游有众多客户，平台独立于二者之间并作为连接的桥梁。整个行业商品的流通要通过层层经销商完成。

（2）专业化

专业化是指它针对一个领域做深、做透，很少涉及其他行业。作为第三方服务平台，它的发展依托于专业化的技术水平，能够为买卖双方提供安全便捷的服务，包括对订单、物流的管理以及支付安全。从周期属性来看，现在的平台发展越来越规范化，平台的运营人才也越来越专业化。

（3）平台服务纵深化

纵深化是指将产品的某种功能做到极致，越来越聚焦，越来越专注，只服务特定人群，引领行业的不断细分。平台以用户为中心，服务纵深化加强，深入挖掘平台价值，提供智能化、人性化的服务，改善平台技术层面能力，提升平台变现能力。

▶ 3. 平台 B2B 电子商务常见模式

（1）以线上外贸服务为主的综合 B2B 模式

此类模式的企业以提供外贸线上服务为主，收入来源主要为会员费、提供增值服务所带来的广告、搜索引擎排名费用，以及向认证供应商收取的企业信誉等认证费用。其典型代表平台有阿里巴巴国际站、中国制造网。

（2）以线下内贸服务为主的综合 B2B 模式

此类模式的企业以提供内贸线下服务为主，收入来源主要为线下会展、商情刊物、出售行业咨询报告等带来的广告和收取的增值服务费用。其典型代表平台有 1688、马可波罗。

（3）以"行业门户＋联盟"为主的综合 B2B 模式

此类模式的企业以联盟的方式对各行业 B2B 网站进行资源整合，提供"既综合又专业"的 B2B 服务。收入来源主要为网络基础服务、网络信息推广服务、广告发布服务、行业门户加盟服务等。其典型代表平台有生意宝、中国网库。

（4）以小宗外贸服务为主的综合 B2B 模式

此类模式的企业不仅提供信息服务，同时还整合了包括交易的支付、物流以及客户关系管理等，实现在线交易，盈利模式主要以收取企业交易佣金为主。其典型代表平台有敦煌网、易唐网。

（5）以招商加盟服务为主的行业 B2B 模式

此类模式的企业一般是以收品牌商的广告费、会员费来维持其运转，会员可在一级或二级栏目上为自己的品牌做广告，也可以查看大量经销商的联系方式。在经营时一定要将网站的流量做大，尤其要关注网站的排名、访问量等可以量化的数据。一般的做法是招聘大量的电话销售人员推销、做广告和扩充会员。其典型代表平台如中国服装网、中国医药网。

扩展阅读 4-5
2019 年中国产业电商市场实力矩阵

4. 平台B2B的盈利模式

（1）会员费

企业注册为平台类电子商务企业的会员，每年缴纳一定的会员费，可以享受建立商铺、发布企业资料、产品展示、商情信息及各类线下增值服务，其交易不须缴纳佣金。较为典型的平台有阿里巴巴、慧聪集团、焦点科技、国联资源网等，如表4-2所示。

表4-2 平台B2B会员费类型及收费标准

网站名称	会员费类型	收费标准（每年）
阿里巴巴	中国供应商	29 800～80 000元
1688	诚信通	6 688元
慧聪网	买卖通	普通会员2 580元、银牌会员6 200元、金牌会员9 000元、VIP会员48 000元
中国制造网	认证供应商	32 800元
环球资源网	收费会员	1星：40 888元 2星：7 700/月×12月 3星：12 900/月×12月 4星：20 000/月×12月 5星：30 500/月×12月 6星：48 900/月×12月

（注：参考数据来自阿里巴巴、1688、慧聪网、中国制造网、环球资源网的官方网站）

（2）佣金费

企业通过电子商务平台参与电子商务交易，必须注册为平台类电子商务企业的会员，每年不需要缴纳会员费，就可以享受网站提供的服务，但在买卖双方交易成功后，电子商务平台会收取一定佣金。较为典型的平台为敦煌网等，敦煌网的佣金比例取决于不同的品类以及订单金额，佣金率为0.5%～16.5%。

扩展阅读4-6
敦煌网佣金比例表

（3）广告费

网络广告是平台B2B的主要盈利来源，同时也是B2B电子商务网站的主要收入来源。例如，阿里巴巴中国站（www.1688.com）的广告根据其在首页位置及广告类型来收费，用户可以购买钻石展位并发布文字、图片、数字、音频及视频等形式的广告素材，包括但不限于广告图片、广告链接、广告文字链、广告商品信息等，也包括该信息所链接页面的内容，如图4-10所示。中国化工网有弹出广告、漂浮广告、BANNER广告、文字广告等多种表现形式可供用户选择。

（4）竞价排名

竞价排名是一种按效果付费的网络推广方式，它按照付费最高者排名靠前的原则，对购买同一关键词的网站进行排名。排名处于搜索结果前列的卖家往往具有更多的点击量，并带来更多贸易的机会。

（5）增值服务

B2B网站通常除了为企业提供贸易供求信息之外，还会提供一些独特的增值服务，包

(资料来源：阿里巴巴官网 https://re.1688.com/)

图 4-10 阿里巴巴中国站(www.1688.com)钻石展位

括企业认证、独立域名、提供行业数据分析报告、搜索引擎优化等。

(6) 商务合作

商务合作包括广告联盟，政府、行业协会合作，传统媒体的合作等。广告联盟通常是网络广告联盟，亚马逊通过这个方式已经取得了不错的成效，但在中国，联盟营销还处于萌芽阶段，大部分网站对于联盟营销还比较陌生。国内做得比较成熟的几家广告联盟有谷歌联盟和百度联盟等。

(7) 按询盘付费

区别于传统的会员包年付费模式，按询盘付费模式是指从事国际贸易的企业不按照时间来付费，而是按照海外推广带来的实际效果，也就是海外买家实际的有效询盘来付费。其中询盘是否有效，主动权在消费者手中，由消费者自行判断并决定是否消费。

扩展阅读 4-7
卓尔的互联网
转型战略

4.3 B2C 电子商务模式

B2C 电子商务交易作为电子商务的主要模式之一，近些年发展尤为迅速，在商家数量、商家类别、服务形式、用户规模、交易频次、成交金额等方面都取得了长足的进步。自 2013 年起，我国已经连续 7 年成为全国最大的网络零售市场。

面对新冠肺炎疫情的严峻挑战，网络零售市场的支撑能力进一步显现。根据易观分析发布的《中国网络零售 B2C 市场季度监测报告 2020 年第 3 季度》数据显示，2020 年第 3 季度，中国网络零售 B2C 市场交易规模为 18 692.4 亿元人民币，同比增长 20.1%，如图 4-11 所示。随着多年的发展，网上零售 B2C 市场在技术层面、运营层面、市场层面，已达到一个相当的水平。整体来看，网上零售市场增速逐渐放缓，但依然保持较高的增长势头，在整个社会消费品零售总额中的地位也不断提升。

截至 2020 年 6 月，我国网络购物用户规模达 7.49 亿人，较 2020 年 3 月增长 3 912 万人，占网民整体的 79.7%，如图 4-12 所示。

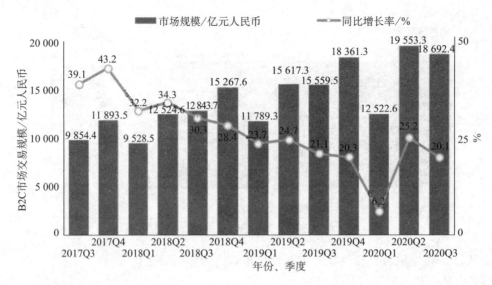

(资料来源：易观分析，www.analysys.cn)

图 4-11　2017Q3—2020Q3 中国网络零售 B2C 市场交易规模

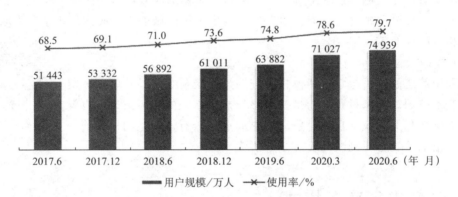

(资料来源：《2020 年第 46 次中国互联网络发展状况统计报告》)

图 4-12　2017 年 6 月—2020 年 6 月网络购物用户规模及使用率

4.3.1　B2C 电子商务概述

▶ 1. B2C 电子商务的概念

B2C（business to consumer，B2C）电子商务是企业针对个人消费者开展的电子商务活动总称，简称为"商对客"。B2C 电子商务是按电子商务交易主体划分的一种电子商务模式，即表示企业对消费者的电子商务，具体是指通过信息网络以及电子数据信息的方式实现企业或商家机构与消费者之间的各种商务活动、交易活动、金融活动和综合服务活动，是消费者利用因特网直接参与经济活动的形式。

B2C 是我国最早产生的电子商务模式，主要由两个环节组成：消费者在平台注册后进行商品的挑选以及购买，确定订单并进行支付；企业商家通过自主建立或入驻平台的方式提供在线购物的平台，并进行配送、收款等订单管理工作，这种模式节省了客户和企业的时间与空间，大大提高了交易效率。

如今 B2C 电子商务以完备的双向信息沟通、灵活的交易手段、快捷的物流配送、低成本高效益的运作方式等在各行各业展现了极大的生命力。

图 4-13 展示了 B2C 电子商务模式交易流程。

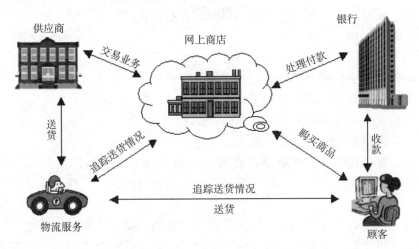

(资料来源：原创力文档网，https://max.book118.com/html/2019/0129/8043066056002004.shtm)

图 4-13　B2C 电子商务模式交易流程

▶ 2. B2C 电子商务的特点

（1）交易用户群体大

B2C 电子商务模式所采用的商务、身份认证、信息安全等方面的技术和管理比较方便简洁，成本低廉，有利于大面积推广。

（2）单笔交易次数多、金额小、总体规模大

B2C 电子商务模式从事的是网络电子化零售业，支付次数较多，但是单笔交易涉及支付金额比较小。总体来说，B2C 用户规模庞大，因此 B2C 电子商务模式交易规模也较大。

扩展阅读 4-8
网上零售 B2C
市场产业链图解

（3）经营领域范围广、品类多

B2C 电子商务模式主要集中在生活用品类，另外还涉及图书、家具、服务等领域，覆盖范围较广，品类繁多。

4.3.2　B2C 电子商务分类

随着 B2C 电子商务模式的发展，根据不同的分类标准可将其分成不同的类别，如表 4-3 所示。

表 4-3　B2C 电子商务模式分类

分类标准	类　　别
交易中所处的定位	企业型 B2C 电子商务模式、平台型 B2C 电子商务模式
交易内容的形态	有形商品和服务的电子商务模式、无形商品和服务的电子商务模式
行业的覆盖范围	综合型 B2C 电子商务模式、垂直型 B2C 电子商务模式

1. 按交易中所处的定位分类

(1) 企业型 B2C 电子商务模式

企业型 B2C 电子商务模式主要由企业自行搭建平台进行网上交易，企业拥有较强的资金和技术实力，能够自行完成电子商务前台和后台的构建。

(2) 平台型 B2C 电子商务模式

平台型电子商务模式也称为 B2C 电子商务市场运营商，是指在互联网的环境下利用通信技术和网络技术等手段把参与交易的买卖双方集成在一起的虚拟交易环境。这种模式不涉及具体商品采购和配送服务，便于平台商城做大、做强。

2. 按交易内容的形态分类

(1) 有形商品和服务的电子商务模式

有形商品通常指传统的实体商品，有形商品的查询、订购和付款等活动都在网上进行，最终的交付活动在线下完成。这种交易模式也叫在线销售，也就是我们传统说的网上商店。

网上商店是指消费者通过网上商店购买商品，是电子商务的典型应用之一，通过网上商店，消费者可以浏览、选购自己喜欢的商品，安全地完成网上支付，享受安全快捷的购物方式。

(2) 无形商品和服务的电子商务模式

无形商品是指对一切有形资源通过物化和非物化转化形式，使其具有价值和使用价值属性的非物质的劳动产品以及有偿经济言行等。无形商品指包括软件、电影、音乐、电子读物、信息服务等可以数字化的商品。有形商品网上交易与无形商品网上交易的区别在于前者可以通过网络将商品间接送到购买者手中，而无形商品和服务一般可以通过网络直接提供给消费者。无形商品和服务的电子商务模式主要有网络订阅模式、广告支持模式、网上赠予模式和付费浏览模式。

3. 按行业的覆盖范围分类

(1) 综合型 B2C 电子商务模式

综合型 B2C 电子商务模式以综合型 B2C 电子商务网站为运营平台，实际上是搭建一个综合型的 B2C 商城。实施综合型 B2C 电子商务模式可以充分发挥企业自身品牌的影响力，寻求产品或服务新的利润点，培养核心业务。

综合型 B2C 网站建设要在商品陈列展示、信息系统智能化等方面进一步细化。对于新老客户的关系管理，需要精细客户体验的内容，提供更加人性化、直观的服务，选择较好的物流合作伙伴，增强物流实际控制权，提高物流配送服务质量。目前，典型的综合型 B2C 电子商务网站有京东商城、天猫、唯品会等。

图 4-14 展示了中国网上零售市场生态图谱。

(2) 垂直型 B2C 电子商务模式

垂直型 B2C 电子商务模式以垂直型 B2C 电子商务网站为运营平台，它在核心领域内继续挖掘新亮点，积极与知名品牌生产商沟通合作，化解与线下渠道商的利益冲突，扩大产品线与产品系列，完善售前、售后服务，提供多样化的支付手段。

目前，个别垂直型 B2C 电子商务网站运营商开始涉足不同行业，为了规避多元化的风险，避免资金分散，建议将资金放在物流配送建设上，尝试"探索物流联盟"或"协作物流

第 4 章 电子商务模式

(资料来源：易观分析，https://www.analysys.cn/article/detail/1000731)

图 4-14 中国网上零售市场生态图谱

模式，在资金较为充裕的前提下可以逐步实现自营物流，保证物流配送质量，增强用户的黏性，将 B2C 电子商务网站的"三流"（信息流、资金流、物流）完善后再寻找其他行业的商业机会。

B2C 电商大部分市场份额被京东商城、天猫商城两大巨头占领，垂直型 B2C 电商获客成本越来越高。如果企业自身实力有限，无法使用低价策略吸引消费者，再加上企业网站难以获得消费者的初始信任，那么垂直型 B2C 电商的发展将面临困境。目前，典型的垂直型 B2C 电子商务网站有酒仙网、蜜芽、易车等。

扩展阅读 4-9
垂直电商代表企业
——去哪儿网

4.3.3 B2C 电子商务的发展历程

▶ 1. 1999—2002 年探索期

随着中国互联网的发展，中国零售业开始"触网"，但线上零售的市场环境不成熟，消费者线上购物习惯需要培养转移，配套产业基础设施尚未完成，制约了网上零售业的发展。1999 年，中国首个电商企业 8848 成立，同年当当、易趣相继成立，中国网络零售市场正式开启。2001 年，受互联网泡沫影响，大批电子商务企业倒闭，此时市场环境和电商商业模式都尚不成熟。

▶ 2. 2003—2007 年市场启动期

2003 年，中国电子商务市场发生了多起重大事件，深刻影响了中国网络零售市场未来的发展。6 月，Ebay 收购易趣，国内电子商务市场进入调整期。2004 年，亚马逊收购卓越网，两个国际电商巨头 Ebay、亚马逊进入中国市场。随后京东商城开启自营创新模式。

▶ 3. 2008—2014 年高速发展期

网民数量持续上升，"80 后"成为主力消费群体。唯品会、聚美优品等创新型厂商涌现，传统零售企业苏宁、国美也开始涉足电商业务，整个市场受消费者、资本、企业的多方推动。2008 年 8 月，唯品会成立，为中国 B2C 电子商务开辟"特卖"这一创新模式。网络零售 B2C 兴起，市场进入高速发展期。2010 年，当当成功赴美上市，电商企业受到资本的追捧，同时苏宁、国美等传统企业也积极寻求转型，网络媒体迎来爆发式增长。2012—2014 年，唯品会、聚美优品、京东、阿里巴巴相继上市，中国零售市场格局已定，进入成熟期。

▶ 4. 2015 年至今应用成熟期

多家电商先后上市，网民红利逐渐消失，市场形成"双超多强"的稳定格局。电商巨头与实体零售融合加速，品质电商开始兴起，"内容＋社区＋电商"成为创新营销模式，挖掘用户价值，重塑流量走向。2016 年，京东收购 1 号店与沃尔玛战略合作，阿里收购三江购物，开启全新零售渠道深度融合之势。2016 年，以网易严选、卷皮、必要商城为代表的新兴品质电商，将 ODM、C2M 等制造方式成功应用于网络零售。

4.3.4 企业 B2C 电子商务模式

▶ 1. 企业 B2C 电子商务模式的概念

企业 B2C 电子商务是指企业构建自己的垂直电商网站，并通过该网站实现交易，维系客户群体。该类网站为客户提供了最新的产品信息，并通过直播等方式提供最详细、最专业的产品介绍。

扩展阅读 4-10
华为商城

▶ 2. 企业 B2C 电子商务的常见模式

（1）垂直型 B2C

垂直型 B2C 网站可以在核心领域内挖掘新亮点，可以体现网站的专业性和独特性，积极与知名品牌商合作和沟通，化解与线下渠道商的利益冲突，扩大产品线与产品系列，完善售前、售后服务，给企业提供多样化的支付手段。

（2）直销型 B2C

直销型 B2C 要从战略管理层面明确这种模式未来的定位、发展与目标。协调企业原有的线下渠道与网络平台的利益，实行差异化的销售。其中，线上产品也可通过线下渠道完善售后服务。在产品设计方面，要着重考虑消费者的需求感觉，大力吸收和挖掘网络营销精英，培养电子商务运作团队，建立和完善电子商务平台。

（3）综合型 B2C

综合型 B2C 网站的涉及面要够广，要利用好自身的品牌影响力，积极寻找新的利润点，培养核心业务。其中，网站建设要在商品陈列展示、信息系统智能化等方面进一步细化。对于新老客户的关系管理，需要精细客户体验的内容，提供更加人性化、直观的服务。

▶ 3. 企业 B2C 电子商务模式的盈利来源

（1）销售收入

销售收入是企业 B2C 电子商务模式最主要的盈利来源，它是指通过企业自建的垂直电商网站销售自己生产的产品所获得的货币收入。

（2）会员费

B2C 网站为会员提供快捷的在线加盟注册程序、实时的用户购买行为跟踪记录、准确的在线销售统计资料查询及完善的信息保障等。网络游戏、网上娱乐、在线阅读等以销售无形产品或者服务的 B2C 企业把会员费作为一种主要的盈利来源。

(3) 服务费

例如法律咨询、医疗咨询、知识付费、超前点播等服务，企业向消费者提供相关的服务，并根据服务本身的价值收取费用。例如丁香医生问诊服务，如图 4-15 所示。

（资料来源：丁香医生 APP 首页）

图 4-15 丁香医生问诊服务

4.3.5 平台 B2C 电子商务模式

▶ 1. 平台 B2C 电子商务模式的概念

平台 B2C 电子商务模式是指企业提供交易平台，品牌商家进驻平台，用户在平台上通过搜索商品或进入目标品牌店铺选择商品进行消费。这是最典型的 B2C 电子商务运行模式。

▶ 2. 平台 B2C 电子商务的常见模式

（1）优选模式

优选模式主打品质生活，线上线下相结合，具有资源渠道优势，在品牌口碑方面具有良好基础。"线上产品＋线下场景"结合的模式，能使用户更好地触达优选商品，产生更好的用户体验。

（2）特卖模式

以唯品会为典型代表，平台在供给端为品牌提供连贯的库存解决方案，在需求端用低价好物提供特卖产品。这种模式更为切合主流 B2C 电商用户消费需求，发展速度进一步加快。唯品会不仅拥有规模庞大的专业买手团队、强供应链的支撑以及严格的质检体系，能给消费者带来"好物"，还通过加大与国内外一线大牌深度合作以及买断

扩展阅读 4-11
网易严选

等方式获取最低价格。平台价格优惠受到大众的认可，领先于其他B2C电子商务运行模式。

（3）社交模式

借助微信社交红利快速传播，B2C电商平台涉足的社交模式主要是在微信端上线小程序或推出拼购频道，通过微信端裂变式传播。这种模式的产品发展优势在于：利用用户社交关系能实现裂变传播，降低获客成本；同时在社交工具上，能触达更多未培养电商使用习惯的用户；而创新的社交电商模式，也能有效地刺激用户消费需求。

扩展阅读4-12
京东拼购

▶ 3. 平台B2C电子商务模式的盈利模式

（1）店铺租赁费

店铺租赁费主要是指通过出租虚拟店铺赚取中介费。例如，天猫会收取商家一定的租赁费，并且根据提供的服务不同，收取不同的服务费和保证金，天猫店铺的常规费用有保证金和软件服务年费，天猫保证金的缴纳标准，主要取决于商家在天猫商城开设店铺的性质，如表4-4所示。

表4-4 典型天猫店铺的收费组成及标准

店铺类型	收费组成及标准
带有R标的旗舰店	保证金5万元、软件服务年费3万元或6万元、软件服务费费率0.4%~10%
带有TM标的旗舰店	保证金10万元、软件服务年费3万元或6万元、软件服务费费率0.4%~10%
带有R标的专卖店	保证金5万元、软件服务年费3万元或6万元、软件服务费费率0.4%~10%
带有TM标的专卖店	保证金10万元、软件服务年费3万元或6万元、软件服务费费率0.4%~10%
带有R标的专营店	保证金10万元、软件服务年费3万元或6万元、软件服务费费率0.4%~10%
带有TM标的专营店	保证金15万元、软件服务年费3万元或6万元、软件服务费费率0.4%~10%

注：参照商家经营的一级类目，软件服务年费分3万元或6万元两档，数据根据天猫官网进行整理。
（资料来源：天猫官网，2021）

（2）广告费

广告费主要是指平台为企业发布广告所收取的费用，目前广告收益几乎是所有电子商务平台的主要盈利来源。这种模式成功与否的关键是其网页能否吸引大量的广告，能否吸引广大消费者的注意。

（3）销售提成

平台上每个商品的利润都和平台的利润相挂钩，例如当当网对不同品类的店铺设定不同的提成比例，通过交易抽成产生收益。

（4）贷款收益

如支付宝里的花呗通过向平台商家提供贷款来获利。一方面，用户使用花呗额度提前消费，后期如果未能按时还款，需要支付手续费；另一方面，花呗逾期还款，会收取利息，逾期费用＝逾期金额×逾期天数×0.05%。

（5）其他收益

企业的盈利不仅通过自身创造的价值还有价值链的其他环节，例如网上支付。有90%的天猫用户都是通过支付宝付款，这给天猫带来了巨大的利润。天猫不但可以收取签约商户一定的交易服务费用，还可以利用用户存款和支付时间差产生的在途资金进行其他投资，进而盈利。

4.4　C2C 电子商务模式

随着中国网民数量的不断增加和网络购物市场的日趋成熟，以及第三方支付平台的出现和信用评价体系的建立，C2C 电子商务模式更灵活和更自由的购物模式也得到越来越多用户的认可。

目前，C2C 企业面对巨大的市场竞争压力，不得不整合资源，多渠道开拓市场，深入挖掘现有广告收入模式，将开店难度降低，运营简化。但是由于中国网络零售市场竞争激烈，C2C 份额占比相比 B2C 依旧是逐年减小，如图 4-16 所示。根据 eMarketer 统计，在 2018 年中国电商零售市场份额中，阿里巴巴以 58.2% 占据首位，京东销售额占 17.3%，两家电商合计占据四分之三份额，占有绝对竞争优势。第二梯队企业相较淘宝和天猫的市场规模仍存在较大差距，快速崛起的拼多多占 5.2%，此前份额仅为 0.1%。B2C 模式为消费者提供更优的产品品质和服务保障，其在网上零售市场中的占比将持续提高。

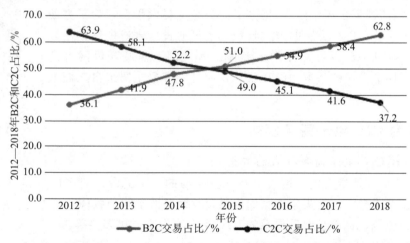

（资料来源：智研咨询，https://www.chyxx.com/industry/201907/754348.html）

图 4-16　2012—2018 年 B2C 和 C2C 交易占比

4.4.1　C2C 电子商务概述

C2C(consumer to consumer，C2C)是指网络零售中个人卖家对个人买家之间的商业行为，C2C 电子商务是按电子商务交易主体划分的一种电子商务模式，即表示个人卖家对个人买家的电子商务。其经营门槛较低，形式灵活多样，在网络零售市场的发展过程中具有十分重要的位置。

4.4.2　C2C 电子商务分类

▶ 1. 按照交易的商品类型分类

（1）物品交易平台

C2C 物品交易平台是消费者与消费者通过互联网在平台上进行物品交易的一个平台网站，是利用互联网将买家、卖家聚集在平台中形成的一种特殊的分享经济。网络平台上交易的种类较多，买卖的商品包括实体商品和虚拟商品，转让形式有转让使用权和转让所有权两种。典型代表平台有转转、咸鱼等。

（2）服务交易平台

C2C 服务交易平台主要是指为消费者之间提供服务交易的平台，如威客网。威客网是为那些通过互联网把自己的智慧、知识、能力、经验转换成实际收益的人，他们在互联网上通过解决科学、技术、工作、生活、学习中的问题，从而让知识、智慧、经验、技能体现经济价值。

▶ 2. 按照交易的方式分类

（1）拍卖模式

电子商务企业为买卖双方搭建网上拍卖平台，用户登录到网站后，即可通过页面或电子邮件进行交易或跟踪拍卖。目前，这类网站的经营方式主要是先介绍买卖双方相识，再由买卖双方自己磋商、议价后达成交易，网站从成交后的某一方或双方收取一定的服务费。

（2）店铺模式

店铺模式（店铺平台运作模式）是电子商务企业提供平台，为了方便个人在上面开店铺，以会员制的方式收费，也可通过广告或提供其他服务收取费用。这种平台也可称作网上商城。入驻网上商城开设网上商店，不仅依托网上商城的基本功能和服务，而且顾客也主要来自该商城的访问者。

扩展阅读 4-13
拼多多开店流程

4.4.3　平台 C2C 电子商务模式

▶ 1. 平台 C2C 电子商务模式的概念

所谓 C2C 平台是指人们在网上进行双方交易的一个平台，即客户与客户之间的交易平台，有了这个平台才能为买家卖家们提供建立商铺的空间和载体。近几年，C2C 电子商务模式已经很流行，目前我们最熟悉的 C2C 平台有淘宝、拼多多等。

▶ 2. 平台 C2C 电子商务的盈利模式

平台 C2C 电子商务的盈利模式与平台 B2C 电子商务的盈利模式高度相似，具体如下。

（1）会员费

会员费也就是会员制服务收费，是指 C2C 网站为会员提供网上店铺出租、公司认证、产品信息推荐等多种服务组合而收取的费用。由于提供的是多种服务的有效组合，比较能适应会员的需求，因此这种模式的收费比较稳定。费用第一年缴纳，第二年到期时需要客户续费，续费后再进行下一年的服务，不续费的会员将恢复为免费会员，不再享受多种服务。

（2）交易提成费

交易提成费不论什么时候都是 C2C 网站的主要利润来源。因为 C2C 网站是一个交易平台，它为交易双方提供机会，就相当于现实生活中的交易所、大卖场，从交易中收取提成是其市场本性的体现。

(3) 广告费

C2C 网站在网络中的地位就像大型超市在生活中的地位，它是网民经常光顾的地方，拥有超强的人气、频繁的点击率和数量庞大的会员。其中蕴藏的商机是所有企业都不想错过的，由此为网站带来的广告收入也是网站利润的一大来源。

企业将网站上有价值的位置用于放置各类型广告，根据网站流量和网站人群精度标定广告位价格，然后再通过各种形式向客户出售。

(4) 搜索排名竞价

C2C 网站商品的丰富性决定了购买者搜索行为的频繁性。搜索的大量应用就决定了商品信息在搜索结果中排名的重要性，由此便引出了根据搜索关键字竞价的业务。

用户可以为某关键字提出自己认为合适的价格，最终由出价最高者竞得，在有效时间内该用户的商品可获得竞得的排位。只有卖家认识到竞价为其带来的潜在收益，才愿意花钱使用。

(5) 支付环节收费

支付问题一向是制约电子商务发展的瓶颈，直到阿里巴巴推出了支付宝才在一定程度上促进了网上在线支付业务的开展。

买家可以先把预付款通过网上银行打到支付公司的个人专用账户，待收到卖家发出的货物后，再通知支付公司把货款打入卖家账户，这样买家不用担心收不到货还要付款，卖家也不用担心发了货而收不到款，而支付公司就按成交额的一定比例收取手续费。

▶ 3. 平台 C2C 电子商务模式的现状

(1) 二手电商渗透率攀升，闲置经济潜力巨大

随着闲置经济的快速发展，头部二手电商平台的优势也更为明显。从垂直品类来看，交易量巨大的二手房、二手车，已经成为消费经济重要的拉动力；而在商品零售领域，二手手机已经成为继二手房、二手车之后的第三大品类，其迭代更新速度快，各行业人群换手机的需求和频率也越发高涨。

二手电商行业渗透率攀升明显，用户使用时长较 2018 年同期增长，行业发展潜力巨大。从 2018 年"双十一"开始，新品电商的增速正在放缓，增量市场的天花板已现，而以二手市场为代表的闲置经济获得快速发展。

于 2015 年 9 月 27 日正式上线的瓜子二手车直卖网，目前已成长为中国最大的二手车直卖平台。该网站帮助买家直接和卖家面对面交易。通过直卖模式，去除了中间商环节，将原本由中间商层层加码产生的差价让渡给买卖双方，实现了"卖家多卖，买家多省"的双赢局面。凭借高质量的服务和先进的交易模式，瓜子二手车发展势头迅猛。

(2) 低线城市的消费潜力巨大，下沉市场的开拓加速

近年来，随着互联网基础设施、商业业态与消费人口的不断成熟壮大，下沉市场已经成为中国消费新热土，掀起一轮接一轮开发高潮。打着低价电商旗号诞生的拼多多，走的就是农村包围城市的路线；而阿里则推出了淘宝特价版主攻 C2M 白牌(指一些小厂商生产的没有牌子的商品)，用户直连制造商，直接缩短了制造业与消费者之间的距离，提高了零售的效率。

淘宝特价版发起的一元包邮从消费者需求出发，构建切实高效的产销通路，引发京喜、苏宁等"下沉市场"的后来者紧紧跟随。多家电商平台不约而同盯上了新的流量获取手段，开始"下沉市场"2.0阶段的挖掘，瞄准产业链、挖掘新流量、开拓新渠道，满足了消费者的新需求。

究其根本，淘宝特价版、京喜等电商平台已经在"下沉市场"的商业模式中升级，迈进2.0阶段。它们如此"豪横"的定价底气其实主要来自C2M模式，也就是瞄准产业带、重整产业带的优势。

扩展阅读4-14
淘宝和拼多多
下沉市场之争

（3）利用直播为产品赋能，提升销量

直播带货成为新主流，个人卖家也积极利用直播平台为自己的产品带货。例如直播助农新模式是乡村发展或扶贫的主体行动者通过直播平台销售农副产品的形式，最终帮助农村脱贫和完成产业升级的一种手段。直播助农模式为农户提供产品快速销售渠道，使农户手中的农产品实现迅速转销，将价值统筹的实现变为可能。

扩展阅读4-15
电商舞台的C位
——短视频平台

早在2020年3月8日，腾讯微视就携手CCTV-17央视三农共同发起了"战疫助农"直播活动。10位女县长带着当地特色农产品做客腾讯微视"县长来了"直播间，特色农产品产地直销，价格优惠，实现了农户与消费者的双赢。

4.5　O2O电子商务模式

现在互联网已经成为21世纪人群生活中不可或缺的一部分，电子商务模式也成为一个常态化渠道，线上加线下的紧密结合才是未来一个完整的市场概念。随着电子商务网站数量不断上涨，在2013年O2O进入高速发展阶段，开始了本地化及移动设备的整合和完善，于是O2O商业模式横空出世。

2020年由于疫情原因，用户都习惯于同城线上购买，社区团购、前置仓生鲜等新兴业态的快速崛起，倒逼商超零售企业加速数字化转型。不少商超零售O2O企业抓住机遇，一方面，积极进行商业扩张，广开门店加速复制全渠道数字化的成功经验，积极探索新业态；另一方面，在产品、配送、服务等方面优化用户体验，提升用户黏性。

如图4-17所示，2020年9月，商超零售O2O领域APP用户规模达到了3 256.2万人，2020年10月，已经达到了3 211.6万人，同比增长29.7%。

4.5.1　O2O电子商务概述

O2O(Online To Offline，O2O)电子商务模式是指企业将线上的互联网技术与线下的商业机会有机结合在一起，充分发挥互联网的优势来提升线下的机会，促进业务成交，把互联网变成线下交易的前台。这是一种线上营销与线下实体服务体验相结合、线上线下无缝连接以提升商业效率与用户体验的商业模式，基于LBS、移动支付、大数据等技术，通过线上平台整合线下实体门店服务、配送团队等资源，通过在线信息决策、预订或支付交易，完成线上线下客流的相互转化。

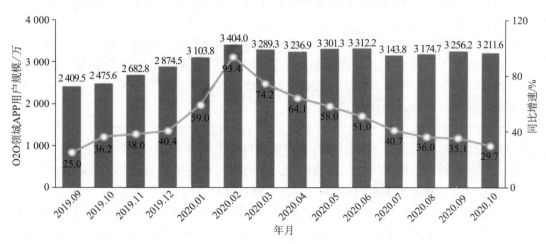

(资料来源：易观分析 https://www.analysys.cn/article/detail/20019927)

图 4-17　2019 年 9 月—2020 年 10 月商超 O2O 领域 APP 用户规模

4.5.2　企业 O2O 的运营

▶ 1. 自建 O2O 小程序

一些知名度较高的连锁餐饮企业，如肯德基和麦当劳，为了避免苛刻的平台抽成规则，会通过小程序来自建线上点单平台，既有微信的流量支撑，又能充分地融合线下，提高经营效率并带来更多的盈利。

与此同时，也方便了用户的点单，为用户服务以创造新的价值，增强了用户的黏性。还可以有效保证餐厅工作的有序处理，杜绝跑单、漏单等失误的出现。另外，后台可以通过对订单的清算和统计得出数据，有利于经营者根据经营情况调整营销策略。

扩展阅读 4-16
肯德基自助点餐

▶ 2. 借助第三方 O2O 平台

以餐饮行业为例，如美团和饿了么这种知名的第三方 O2O 平台已经建立了完善的售前售后服务和配送体系，在消费者心中树立了绝对地位，拥有了好口碑。对一些中小商家来说，在没有足够的知名度和实力之前，聚焦好自己店面的出餐品质和管理运营，尽可能地借助第三方 O2O 平台来完成接单配送等方面的事情，是最具性价比的选择。

扩展阅读 4-17
美团网：接地气的
生活服务体验平台

4.5.3　O2O 平台的运营与盈利

▶ 1. 运营模式

O2O 平台是作为桥梁来连接消费者和线下商家的，整个业务流程既可正向需求传递也可反向价值传递，O2O 平台本身还具有营销推广的作用。该模式最为突出的作用是实时性掌握消费者的口碑评价与资源分享，根据评价与分享的建议，可及时反馈需求与解决问题，从而整体上有效地控制与改善 O2O 平台运营模式。O2O 运营模式主要分为以下 4 类。

（1）线上线下同步模式，即线下—线上—线下。它是指商家在线上销售和实体店运营同步进行的模式,这样消费者可以先到实体店体验,感受商品的优点之后,再到网上购买,下单后可到实体店去取货,以此来加强线上线下的沟通,减少顾客的顾虑。这种模式的典型代表是苏宁、国美。

(2)二维码模式,即线下到线上。消费者在实体店体验时,通过手机扫描商家的二维码,实现快捷接入,免去了消费者在手机上输网址,以此来获得店家商品信息、折扣信息,从而进行线上交易的运营模式。扫码之后可以关注商家的微信公众号、微博等,可以及时获知商家推出的新品和促销等。

(3)团购模式,即线上—线下—线上。就是先搭建线上平台进行营销,再将线上商业流导入线下让用户享受服务体验,然后再让用户到线上进行交易。最具代表性的交易平台是大众点评、美团网等团购网站,团购利用互联网来实现它的批量销售,以此达到薄利多销、吸引客户流量和处理库存的目的。

(4)先线上后线下模式。该模式是指企业先构建一个网上平台,再以此为入口,将线下流量导入线上来进行营销以及交易,之后用户到线下去体验相应的服务。商家利用互联网传播速度快、传播范围广等优势,将商品信息通过微信、微博等发布到互联网上,通过口碑营销、饥饿营销、互动营销等实现商家和消费者的良性互动,将消费者吸引到线下消费。

▶ 2. 盈利模式

(1)入驻费、交易佣金

通过子账号分权功能,支持第三方商家入驻并自行管理各自的店铺,这样平台运营方只需要收取入驻费就可以了;还可以提前和商家洽谈,根据商品在平台的交易金额,收取佣金折扣等。

(2)活动费用

平台作为商家和消费者的中间桥梁,可以组织有共同需求的买家向商家集中采购,事后商家向平台支付利润回报。现在有很多的千人团购甚至万人团购会,这种规模的采购产生的利润回报之大可想而知。

(3)广告费用

广告费也是常见的盈利方式之一。不同的广告位置,价格不同。以同城生活圈类的APP为例,一个城市生活黄页,就可以容纳成千上万的广告上架。

扩展阅读 4-18
盒马鲜生:"O2O+LBS"的运营模式

(4)商户服务费

平台针对所有的商户或者新加入的商户,采用长期的合作综合服务形式,收取年费,包括线上店铺装修、营销支持、用户调查、粉丝运营等。

表4-5列示了美团和饿了么商家的收费标准。

表4-5 美团和饿了么对商家的收费标准

平台	入驻费	平台服务费(按每笔订单金额的百分比收取)	保证金(以2020年的参考数据为准)
美团	无	自配送:3%~15% 平台配送:15%~25%	美团外卖:500~1 000元 美团优选:5 000~8 000元
饿了么	无	自配送:5%~8% 平台配送:15%~25%	500~1 000元

(注:数据根据2020年美团和饿了么官方APP进行整理)

4.6 其他电子商务模式

4.6.1 B2F 模式

B2F(Business To Family，B2F)电子商务模式，即企业与家庭之间的电子商务，是企业以家庭为中心展开的一系列商业活动，包括各种商品及服务的零售。商务机构按照交易对象分类，把消费者分类于家庭这个单位中，并以当前最便捷的购物方式来引导消费："一站式"服务和高效免费的配送。B2F 是一种集大型仓库式超市、中小型卖场、社区便利店、实体连锁加网上电子商务相结合的电子商务模式。

4.6.2 B2G 模式

B2G(Business To Government，B2G)电子商务模式，即商家与政府之间的电子商务模式，是企业与政府之间通过网络进行的交易运作模式。

B2G 比较典型的例子是网上采购，即政府机构在网上进行产品、服务的招标和采购。这种运作模式的可使投标费用降低，因为供货商可以直接从网上下载招标书，并以电子数据的形式发回投标书。同时，供货商可以得到更多的甚至是世界范围内的投标机会。由于通过网络进行投标，所以即使是规模较小的公司也能获得投标的机会。

4.6.3 B2M 模式

B2M(Business To Marketing，B2M)电子商务模式，是指面对市场营销的电子商务企业。B2M 电子商务公司根据客户需求而建立营销型站点，并通过线上和线下多种渠道对站点进行广泛的推广和规范化的导购管理，从而使站点作为企业的重要营销渠道。

相对于拥有站点的简单电子商务模式，B2M 注重的是网络营销市场，以及企业网络营销渠道的建立，它是针对网络市场营销而建立的电子商务平台，通过接触市场、选择市场、开发市场，扩大对目标市场的影响力，从而实现市场规模的扩大，并为企业找到新的经济增长点。

4.6.4 B2S 模式

B2S(Business To Share，B2S)电子商务模式，即分享体验式商务，这是一种区别于传统电子商务模式的新型电子商务模式，B2S 即通过互联网为消费者提供一个全新的购物模式，由一群有共同兴趣爱好的人通过分享购物平台，选择自己喜欢的商品通过网上支付费用，每个人支付一笔很小的费用，而大家一起累积起来的钱正好能够购买这个商品，然后提供商品者再从付款者里挑选一个幸运者拥有并体验这款商品。

4.6.5 BAB 模式

BAB(Business Agent Business，BAB)电子商务模式，是企业联盟企业的电子商务模式，即企业之间依靠电子技术手段，达到资源以电子数据化交换整合的目的，把产品带入流通领域的一种电子商业模式。

这是基于B2B提出的新的电子商务模式，该模式把网络提供的技术手段和依靠有信誉的代理人提供保证结合起来，把身份认证、信息服务、网上支付、物流配送等各个环节集成起来，提供统一的、可靠的平台，从而真正实现了"三流合一"，为企业之间的电子商务提供了必要的服务和基础条件。

4.6.6 C2B模式

C2B(Customer to Business，C2B)电子商务模式，即消费者与企业之间的商务模式，是互联网经济时代新的商业模式。这一模式改变了原有生产者（企业和机构）和消费者的关系，是一种消费者贡献价值(Create Value)，企业和机构消费价值(Customer Value)。

真正的C2B应该先有消费者需求产生而后有企业生产，即先有消费者提出需求，后有生产企业按需求组织生产。通常情况为，消费者根据自身需求定制产品和价格，或主动参与产品设计、生产和定价，产品、价格等彰显消费者的个性化需求，生产企业进行定制化生产。

4.6.7 ABC模式

ABC电子商务模式，即由代理商(Agents)、商家(Business)和消费者(Consumer)共同搭建的集生产、经营、消费为一体的电子商务平台。代理商、商家和消费者之间不同的角色可以相互转化，通过各个角色之间的相互服务形成一个利益共同体。

扩展阅读4-19
ABC模式："淘福啦"电子商务平台

4.6.8 BMC模式

BMC(Business Medium Customer，BMC)，即企业+中介平台+终端客户的模式。

BMC模式是均衡双向行为，有利于商品推广，更注重中间人的参与，中间人也更乐于参与的一种模式。中间人通常对商品和顾客具有较高的熟悉度，商品推广时也具有较强的说服力，同时商品出处的指向很清晰。当中间人推荐的商品交易成功后，中间人会获得商家设定好的报酬。这种模式会增加中间人的参与动力和人群数量，也就会增加从商品端到最终顾客端的推销行为。

4.6.9 P2P模式

P2P是指Peer to Peer(贸易伙伴对贸易伙伴)、Point to Point(点对点)、Person to Person(人对人)、Path to Path(渠道对渠道)，是指消费者和生产者之间为达到一定的目的而进行的直接的、双向的信息或服务的交换。

P2P电子商务又称对等电子商务，是指使用对等网络技术，互联网用户不需要通过中央Web服务器就可以直接共享文件和计算机资源。

4.6.10 P2C模式

P2C(service provider to consumer，P2C)，简称为商品和顾客，产品从生产企业直接送到消费者手中，中间没有任何的交易环节。在国内叫作生活服务平台，P2C将第三方支持平台升级为第一方直接参与进行交易，将产品的展示、运输、售后、质保的工作全部落实到运营平台。

4.6.11 M2C 模式

M2C(Manufacturers to Consumer，M2C)，即生产厂家直接对消费者提供自己生产的产品或服务的一种商业模式，特点是流通环节减少至一对一，销售成本降低，从而保障了产品品质和售后服务质量。消费者在 M2C 平台购买产品后，直接享受厂家提供的各项售后服务，缩短了中间交涉环节，最快程度地为消费者解决问题，让消费者后顾无忧。

由于减少了中间销售的环节，厂商研发的最新技术能够快速地呈现给消费者，使用户更方便快捷地感受到创新的魅力，同时，用户通过售后渠道将自己的使用体验反馈给厂商，也有利于厂商根据市场需求来研发新产品，在厂商与用户之间形成良好的互动。

扩展阅读 4-20
M2C 模式：
东方乳业

4.6.12 OMO 模式

OMO(Online-Merge-Offline，OMO)模式即企业或商家依靠线上平台通过移动终端，连接线下实体，简化自身与用户的中间途径，使用户快速获得实体商品和体验服务的商业模式。

OMO 商业模式通过在线分享商务、移动电子商务、线下商务的有效聚合，帮助企业顺应体验经济的发展和用户需求的变化，简化获得实体商品和服务的途径，打造线上—移动—线下三位一体全时空的体验店营销系统，使企业与用户能够通过各种载体及终端进行交易和消费。

拥有这种统一平台型商业模式的企业，可结合自身产品与服务的特点，合理配置企业资源，制定相应的经营战略，最终实现品牌传播与实际交易的双赢。

扩展阅读 4-21
OMO 模式：
商务中国

在线课堂

在线自测

练习与思考

第5章 网络营销

> **学习目标**
> 1. 掌握网络营销的概念和基本特征。
> 2. 了解网络营销产生的原因及其发展。
> 3. 理解网络营销与传统营销的关系与区别。
> 4. 了解影响消费者购买决策的因素。
> 5. 学习网络营销的各种营销手段。

导入案例

比亚迪"双十一"全新一代宋

在"双十一"当天,比亚迪主办方与汽车网红主播合作,将全新一代宋改造成移动直播间,进行街头采访、游戏邀约,并全程现场线上直播,后期素材剪辑,通过前期悬念、线上猎奇、线下趣味体验的"病毒式"传播,持续输出全新一代宋智能互联、超大空间等产品USP及越级标签。

直播平台:一直播

直播时间地点:2019年11月11日,13~15点,广州商业区

在年底促销氛围浓烈的环境下,各种媒体、品牌声音嘈杂,11月全球关注的大事——"双十一",无疑是年末的一大热点,如何在这样的环境下让全新一代宋另辟蹊径,脱颖而出,抓住用户的心,真正达成与目标受众的沟通和互动?

营销目标:

自全新一代宋上市两个月以来,对前期产品整体信息进行了归纳,但针对产品单点信息如DiLink智能网联系统这一核心亮点,缺乏重点渗透,用户认知度尚浅,需要借助一场事件营销,将产品单点智能网联进行重点释放,引发关注并认可,同时品牌认知度、美誉度可得到有效提升。

借势"双十一"热点,聚焦DiLink智能网联系统,将全新一代宋改造成"移动直播间",联动线上线下进行病毒式猎奇直播,重点凸显全新一代宋的产品核心优势。

1. 创意

(1)前期悬念传播:活动前期,比亚迪连同主播一起为"双十一"当天狂送礼品设置活动悬念,吸引关注。

(2)线上猎奇直播:满载礼品的移动直播间(全新一代宋)+网红主播+好玩的参与方式,够吸睛。

(3)线下趣味体验:网红主播空降,街头随机邀请路人,参与新颖的人车智能互动游戏,够好玩。

2. 执行

(1)预热期——预埋:比亚迪官方联合网红直播 KOL、汽车 KOL,发布"双十一"神秘直播间预告,引发广大网友好奇关注,并热议期待。

(2)活动期——引爆:比亚迪官方联合直播 KOL 揭秘"移动直播间",官方同步直播,直播过程有奖问答植入卖点。

(3)后续期——后续:围绕"移动直播间"事件,多角度剪辑事件回顾视频,通过段子类、生活类等多类型跨界 KOL 进行扩散传播。

3. 媒体表现

(1)通过与汽车网红主播深度合作,围绕产品的核心卖点功能,充分利用汽车行业媒体资源(微信公众号、朋友圈、微博)的叠加效应,进行公关传播,实现传播效果最大化。

(2)官方微信及微博接入直播信息,直播中注重产品的核心功能,结合主播个人的 IP 化风格,进一步精准覆盖用户人群,最大化避免直播过程中流量卷入和分发。

(3)搭配汽车 KOL 的垂直传播优势,提高产品功能的曝光量。

4. 传播效果

联合汽车网红主播王兮兮和跨界 KOL 扩散传播,收获了 9 766 830 的曝光量,同时在一直播平台超 59.5 万人在线观看,直播视频累计观看人数 901 万人,点赞人数达 591 万人。

本次营销事件,将全新一代宋后排空间打造成礼物橱柜,积极与参与直播的路人互动,同时在顺利通过直播通关任务后,由参与直播的粉丝决定是否奖励奖品,通过移动直播间,宣传"'双十一'别人买买买,不如我们直播送送送"的口号,借助"双十一"及后续节日热点,打造全新一代宋送礼锦鲤的趣味话题。

(资料来源:微信公众号 网络营销案例库)

思考题:比亚迪新一代宋的营销策略是怎样的?

5.1 网络营销概述

5.1.1 网络营销的概念

与许多新兴交叉学科一样,网络营销的概念在国内外网络营销相关文献中没有一个统一的界定,这可以从网络营销这一名词的多样化中得到印证,如 Cyber Marketing、Network Marketing、E-marketing、Internet Marketing 等,不同的单词词组有着不同的含义。

从广义上讲,网络营销是市场营销的一种新的营销方式,它是企业整体营销战略的一个组成部分,是为实现企业总体经营目标进行的,利用以互联网为主要代表的信息通信技术手段在产品服务等系统从事营销活动的总称。其中,Cyber Marketing 强调网络营销在虚拟计算机空间中运行;Internet Marketing 是指在因特网上开展的营销活动;Network Marketing 是指在网络上进行的营销活动,除互联网以外还包括 Intranet(内部网)、Van(增值网)等。

从狭义上讲，凡是以国际互联网为主要营销手段，为达到一定营销目标而开展的营销活动，都称为网络营销。在这个概念里，网络营销（E-marketing）的载体是互联网，离开了互联网的推广就不能算是网络营销。

扩展阅读 5-1
网络营销的
6 个特性

本书界定的概念是，网络营销是基于互联网和社会关系网络连接企业、用户及公众，向用户与公众传递有价值的信息和服务，为实现顾客价值及企业营销目标而进行的规划以及实施的运营管理活动。

5.1.2 网络营销的产生

网络营销的产生是基于计算机技术和通信技术，特别是互联网技术的飞速发展、消费者价值观的逐步变革、企业竞争日益激烈等综合因素而促成的。网络营销的形成主要得益于以下几方面。

▶ 1. 现代电子技术和通信技术的应用与发展

现代电子技术和通信技术的应用与发展是网络营销产生的技术基础。国际互联网是一种集通信技术、信息技术和计算机技术为一体的网络系统。

▶ 2. 消费者价值观的变革

消费者价值观的变革是网络营销产生的观念基础。当今的市场正在由卖方市场向买方市场演变，消费者主导的营销时代已经来临。面对纷繁复杂的商品和品牌选择，消费者心理已呈现出一些新的特点和趋势，网络营销的产生则适应了消费者新的价值观。

▶ 3. 商业竞争的日益激烈化

商业竞争的日益激烈化是网络营销产生的现实基础。随着市场竞争的日益激烈化，为了在竞争中占据优势，很多企业开展网络营销。开展网络营销可以节约大量资金，方便采集客户信息，使得企业经营的成本和费用降低，运作周期变短，增强企业的竞争优势，增加盈利。

图 5-1 列举了网络营销的优势。

图 5-1 网络营销的优势

5.2 网络市场调研

5.2.1 网络市场调研的概念

网络市场调研是指运用互联网和信息技术，以科学的方法，系统地、有目的地收集、整理、分析和调研所有与市场有关的信息。

网络市场调研是网络营销前期工作中的重要环节之一，通过调查可以得到竞争对手的资料，分析市场和营销环境，为营销者细分市场、识别受众需求和确定营销目标等提供相对准确的决策依据。

市场调研有两种方式：一种是直接收集一手资料，另一种是间接收集二手资料。网络市场调研能系统地收集大量有关市场营销的数据和资料，客观地测定及评价现有市场和潜在市场，可以解决市场营销的有关问题，为企业开展营销活动提供依据。

5.2.2 网络市场调研的优劣势

网络市场调研主要是利用互联网技术，通过网上问卷等形式调查网络消费者的行为及其意向，或者利用互联网收集与企业营销相关的市场、竞争者、消费者以及市场行情、宏观环境等方面的信息，从而使调研者可以方便地了解消费者对现有营销活动所发表的意见和建议。但是，网络市场调研也存在不利的因素，因此，对网络市场调研的优劣势进行如下分析。

▶ 1. 网络市场调研的优势

（1）成本低廉。
（2）方便快捷。
（3）运用了多媒体技术。
（4）对敏感性问题的调研。
（5）进行跟踪调研。
（6）抽样框丰富。
（7）减少调研人员的主观倾向和对被访问者的暗示及影响。

▶ 2. 网络市场调研的劣势

（1）调研内容受限。
（2）调研对象受限，样本没有代表性。
（3）缺乏有效的激励及监控控制。
（4）缺乏相应的法律及管理规定，存在合法性和安全性问题。

5.2.3 网络市场调研的步骤

▶ 1. 确定问题与调研对象

确定问题与调研对象对使用网上搜索来说尤为重要，只有清楚地定义网络市场调研的问题，确立调研目标，才能正确地设计和实施调研。

▶ 2. 拟订调研计划

网络市场调研的第二个步骤是制订最有效的信息搜索计划。具体来说，要确定资料来源、调查方法、调查手段、抽样方案和联系方法。

（1）资料来源：确定收集的是二手资料还是一手资料（原始资料）。
（2）调查方法：网络市场调查可以使用专题讨论法、问卷调查法和实验法。
1）专题讨论法是指借用网上论坛、群聊、新闻组、邮件列表讨论组等形式进行。
2）问卷调查法可以使用主动出击（分享、E-mail）和被动等待（网站刊登）等形式。
3）实验法是指选择多个可比的主体组，分别赋予不同的实验方案，控制外部变量，并检查所观察到的差异是否具有统计上的显著性。这种方法与传统的市场调查所采用的原理是一致的，只是手段和内容有差别。

（3）调查手段：主要有在线问卷、交互式电脑辅助电话访谈系统、网络调研软件系统。

1）在线问卷，其特点是制作简单、分发迅速、回收方便，但要注意问卷的设计水平。

2）交互式电脑辅助电话访谈系统，是利用一种软件程序在电脑辅助电话访谈系统上设计问卷结构并在网上传输。因特网服务器直接与数据库连接，对收集到的被访者答案直接进行储存。

3）网络调研软件系统，是专门为网络调研设计的问卷链接及传输软件。它包括整体问卷设计、网络服务器、数据库和数据传输程序。

（4）抽样方案：要确定抽样单位、样本规模和抽样程序。

（5）联系方法：采取网上交流的形式，如 E-mail 传输问卷、参加网上论坛等。

▶ 3. 收集信息

在确定调查方案之后，就进入收集信息阶段。采用网上市场调研方法，信息全部电子化，这与传统的调研方法相比更方便、快捷。

▶ 4. 分析信息

收集得来的信息本身并没有太大意义，只有进行整理和分析后，信息才变得有用。整理和分析信息非常关键，可以使用一些数据分析技术，如交叉列表分析技术、概况技术、综合指标分析和动态分析等。目前国际上常用的分析软件有 SPSS、SAS、BMDP、MINITAB 和电子表格软件。

▶ 5. 撰写报告

这是整个调研活动的最后一个重要阶段。报告不能只是数据和资料的简单收集，并且调研人员不能把大量的数字和复杂的统计技术直接扔到管理人员面前，这是徒劳无功的。正确的做法是把与市场营销决策有关的主要调查结果报告出来，并遵循所有有关组织结构、格式和文笔流畅的写作原则。

扩展阅读 5-2
网络问卷示例：
微信零钱通
问卷调查

5.3 网络营销的市场细分与定位

5.3.1 网络营销市场细分概念

网络营销市场细分是指为实现网络营销的目标，根据网上消费者对产品不同的欲望与需求、不同的购买行为与购买习惯，把网络上的市场分割成不同的或相同的小市场群。

5.3.2 网络营销市场细分的原则

▶ 1. 可衡量性原则

进行市场细分是为了对一部分市场进行全面和彻底的开发与运用，在做细分市场时一定要考虑可衡量性原则，也就是说要有可控性。

对细分标准的界定：如对生产资料市场进行细分，则可选择最终用户、用户规模和生产能力、用户地点等因素作为细分标准。

对市场容量的衡量：在细分市场后，作为企业就要明确细分范围内的市场容量有多大，因为细分市场就是为了对市场进行全面彻底的开发和利用。

对市场潜力的衡量：成功营销最大的定律就是不断开发新的有需求的市场，对一个商品来说，不是所有的地区都有无限的市场，所以在细分市场时我们除了要考虑现有的市场容量之外，还要考虑在将来的很长一段时间内，在这个细分范围内还有很多潜在的市场需求。

▶ 2. 可占据性原则

不管多么好的市场，如果企业或是商品不能占据这块市场，那么再细分也是没有意义的，所以细分市场时，要考虑企业能占据该市场的概率以及份额。根据这一要求，从各个细分市场的规模、发展潜力、购买力等方面着手，企业对营销策略和商品有绝对信心时，那么企业在进入这个市场后占据性就会更强，销售额就会更大。

▶ 3. 相对稳定性原则

企业在做一项产品或服务时都想在进入市场后能够有一个长期、稳定的市场，所以会考虑占领后的目标市场能保证企业在相当长的一个时期经营稳定，避免目标市场变动过快给企业带来风险和损失，保证企业取得长期稳定的利润。

扩展阅读 5-3
"大数据＋市场细分"实现 APP 的千人千面

5.3.3 网络营销的市场定位

所谓网络营销的市场定位，是指根据所选定目标市场上的竞争者现有产品所处的位置和企业自身的条件，从各方面为网络产品创造一定的特色，塑造并树立一定的市场形象，以求在目标顾客心目中形成一种特殊的偏爱。

网络市场定位的基本原则，并不是去塑造全新而独特的东西，而是掌握原已存在于人们心中的想法，打开客户的联想之门，目的是要使产品在顾客心目中占据有利地位。因此，定位的起点是网民的消费心理。只要把握了网民的消费心理，并借助恰当的手段把这一定位传播给目标网民，就可以收到较好的营销效果。

扩展阅读 5-4
潮玩主流：
泡泡玛特

5.4 网络消费者

5.4.1 网络消费者的概念与主要特征

▶ 1. 网络消费者的概念

网络消费者是指通过互联网在电子商务市场中进行消费和购物等活动的消费者人群，消费者以互联网为工具手段而实现其自身需要的满足过程。网络消费者不等同于网民，网络消费者一定是网民，但网民不一定是网络消费者。

▶ 2. 网络消费者的主要特征

在互联网背景下，消费者群体的特征主要体现在以下三个方面。

（1）互联网进一步向中老年群体渗透

第 47 次 CNNIC 互联网报告数据显示，截止到 2020 年 12 月，20～29 岁、30～39 岁、40～49 岁网民占比分别为 17.8%、20.5% 和 18.8%，高于其他年龄段群体；50 岁及以上网民群体占比由 2020 年 3 月的 16.9% 提升至 26.3%，互联网进一步向中老年群体渗透。

（2）学历较低的消费者占比大

低学历网民作为互联网中的"超级大众"，将是未来互联网市场内新用户的拓展人群，这类群体对于自身时间的自主性和可控性更高，同时对于个体来说他们职场社交的需求相对薄弱，从而更热衷于网上消费。第 47 次 CNNIC 互联网报告数据显示，截至 2020 年 12 月，初中、高中含（中专和技校）学历的网民群体占比分别为 40.3%、20.6%；小学及以下网民群体占比由 2020 年 3 月的 17.2% 提升到 19.3%。

（3）中等收入群体增加，消费快速增长

第 47 次 CNNIC 互联网报告数据显示，截至 2020 年 12 月，网民月收入在 2 001～5 000 元的网民群体占比 32.7%，月收入在 5 000 元以上的网民群体占比 29.3%。通过历年的 CNNIC 报告显示，高月收入的网民比重不断提升。

2020 年 8 月，清华大学教授李稻葵在《杨澜访谈录》中提及，依据国家统计局的标准，中等收入人群的定义是：三口之家，年收入在 10 万～50 万元之间，有车、有房、能旅游。2020 年两会期间，李稻葵教授提出"中等收入群体倍增计划"，即将中等收入人群从现在的 4 亿人口增加到 8 亿人口。

我国中等收入人群的崛起为品质消费提供了经济和人口基础。收入提高使得他们愿意支付溢价购买高品质的商品及服务。从消费支出结构来看，近十年文化娱乐、医疗、交通等支出增速较快，另外旅游、教育、休闲娱乐是中等收入人群最主要的消费支出构成。

5.4.2 网络消费者的购买行为

▶ 1. 网络消费者的购买决策过程

网络消费者购买决策过程是消费者做出购买决策的过程，由需求认知、信息搜集、方案评估、购买、消费和购后评价等阶段构成，如图 5-2 所示。

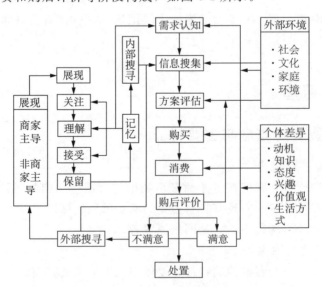

（资料来源：搜狗搜索 https://www.sogou.com/）

图 5-2 消费者决策过程（CDP）模型

（1）需求认知：消费者购买需求是整个购买过程的起点。

（2）信息搜集：消费者信息来源主要有个人来源（如家庭、朋友、邻居、熟人）、商业来源（如广告、推销员、经销商、包装、展览）、公共来源（如大众传播媒体、消费者评审组织等）、经验来源（如处理、检查和使用产品）等。

（3）方案评估：消费者得到的各种有关信息可能是重复的，甚至是互相矛盾的，因此还要进行分析、评估和选择，这是决策过程中的决定性环节。

在消费者的评估选择过程中，有以下几点值得营销者注意：产品性能是购买者所考虑的首要问题；不同消费者对产品的各种性能给予的重视程度不同或评估标准不同；多数消费者的评选过程是将实际产品同自己理想中的产品相比较。

（4）购买与消费：消费者对商品信息进行比较和评选后，已形成购买意愿，然而从购买意向到消费之间，还要受两个因素的影响：他人的态度，反对态度越强烈，或持反对态度者与购买者关系越密切，修改购买意图的可能性就越大；此外，如果发生了意外的情况，如失业、意外急需、涨价等，则很可能改变购买意向，从而导致消费的变化。

（5）购后评价：主要是购后的满意程度和购后的活动两个方面。消费者购后的满意程度取决于消费者对产品的预期性能与产品使用中的实际性能之间的对比。购买后的满意程度决定了消费者的购后活动，决定了消费者是否重复购买该产品，决定了消费者对该品牌的态度，并且还会影响其他消费者，形成连锁效应。

▶ 2. 网络消费者购买决策的影响因素

（1）物流因素

物流因素包括物流成本、物流速度和物流服务。

物流成本是消费者进行网络购物需要付出的显性快递成本或者包含在商品价格中的隐性快递成本。物流速度是消费者从支付成功到实际收到商品之间间隔的时间。物流服务包括物流信息的在线查询、短信提醒及快递人员服务态度等。

（2）网络评价

网络评价是口碑传播的典型途径，包括商品评价的数量、好评率和评价的内容。

评价的数量表明消费者对该商品的关注程度，评价数量越多，商品受到的关注度就越高；反之，则越低。商品的好评率在一定程度上反映了消费者在消费后对该商品的满意程度，消费者的满意程度受商品本身、消费者预期和商品价格等的影响。评价内容则是消费者根据使用商品或享受服务的经验对商品做出的主观评价。

（3）商家主导因素

由商家主导的因素包括促销活动、产品信息和服务。

促销活动是指在特定节日或商家为了达到一定的销售目的而采取的营销手段。产品信息包括产品的数量、质量以及产品在该网站的信息承载方式。在网络购物模式下，消费者无法真实地接触产品，只能通过产品的信息来鉴别、比较和挑选产品。丰富实用的产品信息会帮助消费者更好地做出购买决策，增强消费者对网站以及购物经历的满意度，从而提高消费者对该网站或卖家的态度。商家服务是指从售前接受消费者咨询到售中对消费者购物的指导以及最后的售后服务。

（4）购物网站

购物网站因素包括网站用户体验、售后维权和个人信息安全。

网站用户体验是消费对网站的结构布局、背景、搜索模式的购物流程等的综合体验感受。售后维权是指消费者在确认交易后出现了产品质量问题并与卖家之间无法达成一致意见时，购物网站对消费者的支持程度。个人信息安全是指用户在网站的访问浏览记录、个人资料信息和资金账户等的信息与财产安全。

（5）网购经验

网购经验包括消费者熟悉的品牌或店铺、熟悉的购物网站和自身的网购经验技巧等内容。

熟悉的品牌或店铺是指消费者在做出购物决策时，对熟悉的品牌或店铺做出的倾向性选择。熟悉的购物网站是指消费者在选择商品时，会偏向在自己熟悉的网站上进行购买。自身的网购经验技巧包括但不限于对网站、品牌以及店铺的熟悉程度，还包括对相关商品信息的辨别能力、网购熟练程度等。

▶ 3. 常见的购买行为理论

（1）消费者的决策链路

消费者的行为模式经历了从 AIDMA 到 AISIS 再到 SICAS 转变，如图 5-3 所示。

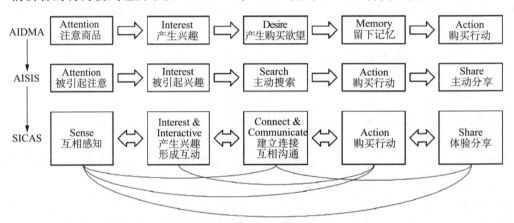

（资料来源：梁瑾. 电商直播中消费者冲动购买行为的影响机制研究[D]. 南京大学，2020.）

图 5-3 消费者的决策链路

1898 年，美国广告学家提出 AIDMA 模型，在传统市场环境下，消费者从了解商品信息到购买商品会经历 5 个阶段：注意商品、引起兴趣、产生购买欲望、留下记忆、购买行动。

随着互联网的发展，消费者的行为模式转变为 AISIS，即引起注意、引起兴趣、主动搜索、购买、分享。AISIS 与 AIDMA 相比，主要强调主动搜索商品以及分享。随着社会化商务的发展，消费者的行为模式变得更加复杂。

DCCI 发布的 2011 年《中国互联网蓝皮书》中提出，消费者的行为模式转变为 SICAS 的非线性模式，即品牌用户相互感知、产生兴趣互动、建立联系并交互沟通、购买、分享。在 SICAS 模式下，用户与商家、用户与用户之间的联系沟通更加频繁。

（2）产品生命周期理论

产品生命周期理论（简称 PLC），指产品的市场寿命，即一种新产品从开始进入市场到被市场淘汰的整个过程。一般分为导入期、成长期、成熟期、衰退期四个阶段。

在产品开发期间该产品销售额为零，公司投资不断增加；在引进期，销售缓慢，初期通常利润偏低或为负数;在成长期销售快速增长,利润也显著增加;在成熟期利润在达到顶点后逐渐走下坡路;在衰退期间产品销售量显著衰退,利润也大幅度滑落。如图5-4所示。

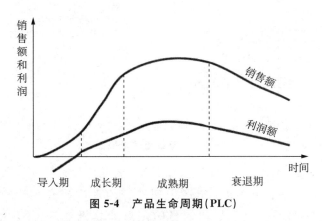

图5-4　产品生命周期(PLC)

(3) 购买行为与市场扩散——罗杰斯模式

创新扩散模型是对采用创新的各类人群进行研究归类的一种模型,它的理论指导思想是在创新面前,部分人会比另一部分人思想更开放,更愿意采纳创新。

罗杰斯把创新的采用者分为革新者、早期采用者、早期追随者、晚期追随者和落后者。创新扩散包括5个阶段:认知阶段、兴趣阶段、评价阶段、试用阶段和采纳阶段。如图5-5所示。

1) 认知阶段:接触新技术新事物,但知之甚少。

2) 兴趣阶段:发生兴趣,并寻求更多的信息。

3) 评价阶段:联系自身需求,考虑是否采纳。

4) 试用阶段:观察是否适合自己的情况。

5) 采纳阶段:决定在大范围内实施。

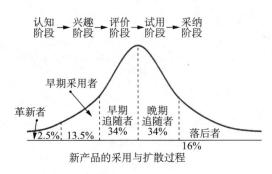

(资料来源:搜狗百科 https://baike.sogou.com)

图5-5　购买行为与市场扩散——罗杰斯模式

(4) 边际效用理论

这一理论可以表述如下:当人们消费商品的时候,追求商品带来的最大满意度是人们消费商品的目的和愿望;随着消费商品数量的增加,给消费者带来的总的满意程度也在增加;在总的满意程度增加的同时,每一单位商品给消费者带来的满意程度却在减少。如图5-6所示。

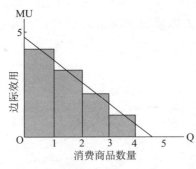

(资料来源：搜狐 https://www.sohu.com/a/427618026_155929)

图 5-6　边际效用递减规律

(5) 技术接受模型（TAM）

技术接受模型是 Davis 于 1989 年运用理性行为理论研究用户对信息系统接受时提出的一个模型，技术接受模型最初的目的是对计算机被广泛接受的决定性因素作一个解释说明。技术接受模型提出了两个主要的决定因素：①感知的有用性（perceived usefulness），反映一个人认为使用一个具体的系统对他工作业绩提高的程度；②感知的易用性（perceived ease of use），反映一个人认为容易使用一个具体的系统的程度。

如图 5-7 所示，技术接受模型认为，系统使用是由行为意图决定的，而行为意图由态度和感知的有用性共同决定，态度由感知的有用性和易用性共同决定，感知的有用性由感知的易用性和外部变量共同决定，感知的易用性是由外部变量决定的。外部变量包括系统设计特征、用户特征（包括感知形式和其他个性特征）、任务特征、开发或执行过程的本质、政策影响、组织结构等，为技术接受模型中存在的内部信念、态度、意向和不同的个人之间的差异、环境约束、可控制的干扰因素之间建立一种联系。

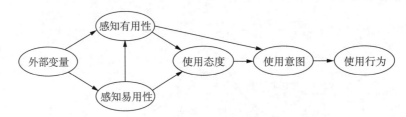

(资料来源：百度 https://www.baidu.com)

图 5-7　TAM 框架

5.5　网络营销策略

5.5.1　品牌策略

公司经营的产品要确定自己的品牌，然后去推广企业自己的产品品牌，如果是知名的企业，它的网下品牌可以得到很快宣传。企业的网络品牌策略建设方式表现在以下几个方面。

1. 命名策略

品牌命名是品牌建设的第一步，选择一个网络品牌名称对于竞争优势至关重要。有研究认为，好的品牌名称反映了目标市场的特征，并且创立了独特和难忘的产品形象。品牌名称易于理解、发音和拼写，要求进行消费者测试以确信品牌选择是否合适。品牌名称是一个长期投资，因此品牌命名的评价过程也是相当严格的。

扩展阅读 5-5
国货美妆借力电商
的闪电式扩张

2. 视觉形象策略

一个网络品牌不仅要有一个响亮的品牌名称，还要有亮丽的视觉形象（品牌标识），品牌的视觉形象方面对于企业形象以至于品牌资产作用非凡。好的标识依赖于企业目标，最佳的标识是那些可辨认的和富有意义的，并且能产生积极的感受。高识别度的标识多是难以忘记的，因为它们在某些方面是独特的。这种独特性使消费者不仅能正确识别标识，而且也能将标识与品牌或公司联系起来。至关重要的是，标识要能产生积极的感受，因为想要期望情感从标识转移到品牌或公司。

3. 品牌立体化策略

在传统领域，实行多品牌战略是现代企业进行市场竞争的重要手段，面对消费者不断变化的需求，企业不得不尽量使自己的产品和服务诉求多样化，实行多品牌策略是必然的选择。

4. 网络品牌兼并策略

这种趋势是由因特网竞争激烈造成的，为了抢占市场份额，按照常规的市场扩张手段无疑速度缓慢，最直接的方法就是兼并其他公司，把对方的市场份额直接纳入自己的范围，同时又消除了竞争对手。

5. 网络品牌变更策略

在市场中，由于各种原因，品牌经常会发生变更。造成变更的原因大致有以下几种。

1) 品牌经营不善，无法继续生存，不得不放弃原有品牌。

2) 拓展新的经营领域。原有的品牌由于形象定位方面的原因而不适宜未来的发展，必须选择新的品牌。

3) 由于企业兼并等原因而变更。在企业发生兼并、市场进行重组时，原有品牌的市场价值也发生了变化，会被新品牌或者会被兼并者的品牌取代。

扩展阅读 5-6
饿了么的
品牌营销

4) 为了适应消费者不断变化的需求而需要不断地更新形象。原有的品牌常常会被经营者变换，较多情况下是改变品牌形象，如视觉的表现方式，但是当消费者由于时代的变迁而在行为方面发生了较大变化时，完全改变品牌就不可避免了。

当企业建立品牌后就要通过一系列的推广措施，达到顾客对企业的认知和认可。

5.5.2 产品策略

企业使用网络营销方法要先明确自己的公司所卖产品或者服务项目，明确哪些群体是消费者，有目的地寻找消费群体。产品的选择是很

扩展阅读 5-7
小米手机的
产品营销策略

重要的，产品的选择决定了要进行网络营销的消费群体，选择好产品可以通过网络营销获得更大的利润。

5.5.3 价格策略

价格，是消费者较为关注的，对于消费者来说，都希望用最低的价格买到最好的产品和服务。网络营销价格策略是成本和价格的直接对话，由于互联网上信息公开化，消费者很容易摸清所要购买产品的价格，一个企业要想在价格上取胜，就要注重强调自己的产品性能价格以及与同行业竞争者产品不同的特点，及时调整不同时期不同价格。

如果在自身品牌推广阶段完全可以用低价来吸引消费者，那么就可以在满足自己成本的基础上以最好的质量回馈消费者，通过这样的方式来占领市场。当品牌推广累积到一定阶段后，就可以制定自动价格调整系统，降低成本，根据变动成本市场需求状况以及竞争对手报价来及时适时调整。

扩展阅读 5-8
宜家的
低价格策略

5.5.4 促销策略

网上促销不同于传统营销模式，它是利用大量的网络广告这种软营销模式来达到促销效果。这样的做法最大的优点就是可以节省大量人力和财力。

通过网络广告效应可以在互联网中不同的角落里挖掘潜在的客户，通过这样的做法与非竞争对手达成合作联盟，拓宽产品消费者层面，在多数情况下，网上促销对于促进网下销售十分有价值，又避免了现实中促销的千篇一律。

扩展阅读 5-9
网易"吐槽双十一"的
"双十一"策略

5.5.5 渠道策略

网络营销的渠道要从消费者的角度出发，为了吸引消费者购买，应该及时在公司网站发布促销信息、新产品信息、公司动态等，为方便消费者购买建议开通多种支付模式，让消费者有选择的余地，有能力的可以在网站上设置人工客服等。为了在网络中吸引消费者关注产品，可以为公司产品做外延，比如在网站建设的同时也可以及时建立网络店铺，扩大销售途径。

扩展阅读 5-10
李宁的"错"销售

5.6 搜索引擎营销

5.6.1 搜索引擎的概念和工作原理

一般说来，搜索引擎是指以一定的策略搜集互联网上的信息，在对信息进行组织和处理后，为用户提供检索服务的系统。从使用者的角度看，搜索引擎提供一个包含搜索框的页面，在搜索框输入词语，通过浏览器提交给搜索引擎后，搜索引擎就会返回给用户输入的内容相关的信息列表。

搜索引擎的工作原理如图 5-8 所示。

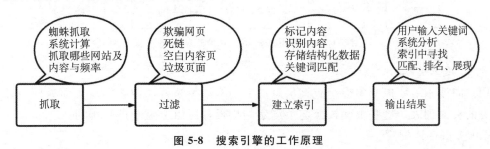

图 5-8　搜索引擎的工作原理

▶ 1. 抓取

网页搜集器一般称为"网络蜘蛛""网络机器人"，其实是一个网页抓取程序（英语叫 Spider）。抓取程序顺着网页中的超链接，连续地抓取网页。由于互联网中超链接的应用很普遍，从理论上来讲，从一定范围的网页出发，就能搜集到绝大多数的网页，就此，搜索引擎就可以建立庞大的域名列表、页面 URL 列表及存储足够多的原始页面。

在互联网中，URL 是每个页面的入口地址，搜索引擎中的抓取程序就是通过 URL 抓取页面的。如图 5-9 所示，搜索引擎抓取程序从原始 URL 列表出发，通过 URL 抓取并存储原始页面；同时，提取原始页面中的 URL 资源并加入 URL 列表中。如此不断地循环，就可以从互联网中获取足够多的页面。

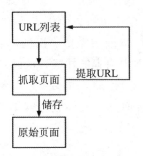

图 5-9　搜索引擎的抓取过程

URL 是页面的入口，而域名则是一个网站的入口。搜索引擎蜘蛛程序通过域名进入网站，从而展开对网站页面的抓取。换言之，搜索引擎要在互联网上抓取页面的首要任务就是建立一个足够大的原始域名列表，再通过域名进入相应的网站，从而抓取这个网站中的页面。

▶ 2. 过滤

页面抓取只是搜索引擎工作的一个基础环节，页面抓取回来后并不代表搜索引擎马上就可以向终端用户提供查询服务。因为用户在使用搜索引擎进行查询的时候，使用的是一个词或者短语，而到目前为止，搜索引擎仅能提供整个原始页面，不能返回与用户查询条件相匹配的信息。因此，搜索引擎还需要对原始页面进行一系列的分析和处理，以迎合用户信息查询的习惯。

如图 5-10 所示，搜索引擎首先对存储的原始页面建立索引，再过滤原始网页的标签信息，从中提取出网页中的正文信息；然后，对正文信息进行切词，并建立关键字索引，得到页面与关键字间的对应关系；最后，对所有关键字进行重组，从而建立关键字与页面之间的对应关系。

图 5-10　搜索引擎营销工作原理的过滤过程

▶ 3. 建立索引

用户向搜索引擎提交关键字查询信息以后，搜索引擎就在搜索结果页面返回与该关键字相关的页面列表，这些页面按照与关键字的接近程度由上至下进行排列。

（1）关键字匹配度

关键字匹配度是指页面 P 中的内容与用户所查询的关键字 K 之间的匹配程度，主要由以下两个因素决定：页面 P 中是否存在与查询条件关键字 K 相匹配的内容，即页面内容中是否包含关键字 K；关键字 K 在页面 P 中出现了多少次，即页面 P 中有多少个关键字 K。

（2）灵活运用各种 HTML 标签

在网页中，网页制作者利用不同的 HTML 标签使页面中相关的内容实现不同的视觉效果（例如字体的样式、字号、颜色等），因此，灵活地运用各种 HTML 标签还有助于提高页面相关性。在阅读文章的时候，经常会遇到文章中某些内容的表现形式与周围的内容是存在明显区别的，例如，某些内容的字体颜色与周围的内容会形成强烈的反差，或者字号大小不一致等。这就说明文章的作者是刻意要突出这部分内容，表示这部分内容比较重要。

同样，在对网站进行优化的时候，也可以使用同样的方法来突出页面中重要的内容，例如，利用不同的 HTML 标签去标注页面中需要突出的内容。这样，搜索引擎在分析页面的时候就会根据 HTML 标签识别页面中内容的样式，从而判断页面中哪些内容更加重要。

在页面权重分配里，按照标签的作用，可以把 HTML 标签分为权重标签与非权重标签两大类。权重标签是指会影响页面权重的标签，常见的权重标签包括<b>、<h1>等；而非权重标签常见的有<img>、
等。

▶ 4. 输出结果

在计算所有页面的权重后，搜索引擎就可以向用户提供信息查询服务。搜索引擎查询功能的实现非常复杂，用户对返回结果的时间要求也非常高（通常是秒级），要在这么短的时间内完成这么复杂的计算是不现实的。所以，搜索引擎需要通过一套高效的机制处理来自用户的查询。

图 5-11 展示了搜索引擎营销工作原理的输出过程。

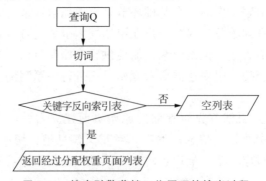

图 5-11　搜索引擎营销工作原理的输出过程

5.6.2 搜索引擎营销的概念

搜索引擎营销是指基于搜索引擎平台的网络营销,利用人们对搜索引擎的依赖和使用习惯,在人们检索信息的时候将信息传递给目标用户。搜索引擎营销的基本思想是让用户发现信息,并通过点击进入网页,进一步了解所需要的信息。搜索引擎营销按照是否付费,主要分成两类:搜索引擎优化(SEO)和搜索引擎广告。

扩展阅读 5-11
兰蔻的搜索
引擎营销

5.6.3 搜索引擎优化

▶ 1. 搜索引擎优化的概念

搜索引擎优化,简称 SEO,从表面的含义来看,就是让网站更容易被搜索引擎收录,并且当用户通过搜索引擎进行检索时在检索结果中获得好的排名位置,从而达到网站推广的目的。搜索引擎优化整体框架如图 5-12 所示。

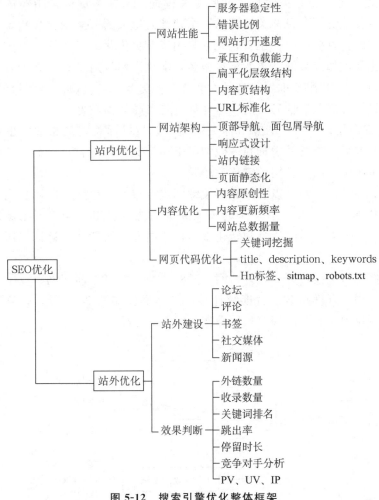

图 5-12 搜索引擎优化整体框架

搜索引擎为了避免自己被优化者发现规律，会定期调整其算法规则，但是搜索引擎的工作原理不会改变，因此最好的 SEO 是围绕搜索引擎的工作原理来进行优化。真正意义上的搜索引擎优化应该是按照规范的方式，不仅网站设计要符合搜索引擎索引信息的一般规律，更重要的是，为用户通过搜索引擎获取信息提供方便，让用户最终可以通过网站获取有价值的信息，通过以用户为核心的网站优化指导思想进行网站栏目结构、网站内容、网站功能和服务、网页布局等安排。

扩展阅读 5-12
网站优化和搜索引擎优化的区别

▶ 2. 搜索引擎优化的常用技巧

搜索引擎优化的常用技巧，主要从关键词优化（图 5-13）、链接优化和必知的网络知识三个方面来了解。

(1) 关键词优化

从概念上来说，关键词可以分为目标关键词、长尾关键词和相关关键词。

1) 目标关键词也叫核心关键词，又叫主关键词。目标关键词是指经过关键词分析确定下来的网站主要关键词。目标关键词的一个特性是每天的搜索量比较稳定，而且目标关键词是放在网站的首页标题中，也就是说它是用来首页优化的。目标关键词几乎都放在首页的标题中，比如，如果某网站主要销售服装，那该网站肯定希望顾客搜索有关服装类的词语找到该网站，例如"服装批发、精品女装、时尚男装"等。因此，将目标关键词放置在首页，有利于目标客户获取信息，所以这些词的排名越靠前越好。

2) 长尾关键词是指网站上的非目标关键词，但与目标关键词相关的也可以带来搜索流量的组合型关键词。长尾关键词在一般情况下用于文章的内容页，而且长尾关键词搜索量比较小并且不稳定，因为长尾关键词比较长。

内容页面的关键词一般可以利用长尾关键词进行布局，初期可以用长尾关键词记录单来记录关键词和所对的 URL，有多少的长尾关键词就可以用多少内页去做优化，长尾关键词优化得好能够带来不错的流量和转化率。建议内容页面撰写关键词以所在页面推广的长尾关键词为主。

关键词挖掘技巧包括：第一，爱站网、5188、站长之家、词库网、竞争对手网站的关键词库，金花追词，百度指数，百度统计等，具体操作如图 5-14 所示；第二，可以借鉴搜索引擎中的下拉和相关关键词。具体操作如图 5-15 所示。

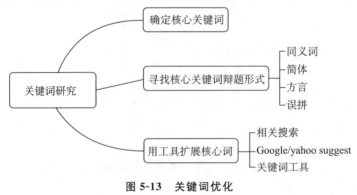

图 5-13 关键词优化

第 5 章 网络营销

（资料来源：百度 https://www.baidu.com/）

图 5-14 关键词挖掘的方法及工具

3）相关关键词是指与目标关键词或长尾关键词相关的关键词。在做 SEO 的时候，无论是做目标关键词还是长尾关键词，在网站的文章、产品等信息内容里，适当地出现一些相关关键词，能够让搜索引擎更加精确地定位，从而给网站更好的排名。如图 5-15 所示。

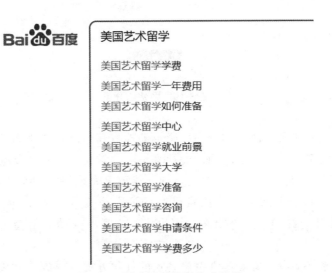

图 5-15 百度搜索美国艺术留学

（2）链接优化

主要从网站常见的链接分类、采集文章、文章的更新方法以及通过外链来提高网站知名度四个方面来了解链接优化。

1）链接分类

互联网是一个网状社会，我们都在网中，通过一个一个的链接连接起来，而一个网站，会有各种各样的链接组成，比如内链和外链等。网站权重可以增加外部链接，而内部链接可以帮助提升 SEO 效果。

在网站里，一个超链接指向本网站的其他页面，该链接就称为内链，而外链就刚好与内链相反，内链是自己网站的一个页面指向自己网站的另一个页面。

内部链接主要是在同一个网站下，内容之间不同的关键字有确定的通道，这点也是非常重要的(相同的关键字一定要用同一个着陆页)。

外链则是其他网站上的一个链接指向了你网站中的一个页面。外部链接实际上就是一种投票的形式，A 网站链接 B 网站相当于 A 网站给 B 网站投了一票。搜索引擎也会认为 B 网站是个高质量的网站，权重方面也得到一定的提升。外链相关度，站点在加入百度站长平台的时候，可以从此处查看网站的大概分类情况，如图 5-16 所示。

扩展阅读 5-13
网站内部链接
提升网站收录
的方法

（资料来源：百度站长平台）

图 5-16 网站的分类

2）采集文章

采集是指通过一些采集规则和程序，全自动地将其他网站的文章原样照搬到自己的网站，不过原样采集文章对于自己的网站的权重影响非常大。SEO 的原创文章不一定要完全出自本人，做 SEO 的人可以写与其他人写的文章意思大致相同的文章，通过词语的替代、增减或者在原文的基础上加上一小段自己写的话，使文章稍微变动，这可以称为"伪原创"，伪原创文章比单纯的采集好很多，因为毕竟文章有变动，不会引起搜索引擎的太大反感。

实践证明，原创文章是最受搜索引擎喜欢的优化方式。原创文章内容要简洁，观点要丰富，语句要流畅，主题要好好地表达出来，可用以点带面的方式来撰写。

3）文章的更新方法

无论是销售类文章还是新闻类、咨询类的文章，都必须有内容。比如，一个用 WordPress 建立的网站，在网站后台里单击"写文章"可以进行文章的更新。那么，为什么要经常更新文章呢？如果一个网站的标题和关键词都设置得很好，但没有新鲜血液的融入，那么搜索引擎会觉得该网站是一潭死水，久而久之就会把它抛弃，所以要经常给网站更新文章，让搜索引擎认为该网站长期有新内容可读，用户也希望如此。

网站内容更新，像是为网站增加源源不断的能量来源，"蜘蛛"就会经常抓取，如果网站页面持续没有更新，"蜘蛛"可能会降低抓取频次，甚至不再抓取，同时"蜘蛛"注重的变化应该是网页的主体内容部分，一般会忽略主体内容周围的广告模块、导航模块及推荐链接模块的更新变动。

4) 通过外链来提高网站知名度

导入链接对网站优化来说是非常重要的一个过程。导入链接的质量（即导入链接所在页面的权重）直接决定了网站在搜索引擎中的权重。所以说，做 SEO 很重要的一点就是：通过外链提高知名度。

（3）必知的网络知识

必知的网络知识主要包括以下几个：反向链接（Backlink）、页面等级（PageRank）、链接诱饵（饵链）（Linkbait）、互链车间或互链作坊（Link farm）、锚文本（Anchor text）、链接属性（NoFollowNofollow）、链接修饰（Link Sculpting）、页面标题（Title Tag）、元标签（Meta Tags）、搜索算法（Search Algorithm）、搜索结果页面（SERP）、沙盒（Sandbox）、关键词密度（Keyword Density）、关键词堆积（Keyword Stuffing）、障眼法（Cloaking）、网络爬虫或网络蜘蛛（Web Crawler）、标准链接（Canonical URL）、链接交换和链接广泛度（Link Popularity）等。

扩展阅读 5-14
网站添加外链
有哪些好处？

扩展阅读 5-15
搜索引擎优化
的必要网络

扩展阅读 5-16
微信 SEO 优化

5.6.4 搜索引擎广告

▶ 1. 搜索引擎广告的概念

搜索引擎广告（SEA）是指广告主根据自己的产品或服务的内容、特点等，确定相关的关键词，撰写广告内容并自主定价投放的广告。当用户搜索到广告主投放的关键词时，相应的广告就会展示（关键词有多个用户购买时，根据竞价排名原则展示），并在用户点击后按照广告主对该关键词的出价收费，无点击不收费。

▶ 2. 搜索引擎广告的五个步骤

搜索引擎广告的五个步骤如图 5-17 所示。

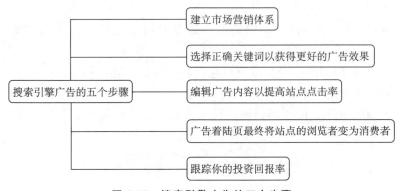

图 5-17　搜索引擎广告的五个步骤

（1）建立市场营销体系

1）公司宗旨：用最简洁的话描述公司的宗旨，其中包括公司能够给顾客带来的利益，以此吸引这些潜在客户更多地关注公司。

2）市场定位：了解客户的基本情况，比如性别、年龄、婚姻情况、工作内容和工作领域，再分析公司的客户定位，比如客户的生活方式、生活态度等，这些都能够更好地引导潜在的消费者，更容易吸引消费者购买产品。

3) 产品的卖点：将产品的卖点都归纳在一起，按照它们对客户的重要程度确定一个优先级，看看哪些是应该着重的卖点。

4) 营销目标：首先为整个站点确定一个首要的营销目标，再根据营销目标确定各种营销方法。在每个行动过程中，可以不断地修改关键词、广告和登陆页数，以便最大限度地发挥营销策略的性能和回报率。

扩展阅读 5-17
Red Mountain Spa
的市场营销体系

（2）选择正确关键词以获得更好的广告效果

1) 品牌关键词

品牌关键词是指包含公司名字、产品或者服务名字的词，如商标、模糊拼写、复数或其他形式和域名。比如，微软的品牌关键词：微软、微软视窗、Windows 媒体播放器、微软 IE 浏览器和微软幻灯片演示文稿等。

2) 一般性关键词

一般性关键词是指搜索量不大，竞争力不高的关键词。以下就介绍一些能够使商家正确了解关键词以争取客户的方法。

扩展阅读 5-18
Red Mountain Spa
的一般性关键词和广告

①主题，初步定下 10~25 个词组；②常用性测试；③单词多形态；④站点分析报告；⑤了解竞争对手；⑥特点、效果和解决方法；⑦客户调查；⑧区域目标；⑨行业术语。

最终列出 30~50 个关键词，并慢慢测试 SEO 效果。

（3）编辑广告内容以提高站点点击率

吸引消费者而不是浏览者的七大定律：确定目标市场，确定收益和解决方案，运用一些促销手段，建立一种紧迫感，利用市场号召力，在竞争者中发扬你的长处，广告中要含有关键词。应按照以上吸引消费者的七大定律来编辑更加具有吸引力的广告内容。

（4）广告着陆页最终将站点的浏览者变为消费者

1) 要为顾客提供一个直接路径。

2) 将列表广告词中所传递的信息表达完全。

3) 设计比较好的页面结构刺激销售额：最重要的信息要一目了然，减少导航选择，使用号召性词语。

4) 销售的三个心理因素：提高欲望，包括客观信息，建立信任。

（5）跟踪你的投资回报率。

投资回报率简称 ROI。ROI 是指通过做广告或其他途径投资的金额，所能得到的收益有多少，即所投入资金的回报程度。投资回报率公式如下：

$$\text{ROI}(\text{投资回报率}) = \frac{\text{广告利润}}{\text{广告成本}} \times 100\% \qquad (\text{式 5-1})$$

5.7 微博营销

5.7.1 微博营销的概念

新浪微博，后更名为"微博"，是中国著名社交媒体平台，于 2009 年 8 月推出。用户可以通过PC、手机等多种终端接入，以文字、图片、视频等多媒体形式，实现信息的即时分享、传播互动。它基于公开平台架构，通过裂变式传播，让用户与他人互动，并与世界紧密相连。

相对于强调版面布置的博客来说，微博的内容只是由简单的只言片语组成，从这个角度来说，对于用户的技术要求很低，而且在语言的编排组织上，没有博客要求高。微博开通的多种API使得大量的用户可以通过多种方式及时更新自己的个人信息。

微博营销是指通过微博平台为商家、个人等创造价值而进行的一种营销方式，也是指商家或个人通过微博平台发现并满足用户的各类需求的商业行为方式。

微博营销以微博作为营销平台，每一个听众（粉丝）都是潜在营销对象，企业利用更新自己的微博向网友传播企业信息、产品信息，树立良好的企业形象和产品形象。每天更新内容跟大家交流互动，或者发布大家感兴趣的话题，来达到营销的目的，这样的方式就是微博营销。

微博营销注重价值的传递、内容的互动、系统的布局、准确的定位，微博的火热发展也使得其营销效果尤为显著。微博营销涉及的范围包括认证、有效粉丝、话题、名博、开放平台、整体运营等。

5.7.2 微博营销的特点

▶ 1. 传播速度快

微博最显著的特征之一就是其传播迅速，一条微博在触发微博引爆点后短时间内经互动转发就可以抵达微博世界的每个角落，短时间内获得最多的关注。

▶ 2. 便捷性

微博只需要编写140字以内的文案，经平台审查后即可发布，从而节约了大量的时间和成本。

▶ 3. 高技术性，浏览页面佳

微博营销可以借助许多先进的多媒体技术手段，用多维角度等展现形式对产品进行描述，从而使潜在消费者更形象、直接地接受信息。

▶ 4. 操作简单

一条微博，最多140个字，只需要简单的构思，就可以完成一条信息的发布，操作简单。

▶ 5. 互动性强

能与粉丝即时沟通，及时获得用户反馈。

微博营销的前提基础如图5-18所示。

5.7.3 微博营销的内容

▶ 1. 名称

一个优秀的微博昵称，要做到以下几点：一个符合自己微博定位的昵称；尽量用自己的真实姓名（或者机构名称）；昵称尽量不要用特殊的字符、不要太长；尽量起一个有利于搜索的昵称；昵称当中如果能体现自己微博的核心内容就更好了，如图5-19所示。

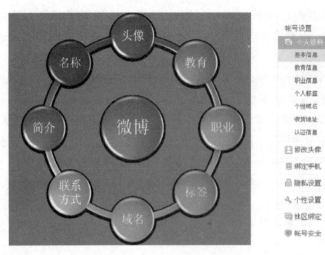

（资料来源：迅途网上俱乐部）

图 5-18 微博营销的前提基础

（资料来源：迅途网上俱乐部）

图 5-19 优秀的微博昵称

▶ 2. 头像

有吸引力的微博头像：企业微博用标志、专家微博用真实头像；一个个性化的头像总是能吸引人的；美女的头像在很多时候都是有诱惑力的；可以自己定制一个更能唤起内容认知的头像。

▶ 3. 标签

不要忽视 10 个个性化标签，若要正确地添加微博个性化标签就要做到以下几点：标签要尽可能地涵盖微博定位的全部；选择热门的标签；标签的选择符合目标粉丝群的习惯；可以选用个性化的标签；充分利用 10 个标签。

▶ 4. 域名

域名要简单易记，具有一定的含义，可以是象征性的数字或者拼音。

▶ 5. 简介

充分利用 70 个字简介，展现微博的主要内容，可以是个性化但要连贯的语句，简介中应该含有相应的目标关键词，以增加展示的机会，如图 5-20 所示。

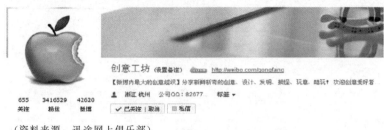

（资料来源：迅途网上俱乐部）

图 5-20　微博的一句话介绍

▶ 6. 教育

教育背景等信息的完善：在这里可以找到你的同事、同学等，这些粉丝也许不是跟你同一个行业，但是因为同学、同事的关系，所以会是你在互联网上非常好的人脉资源，不能忽略，如图 5-21 所示。

（资料来源：迅途网上俱乐部）

图 5-21　微博教育背景信息的完善

▶ 7. 微博模板的设置

跟博客一样，微博也有一些模板提供，选择模板要符合自己的微博定位，开通会员有更多选择，如有能力可以自己设置个性化模板。

▶ 8. 微博会员

微博会员的很多特权绝对是有利于营销的，所以有条件的话尽可能地去开通会员，如图 5-22 所示。

▶ 9. 微博认证

有一定知名度的企业和个人在开始做微博的时候，尽量都要加微信，如图 5-23 所示。

▶ 10. 初期增加粉丝基数——利用互粉群

微博互粉群如图 5-24 所示。

特权名称	非会员	VIP1	VIP2	VIP3	VIP4	VIP5	VIP6
等级加速	无	会员：+0.1 年费会员：+0.3	会员：+0.2 年费会员：+0.4	会员：+0.3 年费会员：+0.5	会员：+0.4 年费会员：+0.6	会员：+0.5 年费会员：+0.7	会员：+0.6 年费会员：+0.8
分组成员上限提高	200	会员：300 年费会员：500	会员：300 年费会员：500	会员：300 年费会员：500	会员：500 年费会员：800	会员：500 年费会员：800	会员：800 年费会员：1000
微博置顶	试用24小时	有	有	有	有	有	有
好友栏排名靠前	无	有	有	有	有	有	有
自定义封面图	无	有	有	有	有	有	有
微盘最大空间	2G	会员：100G 年费会员：120G	会员：100G 年费会员：120G	会员：150G 年费会员：180G	会员：300G 年费会员：350G	会员：400G 年费会员：500G	会员：1T 年费会员：1T
关注上限提高	2000	会员：2500 年费会员：3000	会员：2500 年费会员：3000	会员：2500 年费会员：3000	会员：3000 年费会员：3000	会员：3000 年费会员：3000	会员：3000 年费会员：3000
优先推荐	无	有	有	有	有	有	有

（资料来源：迅途网上俱乐部）

图 5-22　微博会员的功能特权

（资料来源：迅途网上俱乐部）

图 5-23　微博认证

（资料来源：迅途网上俱乐部）

图 5-24　微博互粉群

▶11．关注相关用户，邀请对方互粉

邀请互粉时的注意事项：让自己的粉丝先有个基数；找粉丝在 500～3 000 的用户互粉；尽量找高质量相关用户；定期清理那些没有关注自己的用户和非精准用户。

第5章 网络营销

▶ 12. 向人气微博用户投稿

微博投稿如图5-25所示。

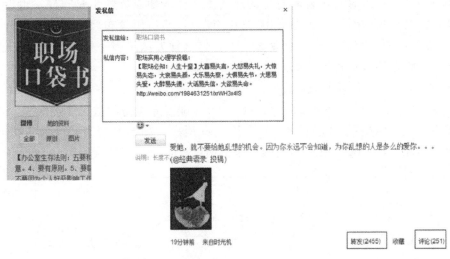

(资料来源：迅途网上俱乐部)

图5-25 微博投稿

▶ 13. 与相同级别以上的用户互推

一个人的力量是弱小的，但是大家在一起的力量是强大的；找目标用户相似但不直接竞争的账号互推；互联网上人脉是非常关键的；互推得好，粉丝是可以成倍增长的。

5.7.4 微博的营销

▶ 1. 微博营销的内容策略

1) 结合时间点和热点事件策划内容，热点能蹭就蹭，不能蹭就别强蹭。

2) 官方输出的内容，要根据产品和用户特性，输出用户偏好的内容。

3) 可以多输出一些干货类的信息，例如，××的"涨粉技巧""运营实战"等内容。

4) 根据渠道和用户定位，指定一些微博栏目，例如："运营小课堂""周一福利日""涨粉技巧我来体验"等；发起一些栏目主题活动让用户参与，刺激用户输出内容，盘活用户，刺激用户的参与感。

5) 微博内容应传播正能量，应实事求是，不造谣、不传谣。

▶ 2. 微博营销的根本——互动与交流

微博不是单向的，而是网民之间互动的一个平台，是需要双方互动与交流的。

1) 要多关注自己的核心粉丝。对于那些经常评论或者转发自己微博的粉丝，要经常与他们互动，增强自己的影响力。

2) 不要在微博上跟别人对骂。对于恶意攻击可以选择置之不理。如果双方有误解，可以通过私信的方式进行沟通。

3) 通过评论或者转发粉丝的微博进行"隐形营销"。利用微博的搜索功能去搜索跟自己品牌和产品相关的关键词，然后找有价值的进行转发和评论，从而实现这种对于自身品牌和产品的"隐形营销"。

4）学会利用互动"顶贴"扩散。一条微博能否实现大范围扩散，首先肯定取决于这条微博对公众的吸引力，除此以外还要受发布时间、粉丝数量、粉丝质量等因素的影响，即使这些都符合了，很多时候还要看看你的运气怎么样。如果反映不是很好，也没有评论，但是还想让微博传播的话，可以考虑用"马甲"评论，然后用发布微博的账号进行"回复加转发"。一般在微博发布后一小时可以做一次，但这种方法最多不能用三次，超过三次如果还影响力平平，那么只能说这条微博确实内容不给力了。

▶ 3. 微博发布的时间技巧

上午9：00～11：00、下午14：00～15：00企业发布微博的数量非常集中，此时用户多忙于工作，互动性受限。晚上18：00～23：00用户互动的热情高，但微博发布的数量急剧减少。因此，18：00～23：00是可开发的时间段，营销价值会很高。

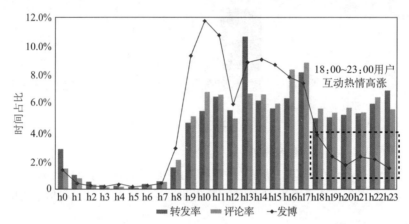

（资料来源：新浪微博）

图 5-26　微博内容工作日 24 小时发布和反馈对比

周末午饭后（13：00～14：00）和晚饭前后（17：00～20：00）这两个时间段用户转发和评论都比较积极，可充分加以利用，营销价值高。同时，由于周末休息较晚，23：00之后的微博仍然可以获得较多的用户反馈。

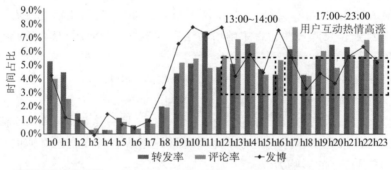

（资料来源：新浪微博）

图 5-27　微博内容周末 24 小时发布和反馈对比

▶ 4. 制造一条有爆发力的微博

1）首先要制造一条有爆发力的微博内容，它可以是一个段子，一个视频，当然也可以是一个图片。一条有爆发力的微博可以产生很强的驱动力，会引起用户的心理驱动、情感驱动和利益驱动等。

2）一条有爆发力的微博一定要在合适的时间发布，不论是使用移动终端，还是用计算机，晚间绝对是全天的高峰，所以，在一般情况下，想制造一条有爆发力的微博，更多地应该选择在晚间发布。

3）一个好的配图是关键，要尽可能地给自己发的微博配上一张合适的图。

▶ 5. 关于@的运用

首先要保证被@的那个人真的对你的内容感兴趣，其次就是要@你熟悉的人，最后可以巧妙地@名人。这里要注意一点，名人不是不可以@的，但是一定要讲究技巧。

▶ 6. 关于私信的运用

私信的主要功能还是通过私信相关用户请求对方帮忙转发，但是一定要注意技巧。这里面的技巧就是调整自己的心态。

扩展阅读 5-19
微博的智能
营销体系

5.8 微信营销

5.8.1 微信营销的概念

微信营销是网络经济时代企业或个人营销模式的一种，是伴随微信的火热而兴起的一种网络营销方式。微信不存在距离的限制，用户注册微信后，可与周围同样注册的"朋友"形成一种联系，用户订阅自己所需的信息，商家通过提供用户需要的信息，推广自己的产品，从而实现点对点的营销。

微信营销主要体现在对手机或者平板电脑（安卓系统、苹果系统）等移动客户端进行的区域定位营销，商家通过微信公众平台，可展示商家微官网、微会员、微推送、微支付、微活动，形成了一种主流的线上线下微信互动营销方式。

5.8.2 微信营销的引流渠道

目前的微信流量红利已然散场，流量肆意增长的时期已经过去了，想要提高转化率、精准营销，微信营销不仅要抓"流量"，还要谈"价值"。根据微信流量的"鱼塘理论"，可自建微信流量"鱼塘"，巧借资源做好精准引流。

▶ 1. 老客户引流

做实体店微信营销，可通过到店客户扫码添加赠礼的方式，维护好第一批老客户，如美容院、餐饮店等。同时，利用微信策划线下活动可以回馈老客户，树立口碑、扩大宣传和推广，把多家商户老客户凝聚在一起，用很少的成本投入做一次有影响力的活动。通过促销抓牢各自老客户，通过相应福利积极鼓动"老带新"发展新客户。

▶ 2. 社交媒体引流

借助 QQ 群、抖音微视、头条、贴吧、微博等自媒体平台，通过产品营销属性、关键词，认准你的微信流量"鱼塘"粉丝群体，创造话题引流量到微信端（也可以换群以求资源共享）。

▶ 3. 线下活动引流

创建一个真实的线下社群,将兴趣相同的人组织在一起,做一个活动发起人,通过兴趣交流引流更多的粉丝,通过微信的线下活动带来更多的朋友人脉。

5.8.3 微信营销的形式

微信营销的常见营销活动主要包括以下形式:
1) 集赞有奖;
2) 邀请关注;
3) 分销活动;
4) 测试/报告类活动;
5) 打卡活动;
6) DIY类活动;
7) 集卡类活动;
8) 投票活动;
9) 砍价活动;
10) 拼团活动。

5.8.4 微信营销之朋友圈

微信营销能力(朋友圈能力+社群能力)可能是未来商业世界中非常核心的能力,也许其重要性会超过传统营销人引以为傲的广告能力等。底层判断逻辑如下:销售额=客流量×转化率×客单价×重复购买次数。传统的营销方式都没有解决好"客户重复购买率"的问题,这始终是一个巨大的营销机会,而微信营销能够帮助很多企业解决这个重复购买次数的问题。

朋友圈营销就是"注入意识、建立信任、促使行动"的过程,想做好这一点,需要掌握"大脑信息输入形式""消费心理学""行为学""刺激—反应原理""大脑思考原理""情商"等方面的知识。所以,想要运营好微信营销不仅仅是发朋友圈,更需要考虑朋友圈的整体性。朋友圈营销三要素包括内容、结构、节奏。

▶ 1. 内容

线下的内容包含闻到的、看到的、听到的、触摸的、品尝的。内容不仅仅是文案,还是朋友圈我们看到和听到的所有视觉、听觉冲击,包含图片、文案、视频、定位里的文字。怎样才能写出好内容?这就包括四方面的小技巧。

(1) 感同身受型

使用背景:朋友圈最重要的就是信任,必须走心,才能取得别人的信任,并且我们让潜在客户能够产生共鸣,有利于打破心理防线,慢慢地构建信任,产生"是我生活上的向往""是我期待的一种生活态度""真佩服你,我也想这样"的想法。

(2) 一针见血型

使用背景:文案要求简单直接,因为对于对方不那么相关,或者不那么有趣的东西,对方不会给你这么多时间,最多3s,如果你没有抓住对方的注意力,手往上刷一下,你的信息就划走了。所以,表达一些利益点的时候,尽量简单直接,这样更加富有能量。

(3) 历历在目型

使用背景：最好的文案其实就是场景型文案，因为需求产生于场景当中，会让客户感觉自己更加需要这个产品，并且利用视觉化的文案，能够更好地刺激欲望，让客户更加想要。

(4) 说得都对型

使用背景：不要用客户听不懂的专业知识去普及，一定要借用客户已经存在的概念来表达，这样的类比方法能够让客户觉得你说得对。这种文案的核心技巧在于，用已知带出未知。

▶ 2. 结构

不同的说话顺序对一个人的影响是不同的。在表达一些观点时，可能不是一条朋友圈就能搞定的，那么就需要一定的结构去表达，从无到有地影响他们，从获得认知到采取行动。第一步，注重注意力；第二步，激发兴趣；第三步，建立信任；第四步，促使行动；第五步，消除顾虑。真正的铺垫，不是大家所理解的铺垫，并不是发发内容、发发反馈而已，而是有一个影响的过程，层层递进、不断影响，如图 5-28 所示。

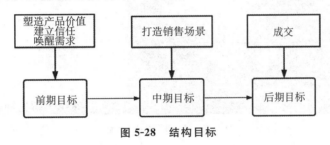

图 5-28 结构目标

▶ 3. 节奏

就像音乐一样，不同的节奏，效果其实也是不一样的。也就是每一步的速度都非常重要，走得慢了，连续性不强，走得快了，又显得太刻意。整体性的朋友圈，既要有连续剧般的特点，让别人一步步看着你长大，中途插入的，还能激起对方返回查看以往剧情的冲动；同时又要有短剧般的特点，每一段剧情都能独立存在，即使中途收看，也能感受里面的各种人物关系。

5.8.5 微信营销之微信群

有效经营的微信群营销比很多微信公众号和朋友圈更方便，营销穿透性更强，在互动和信任的基础上，微信群更注重客户体验。

▶ 1. 做好微信群营销的准备操作

(1) 建群

(2) 推荐名片

(3) 打广告

(4) 定时清理

(5) 积极分享

(6) @全员

▶ 2. 微信群营销的方法

(1) 低价引流款

(2) 直接推利润款

(3) 会员 & 代理玩法

(4) 订阅玩法

5.8.6 微信营销之公众号

简单地说，微信公众号营销是通过公众号平台进行网络推广、顾客关系与服务、网络销售的一种内容营销方法。

微信公众号申请步骤如下。

▶ 1. 注册

登录微信公众号平台，网址：https：//mp.weixin.qq.com/，登录后点击"立即注册"按钮，如图5-29所示。

图5-29 "立即注册"页面

▶ 2. 邮箱激活

按提示选择适合自己的账号类型(图5-30)，如果是个人的话选择订阅号。选择完成后，填写邮箱接收验证码激活(注意：一个邮箱只能申请一种账号，而且这个邮箱是作为微信公众号的登录账号的)，激活后，填写登录密码，如图5-31所示。

图5-30 账号类型

▶ 3. 信息登记

填写注册地，确定后，选择订阅号，填写个人主体信息(个人订阅号现在一个身份证只能申请一个微信公众号)，包括个人的姓名、手机号码及身份证信息，管理这个公众号的管理员身份验证(绑定了个人信息的微信号作为管理员信息)，如图5-32所示。

图 5-31 "基本信息"页面

图 5-32 主体信息登记

全部信息填完后，确认提交，公众号就创建完成了。

▶ 4. 公众号信息

返回公众号进行信息的填写，包括公众账号的名称、功能介绍。账号名称可以修改，但是不能与他人重复，功能介绍也是可以修改的。填完之后点击提交就完成个人微信公众号的申请注册了。

扩展阅读 5-20
迭代后的公
众号发展

5.9 直播营销

5.9.1 直播营销的概念

直播营销是指在现场随着事件的发生、发展进程同时制作和播出节目的营销方式，该营销活动以直播平台为载体，以达到企业获得品牌提升或销量增长的目的。

5.9.2 直播营销的现状

▶ 1. 直播电商成政策新导向,互联网营销师成职业新方向

2020年3月,广州市商务局印发《广州市直播电商发展行动方案(2020—2022年)》;2020年5月,国内第一家专注直播电商研究的广州直播电商研究院在广州成立;2020年5月,中华人民共和国人力资源和社会保障部发布了"互联网营销师"等10个新职业。

图5-33列示了2020年直播电商行业主播发展趋势。

主播持证上岗	主播职业化
2020年5月8日,浙江省义乌市人社局向19名"带货主播"颁发全省首批电商直播专项职业能力证书,第一批领证人员包括高校学生、创业者和市场经营户等	2020年5月11日,中国就业培训技术指导中心发布公告称拟新增10个职业,其中有"互联网营销师",该职业下又增设了"直播销售员",由此主播得以"转正"

(资料来源:艾媒报告中心 https://www.iimedia.cn/c400/71682.html)

图5-33 2020年直播电商行业主播发展趋势

▶ 2. 直播电商全面火爆,直播带货、直播导购成为多平台营销推广新潮流

业内公认的"直播元年"是2016年。淘宝、京东、蘑菇街、唯品会等电商平台纷纷推出直播功能,开启直播导购模式;快手、斗鱼等直播平台则与电商平台或品牌商合作,布局直播电商业务。

直播电商市场规模高速增长,2019年,直播电商市场规模达4 338亿元,同比增长226.2%,2020年,直播电商市场规模达9 610亿元,如图5-34所示。

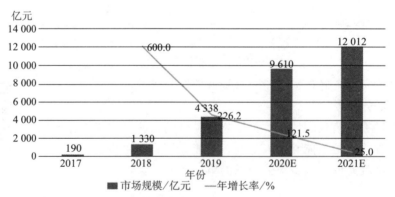

(资料来源:艾媒报告中心 https://www.iimedia.cn/c400/74827.html)

图5-34 2020年中国直播电商规模

5.9.3 直播营销的流程

直播营销的流程如图5-35所示。

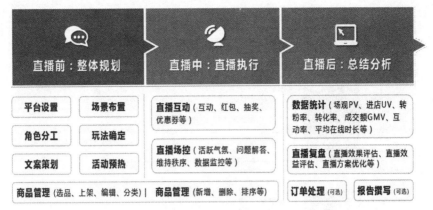

图 5-35 直播流程

▶ 1. 直播前

整体规划,包括平台设置、场景布置、角色分工、玩法确定、文案策划、活动预热、商品管理(选品、上架、编辑、分类)。

▶ 2. 直播中

直播执行,包括直播互动,这就需要与粉丝互动、不定期发小红包、抽奖活动、发放优惠券等;直播场控,要活跃直播间的气氛,积极对问题进行解答,维持秩序,并对数据做好监控等;商品管理,进行新增、排序、删除等。

▶ 3. 直播后

直播后的总结分析包括以下几方面。①数据统计:包含场观 PV,进店 UV,转化率,转粉率,成交额 GMV,互动率,平均在线时长等。②直播复盘:包括直播效果评估、直播效益评估、直播方案优化等。③订单处理和报告撰写。

5.9.4 直播营销的"人货场"运营策略

▶ 1. 人——指主播的选择和运营策略

1) 在庞大的直播环境中,不同身份、不同类型的主播形成了丰富的开播生态,他们在不同维度上存在各自的特色和优势,品牌方可依据自身的开播目的进行选择和组合,如图 5-36 所示。

2) 从主播类型上看:泛娱乐和垂类达人各具优势,如图 5-37 所示。

3) 从主播体量上来看:主播影响力呈"二八原则"。

▶ 2. 货——指商品的选择和售卖策略

1) 直播畅销商品的特质:尝鲜成本越低越容易拉新,用户的直播第一单往往选择优惠力度大、性价比高的商品。图 5-38 列举了直播用户购买的关键因素。

2) 直播间的货品策略:选择符合主播特色标签的货品;选品要差异化,能覆盖不同的需求;高客单价商品应充分利用赠品和低价刺激。

▶ 3. 场——指直播间的预热、引流和脚本技巧

(1) 时间

直播带货的最佳开播时间点在 18:00~21:00,通常会在开播后的一小时进入卖货高

扩展阅读 5-21
抖音直播营销实战经验手册

	特色和优势	历史表现优异指标
明星	天然自带影响力和话题度，强有力的品宣效果	曝光、互动、增粉
达人	根植于平台，有较深的粉丝沉淀和内容技巧，更擅长营造直播间氛围	商品点击率、购物车点击率
品牌方/商家	熟悉市场和产品，真实不套路，更具官方说服力和背书性	曝光、商品点击率

	组合策略
品牌方+明星	明星大流量带动品牌关注度，品牌强背书能力促进品效结合
明星+达人	双重引爆直播间热度，促销型内容驱动销量
品牌方+明星+达人	强造势、深互动，多维度诠释品牌内涵，促进用户与品牌的深度连接

（资料来源：抖音直播营销实战经验手册·第一期）

图 5-36　多类型主播优势概况

	泛娱乐达人	垂类达人
定义	没有明显行业标签的高粉主播作者，如代古拉k、大狼狗郑建鹏＆言真夫妇	垂类作者为在各自垂直领域的专家。如母婴领域的育儿女神蜜丝懂、企业妈妈、斯坦福妈妈；食品领域的小关老师；汽车领域的虎哥说车、大中华总裁
特色和优势	高颜值，年轻化，高粉丝，数据效果稳定，能保证相当好的起量基础和带货效率，可以适配多种行业客户的需求，曝光力强，适合没有高专业性要求的客户	专业化，受众清晰。其粉丝人群标签准确，适合推送专业性强的产品，种草能力强
代表案例	代古拉k＆vivo新机发布会	汽车垂类达人：吴佩频道、汽车头＆长安福特

（资料来源：抖音直播营销实战经验手册·第一期）

图 5-37　泛娱乐与垂类达人

影响用户购买的关键因素			
	需求	价格	品牌知名度
从下到上，引发购买的可能性逐步提升	刚需	历史低价	知名度高
	非刚需	买一送多/大礼包	在特定圈层有一定知名度
		直播间专享价格	知名度低
		价格中等，折扣高	

图 5-38　直播用户购买的关键因素

峰期，接近 50% 的订单在这段时间产生，如图 5-39 所示。

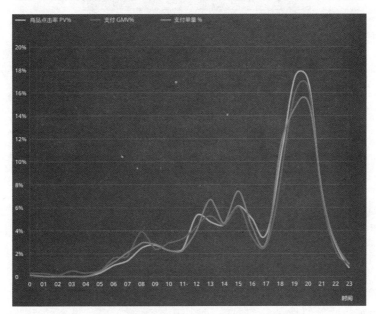

（资料来源：抖音直播营销实战经验手册·第一期）

图 5-39　直播带货的支付单量与支付时间

（2）开播时长策略

直播间需要一段时间的人气积累，一场带货直播的平均时长为 5 个小时。通常来说，会在开播 2 个小时后达到流量峰值；而播到 4 个小时以后，流量会逐渐下滑，这时一般可以考虑适时收尾，或者以流量策略（如广告引流、互动抽奖等方式）重新吸引并聚集观众注意力。

（3）资源

重视预热和引流资源的选择。预热是保证看播流量的基础，预热是新增粉丝的主要手段。

（4）内容

如何设计直播内容脚本和互动呢？有以下两种方法：①以品宣为目的，重在体验和节奏控制；②以带货为目的，重在气氛和爆点刺激。

5.9.5　中国直播电商平台

▶ 1. 中国直播电商平台分类

早在 2016 年，淘宝、蘑菇街等电商平台率先入局直播＋电商领域。随后在电商＋直播的红利之下，直播平台也开始加入直播电商战局。2018 年，抖音、快手先后通过自建平台和接入电商平台的方式试水电商领域。同年 8 月，虎牙直播、斗鱼直播和花椒直播开始牵手网易考拉海购，探索直播＋电商的新领域。此外，还有一类新兴的直播电商平台，从成立之初就希望能够在直播电商领域发展，主要通过吸引新人主播、网红等获得流量和广告费用，但目前这类平台的影响力无法与头部直播带货平台匹敌。

直播电商平台分类如图 5-40 所示。

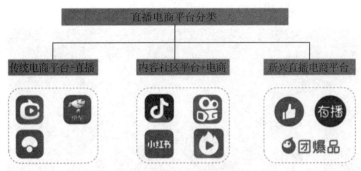

（资料来源：艾媒报告中心）

图 5-40　直播电商平台分类

在众多直播电商平台中，淘宝直播发展最快，快手和抖音紧跟其后。在"猫快抖"的示范作用下，其他平台也开始布局或者将战略重心向直播电商转移。2019 年，电商、内容平台内部竞争，但由于内容平台流量不足以对电商平台形成威胁，自建电商资金投入多，且收益不及广告，内容平台是否入局具有不确定性，因此双方以合作为主，内容平台对电商提供站外流量分成。2020 年，淘宝与快手、抖音由合作走向竞争。淘宝为了避免过度依赖外部流量，避免用户形成短视频购物习惯分流 GMV，加快内容上的布局；抖音快手做电商，追求更高收益，加速自建避免过度依赖淘宝，也寻求外部供应链合作保证流量数据始终在平台留存。

▶ 2. 直播电商平台的特点

虽然直播电商平台众多，但是由于平台自身的属性差异，各平台在发展直播电商过程中也呈现出不同的特点。

（1）电商平台布局直播，自带电商基因

像淘宝直播这类直播电商平台，是在电商的基础上布局直播带货模式的，平台交易色彩较重，用户购物的目的一般十分明确，因而直播购物转化高。此外，电商基因使得平台品类丰富，供应链稳定，可以"一站式"满足用户多元化的需求，提高直播用户购物体验，提高用户黏性。

（2）内容平台发展直播电商，内容属性是根本

内容平台布局直播电商，平台流量分发效率与内容并重。部分内容平台为了开发长尾效应的商业潜力，偏重内容多元化，如快手；而有的内容平台重效率，有利于打造"爆款"产品，如抖音。内容平台品牌入驻度较低，因为平台用户在做出购买决策时更关注产品深度内涵和性价比，对品牌的重视度在下降。

（3）新兴直播电商平台内容生态较为开放，但流量建设难

在电商平台、内容平台成功入局的示范作用影响下，不少其他平台也开始跨界入局成为行业新亮点。艾媒咨询分析师认为，"直播＋"的内容边界不断扩大、泛化，传统行业和新兴行业都能找到合适的方式入局，而平台作为行业入局的技术中介，更应该积极探索、努力寻求平台与技术的融合点，同时拓展在线直播的细分领域，满足用户的多元化需求，带动商业模式继续创新。未来，在线直播的商业价值将得到进一步开发。

图 5-41 列举了跨界平台入局直播电商的例子。

扩展阅读 5-22
"双十一"的
直播"激战"

触电新闻 	飞猪旅行
2020年4月12日上午，韶关始兴县长在广东广播电视台触电新闻等多个直播平台进行直播带货，县长幽默风趣的语言，吸引了广大网友纷纷下单，1小时卖出23.6万斤枇杷。	2020年4月14日，桂林、三亚、杭州等多地文旅局局长在飞猪开启了旅游直播。在文旅局长直播加硬核补贴、预售囤券等举措的带动下，当周，桂林文旅局局长直播带动当地旅游热度增长超60%，桂州五一酒店预订量最高，酒店价格涨幅全国最高。

（资料来源：艾媒报告中心 https://www.iimedia.cn/c400/74827.html）

图 5-41　跨界平台入局直播电商

5.10　短视频营销

5.10.1　短视频营销的概念

所谓短视频营销，是指将品牌或产品融入视频中，并以情节和片段的形式演绎出来，类似广告，而不是广告，关键是在用户看产品的过程中，可以有意无意地向用户推荐产品，让用户产生共鸣，主动下订单，共享信息，从而达到裂变和引流的目的。

5.10.2　短视频营销的现状

现阶段，短视频平台有3种主流的营收模式，分别为广告、直播和电商。其中，在整个营销生态中，以广告作为营销开端，电商作为转化结果，已为短视频平台创造了一半以上的收入。整体来看，在过去几年，短视频流量增长迅猛，抖音、快手双寡头地位稳固，中部竞争激烈，但随着互联网未开发流量的枯竭，短视频也将迎来拐点；行业将逐渐从关注"量"过渡到关注"质"，各平台加快了商业化的步伐，精细化创新运营是必然趋势。

图5-42是中国短视频产业图谱。

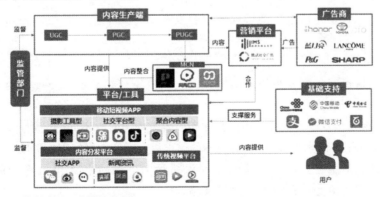

（资料来源：艾媒报告中心）

图 5-42　中国短视频产业图谱

正所谓"消费者在哪里,我们就必须在哪里",备受人们喜爱的短视频对传统企业、主流品牌而言,同样意味着庞大的受众群体和不可估量的商业潜力。而从另一层面看,短视频内容的丰富性和形式的多变性、与用户之间强烈的互动性、去中心化的传播特点等特质,不仅为传统企业提供了碎片化、沉浸式、体验式和立体化的营销方向,而且让它们能够更加有效地连接相对应的目标受众。随着短视频的强势崛起,越来越多的传统企业把目光瞄向了这片极具价值、优势的流量洼地,并将其纳入了新的营销阵地,希望能借助短视频让品牌的长期价值和广告效果更好地实现协同。

图 5-43 展示了中国短视频行业发展的不同时期。

（资料来源：艾媒报告中心）

图 5-43　中国短视频行业发展的不同时期

5.10.3　短视频营销的运营

▶ 1. 运营团队

短视频运营团队的人员构成一般有 5 种角色：经理、编导、摄影、剪辑、运营。

经理需要依据公司的品牌和营销策略,为短视频运营定位,协调公司内部部门和人员,把握短视频整体运营的方向和效果。

编导主要设计定制每一个短视频的话题、脚本、场地以及拍摄计划,以保障有源源不断的短视频内容可以生产出来。

摄影主要负责短视频的拍摄、灯光布置、镜头设计等有关视频内容拍摄记录的相关环节。

在视频拍摄完成之后,剪辑将短视频、图片、文字、音乐、音效等素材依据设计的脚本,剪辑成所需要的短视频内容。

运营的主要职责是将已形成的短视频内容发布至各大平台,对用户、粉丝的反馈信息进行维护等。

▶ 2. 渠道运营

短视频的渠道运营,主要是指和国内外各大主流短视频平台以及视频内容分发渠道的运营合作。

不同的短视频平台在平台属性、用户群体和内容方向上有着不同的区别,在运营过程中都需要详细地调研和研究不同短视频平台对内容的需求以及用户的喜好点,形成梯队的运营策略。

对于重点的渠道平台,要进行精细化的深耕运营,通过各大渠道平台的各种反馈信息,制定针对不同渠道的运营策略和内容策略。

另外,各大短视频平台是在不断迭代进化的,会在不同的阶段、不同的时段进行调整,渠道运营中也需要关注了解各大渠道平台的变化,做出适当的策略调整。

▶ 3. 内容运营

内容为王一直以来都是短视频领域的核心。内容运营可以理解为内容的规划、选题的策划、文案的设计以及内容的制作。

内容运营的目的其实是为企业做增值服务,比如品牌、产品、服务的曝光度、信任度和转化率。所以内容的整体运营不仅需要结合企业的战略、品牌、营销、产品,还需要结合渠道平台和用户粉丝,形成更加系统、精细的运营流程。

内容运营过程并不是一成不变的,更多的时候要站在用户粉丝的角度来思考如何进行内容的生产,不应陷入自身专业陷阱,做一些自嗨型的内容,应根据用户粉丝的反馈信息做出不断的规划和内容的迭代。

▶ 4. 用户运营

用户运营是指与用户粉丝之间产生深度的交互关系,以提高用户粉丝的活跃度和黏性,使用户粉丝可以长期关注、裂变传播、营销转化等。

如果说内容运营是来吸引用户粉丝的注意力的,那么用户运营就是要把吸引过来的粉丝留存下来,把留存下来的粉丝激活起来。可以通过与用户粉丝之间的聊天、游戏、节日活动、直播、问卷、抽奖等方式与用户粉丝建立长期关系。

我们在短视频运营中会发现,现在大部分的短视频平台,用户在使用过程中是千人千面的,不同的用户看到的内容有所不同,我们在做用户运营过程中也需要向这个方面尽量努力,让我们的用户粉丝得到更多的个性化服务,让用户粉丝可以感觉到自己在和一个真实的人交流互动,通过这种用户运营形成企业IP在用户粉丝中的独特印象。

▶ 5. 数据运营

数据运营可以说是内容运营和用户运营的最基础的支撑点,不同的渠道平台中,每一天的数据、每一段视频内容的数据都会被记录和反馈展示出来。

数据运营的核心是通过数据分析找出影响效果的关键点和关键环节,来进行整体运营结构调整和优化,也可以对单独的细节运营进行调整和优化。

在数据运营分析中,主要数据包括推荐量、播放量、点赞量、评论量、转发量、收藏量。相关联分析指标主要有播放率、点赞率、评论率、转发率、收藏率、转化率。

在短视频运营中,数据分析是一个非常重要的环节,需要去深度观察分析出数据背后的本质问题,有针对性地对短视频内容调整和优化,这才是其真正的意义所在。

▶ 6. 细节问题

(1) 更新频率

尽可能稳定视频内容的更新频率,固定更新时间,不仅可以保持账号的活跃程度,还可以培养用户粉丝的观看习惯。

(2) 平台分发

不同的短视频平台有不同的用户群体和平台属性。建立短视频平台矩阵,进行内容分发,不仅可以提升企业品牌在全网的曝光度,而且可以增加更多用户粉丝的可见性。

(3) 内容创意

内容创意并不是一两个核心创作人员苦思冥想就能生产出来的,而是要结合运营策略、用户分析,不断地进行策划迭代,才能生产出来。对此可以通过内部定期开展选题会来进行。

(4) 流量置换

做新媒体短视频要学会合作共赢,找到用户粉丝匹配度高、体量相当的其他运营者进行合作,相互推广,这也是利人利己的事情。

(5) 熟悉规则

在网络大环境中,平台都有不同的规则玩法,熟悉掌握各大短视频平台的规则和条款,避免踩在违规的线上,比如在选题、标题、文案、画面内容上都要格外注意。

5.10.4 短视频营销的策略

▶ 1. 重视内容创意

企业选择短视频平台开展营销,主要希望借由短视频的短小创意增加产品的曝光度、提高品牌知名度,可见内容创意不可忽视。

首先,短视频在内容类型上的创意。企业在投入短视频营销前,须对短视频垂直细分领域的商业价值进行测评,短视频所涉及的主题范围很广,几乎涵盖了各个细分领域,这些领域根据企业所处行业可能包含商业、教育、旅游、母婴等。将内容类型以创意形式展现,是开展短视频营销的首要前提。

其次,短视频在内容形式上的创意。随着短视频营销的不断发展,其内容形式也开始产生变化。

▶ 2. 账号定位精准

企业应该遵循长期营销战略思维,并将品牌理念贯穿于短视频拍摄中,尽量确保内容风格统一。而企业在入驻平台前,需要全面剖析贯彻企业的品牌理念、平台面向受众的用户画像、账号人格、创意内容以及团队设置。

▶ 3. 注重人设打造

移动互联时代,随着短视频的兴起,每个人或者组织只需要15秒就能爆红。而持续爆火的唯一途径则是:打造专属人设,直击用户内心。在短视频平台创作作品日益同质化的今天,个人或企业想要在短视频平台持续走红,首先必须打造账号垂直度。打造短视频人设可以帮助创作者确立内容创作方向,为作品贴上专属标签,并保持稳定输出内容。

▶ 4. 融入场景营销

移动互联时代,人们的社交需求也在不断发生转变,已经从传统的界面浏览转向短视频的视觉习惯。在当前的短视频营销中,越来越多的企业开始结合场景打造,结合用户视觉习惯来进行产品展示与植入,与传统直白的植入性营销相比产生了质的飞跃。

▶ 5. 打造直播体系

随着短视频平台的电商体系不断接入,企业通过平台进行短视频发布完善人设续更,选定垂直细分领域,加强内容创意,但同时需要打造直播体系。

直播除了自身的广告效应之外,内容的新闻效应引爆性也会更强。而在直播过程中平台选择、直播间的打造、选品、直播脚本设计编写、主播选择以及直播数据分析也尤为重要。

在这个去碎片化的时代,消费者很容易因共同爱好聚集在一起,通过直播的方式进行产品推介,达成情感氛围的高位时刻。个人或企业借由这一时机进行产品销售,一定能达到较好的营销效果。

5.10.5 短视频营销主要平台

▶ 1. 抖音

抖音是由今日头条孵化的一款音乐创意短视频社交软件。该软件于2016年9月20日上线，是一个面向全年龄的短视频社区平台。

抖音主要人群的年龄分布大致在20~45岁，其中女性比率高于男性，根据36氪《短视频用户调查》，已婚人群占总人群的63%，以白领和二、三线城市人群为主。

抖音是以专注年轻人的15秒音乐短视频为定位。抖音运营是以UGC(User-generated Content，用户生产内容)为运营模式，主要有两种内容生产方式：一是搬运，最简单的办法就是把已经成功的案例进行复制，比如在快手、火山等平台已经有影响的视频，可以直接搬运，搬运能够快速形成粉丝和播放量，但这种定位需要批量操作，而且不长久；二是原创，原创内容应找准切合时代的定位，如高颜值小姐姐、办公室"戏精"、超高技能、情感共鸣等。抖音的内容调性是有趣、潮酷、年轻，其内容能抓住人的兴趣点，原创者应结合时代热点，挖掘自身的个性特点进行创作。

▶ 2. 秒拍

秒拍是一个集观看、拍摄、剪辑、分享于一体的超强短视频工具，更是一个好玩的短视频社区。2013年12月，秒拍3.5版正式发布。2014年7月，秒拍4.0版正式发布。"秒拍"是"炫一下"公司推出的产品。秒拍的技术优势——采用了特殊的拍摄、转码、上传同步技术，能够保证视频快速发布至微博(实测延迟在2秒左右)和秒拍应用；而且同等长度的视频比其他产品文件都要小，开着3G，一段10秒左右的视频只会占用600K左右。

秒拍用户主要是女性，25岁或以下的用户占比近五成，35岁或以下的用户占比近九成。社交风格更偏向于流行时尚、二次元等年轻化风格，休闲娱乐等爱好也更广泛。

秒拍的定位是优质短视频综合平台，从"看""玩""发""创"四个方面覆盖短视频行业的各环节，汇集优质短视频资源、打造社区、提供高效视频制作工具、扶持创作内容等，以满足用户娱乐、社交、表达、创作等各方面的需求。秒拍可以说是新浪微博视频版，借助微博的社交效应聚集了很多头部IP短视频内容，如一条、二更、王尼玛、papi酱、日食记等，还有游戏视频解说和游戏视频社区。注重内容的专业孵化，也有创作者平台及扶持机制。秒拍利用悬赏、排行榜机制提高内容质量，背靠微博，明星资源丰富，缺点是功能太多，产品不够简洁。

▶ 3. B站

哔哩哔哩(bilibili，简称B站)现为中国年轻Z世代高度聚集的文化社区和视频平台，该网站于2009年6月26日创建，被粉丝们亲切地称为"B站"。B站早期是一个ACG(动画、漫画、游戏)内容创作与分享的视频网站。经过10多年的发展，围绕用户、创作者和内容，构建了一个源源不断产生优质内容的生态系统，B站已经成为涵盖7 000多个兴趣圈层的多元文化社区，曾获得QuestMobile研究院评选的"Z世代偏爱APP"和"Z世代偏爱泛娱乐APP"两项榜单第一名，并入选"BrandZ"报告2019年最具价值中国品牌100强。

B站用户主要是由Z世代人群构成，Z世代是指于1995—2009年出生的一代人，即新时代人群。

B站是多元化的，内容丰富，涵盖许多领域的知识。B站根植年轻用户需求，提供多样化的产品和服务，并随着Z世代的崛起而崛起。在内容构成上，B站视频主要由专业用户自制内容（Professional User Generated Video，PUGV）组成，即UP主的原创视频。B站用户对于实用性较强的视频内容更感兴趣，并且对知识类内容的需求也相对较高。B站用户在视频内容的选择上，更体现出"Z世代"的特色：务实、具有获取新知识的意愿、颠覆传统，喜欢将严肃话题进行娱乐轻松的另类表达。B站平台和用户之间有着相对较高的黏性，用户对于视频内容有着较强的参与性和互动性，较明显的体现就是视频的创作和用户评论。

4. 快手

快手是北京快手科技有限公司旗下的产品。快手的前身，叫"GIF快手"，诞生于2011年3月，最初是一款用来制作、分享GIF图片的手机应用。2012年11月，快手从纯粹的工具应用转型为短视频社区，用于用户记录和分享生产、生活的平台。后来随着智能手机、平板电脑的普及和移动流量成本的下降，快手在2015年以后迎来市场。

扩展阅读 5-23
抖音和快手的
短视频营销对比

快手主要是以24岁以下年轻女性用户为主，三、四线城市渗透率高，博主多数是农村背景。快手的主力市场在三、四、五线城市以及农村，满足了城市人围观农村人的"窥奇"需求，或者从农村人变为城市人的用户的"怀旧"需求。

快手是以记录和分享生活为定位，采用PGC＋UGC、UGC的运营模式。快手的内容调性是猎奇、搞怪、趣味，其内容通俗接地气，展示奇异功能，包括能吃，吃各种稀奇古怪的东西，跳尬舞等，聚焦普通人，更有真实感和共鸣。

5.11 社群营销

5.11.1 社群营销的概念

社群营销是在网络社区营销及社会化媒体营销的基础上发展起来的，用户连接及交流更紧密的网络营销方式。网络社群营销主要通过连接、沟通等方式实现用户价值，不仅受用户欢迎，还可能让用户推广这种人性化的营销方式。

扩展阅读 5-24
四个成功的
社群营销案例

5.11.2 社群营销的现状

1. 发展态势迅猛

虽然我国社群电商发展起步较晚，但是发展态势迅猛。大多数社群电商平台于2018年上线经营，例如兴盛优选、考拉精选、松鼠拼拼等社群电商，由于大量的社群电商涌入人们的视野当中，社群电商也获得了数亿元的融资。除此之外，松鼠拼拼等社群电商依托大型企业，获得显著的保障。在经济危机背景下，社群电商受到资本的追捧，电商著名企业纷纷入场，究其原因是社群电商有着无限的发展潜力，社群电商在良好的发展态势中有着更多的发展机遇。

2. 受众范围广

在区域层面上进行分析，社群电商和拼多多软件有着异曲同工之妙，将用户对象定位于大城市外围的群体，挖掘二、三、四线区域的用户群体，低价团购或低价购买性价比高的商品，获得用户的肯定与赞赏。从年龄的层面进行分析，社群电商平台的门槛很低，仅需要智能手机与相关互动软件，即可在平台中进行消费，加上社群电商平台种类多样，既包括家庭生活所需要的生鲜、家庭用品，也包括年轻人喜爱追捧的新鲜水果等，促使社群电商平台受众范围广，不仅包括消费新群体"00后"，还包括70多岁的老人，都十分热衷于社区社群电商平台。

3. 经营品种单一

现阶段，社群电商平台主要经营生鲜、水果、家居用品等，具有家庭式消费特点。这也在一定程度上呈现出社群电商平台经营品种单一的弊端，体现出供应链建设速率慢，难以满足社群电商平台高速发展的趋势。由于密集建设，需要花费大量的运营成本，这便使社群电商产品的性价比受到影响。当前，社群电商平台如松鼠拼拼、十荟团等都面对此种现状，它们采取自营与加盟联合方式，确保平台品种与质量的均衡，满足用户的根本需求。

4. 社群化用户黏度较高

对于单一的线上网购，用户和平台的交流只能依托于现行软件，隔着屏幕与卖家进行互动，此种屏幕式交流会使用户与卖家的距离进一步拉远，即便卖家语言热情亲切，但是用户的体验感较弱。然而，社群电商平台在特定区域范围内，团长、店长都在社群电商平台当中，不但可以满足不同用户的基本需求，还可因团长、店长与用户面对面交流，增进用户与卖方的情感距离，满足用户的内在需求，此种情感互动远远比限定在屏幕前的交流更有效果与品质。根据社群电商平台的社交功能，实现社区社群的循环互动，使原本在相同小区但却不熟知的住户，由于拼团、讨论慢慢熟知，促进社群电商在特定区域范围内的稳定发展。

社群营销的方式如图 5-44 所示。

图 5-44　社群营销的方式

5.11.3　社群营销的五阶段运营策略

进行精细化的社群运营，需要从认知、输出、交互、裂变、转化等5个阶段入手，从而达成"流量"通往"留量"的道路。

▶ 1. 认知：用户标签的梳理

对用户的标签需要精细化梳理，只有更好地认知你的用户群体，才能摸透他们的深层需求和潜在欲望，并对标签大致相同的用户进行同策略的运营，这是精细化梳理的必要性。在微信社会中，大数据技术的应用，让品牌主能更加直观地了解用户的数据微粒。数据辅助下的人性化运营才是出路。基于社群运营，你足够了解用户，能够获得他们的信任和喜爱，能在他们的圈子"一呼百应"，达成一个小圈层的KOL，那么这个社群将极具长久的消费潜力。同时，大多数社群运营不是单个的，可能是十个甚至上百个。同时，社群营销的经验和模式完全是可复制的，这为更广阔的消费市场开发提供了前提。

▶ 2. 输出：持续、有吸引力的优质内容

通过群内分享、朋友圈图文、公众号等形式持续产出具有吸引力的内容，并以此达成沟通是社群营销保持黏性的必要手段。这种内容输出应避免长篇累牍、自说自话，要以沟通为前提，以干货、趣味性为核心，你需要吸引社群内的用户关注你，而不是看一眼就关掉。诸如用户感兴趣的趣味性段子、搞笑抖音视频、社会时事、明星热点、股票、育婴心经，你需要针对用户画像所对应的各个领域去进行内容推送，并积极沟通和反馈，制造话题量和社群热度。

▶ 3. 交互：深耕垂直细分领域

在梳理用户的颗粒化画像后，即使产品不是针对细分领域，社群营销也要往垂直化走下去。在"松圈主义"的当下，人们对于圈子的看重以及兴趣圈层的下沉，需要我们的营销跟上这个势头，往深度走，不要停留在表层的营销自嗨，越垂直化的营销越能深入圈层用户。营销早已过了粗放化增长的时代，大投放、广推送早已过时，面对营销信息，一方面人们会自觉抵触和抗拒，另一方面是营销没触及自己的圈层喜好。社群营销是一个精细化的社区，不同的圈层位于不同的社区，你找到他们的兴趣洼地，并以此为方向去展开"软营销"，控制推送频率、把握社群气氛，都是需要人为去感知并操纵的，及时根据社群的反馈进行调整也是必要的。

▶ 4. 裂变：小程序式碎片化应用

有数据显示，在互联网时代，消费者的注意力不超过8秒。所以抖音、快手等短视频应用风靡寰宇。做社群营销也是如此，讲究一个"耗时短"，不要占据用户太长时间，以"快"来导致转化，碎片化的内容和应用就相当有必要。特别是在朋友圈诱导分享彻底"死去"的微信生态下，碎片化应用对应的就是小程序，同时，小程序是新生态下达成裂变的唯一方式。做好内容和小程序的联结，让用户将信息以小程序为载体裂变传播到其他社群，就能源源不断地达成流量截获和转化。

▶ 5. 转化：持续占领用户心智

社群的转化从来都不是一个急于求成的过程，社群最大的好处在于能够潜移默化地占领用户心智，并持续性地达成转化和复购，在群体的从众行为中，几个人下单会扩散成几十个人下单，最终形成几百人下单的场景。根据E.S.刘易斯提出的消费者行为学理论模型AIDMA，消费者从接触信息到最后达成购买，会经历以下5个阶段：引起注意、引起兴趣、唤起欲望、留下记忆、购买行为。在如今冲动式消费越发稀少的情况下，更聪明的用户学会了"观望"，特别是在社群之中，"先看下其他人的使用心得和体

验，再下单购买也不迟"是大部分人的心理状态。《增长黑客》中提到，消费者从接触产品，到最终完成转化之间，平均需要经过 7 次重复提醒。那么，在社群之中进行的沟通，反复以隐晦的方式提醒用户，告诉他们"产品的亮点"，反复提及后，消费者心智中对产品的熟知度慢慢被培养出来，那么用户就开始逐渐被转化，而后续其他社群成员在群里分享产品体验，又是一次次的"重复提醒"，更加能润物细无声地影响消费者决策。

扩展阅读 5-25
社群营销：疫情下国美新零售的进化

中国社区团购市场规模及增长率如图 5-45 所示。

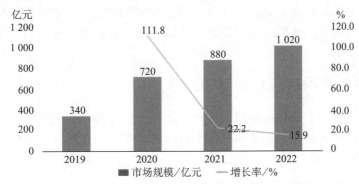

（资料来源：艾媒报告中心）

图 5-45　中国社区团购市场规模及增长率

5.11.4　社群营销知名平台

▶ 1. 同程生活

同程生活，成立于 2018 年 8 月，以生鲜非标品为切入口，打造下沉市场的生鲜超市电商。自上线以来，深耕华东、华南两大经济区，上线 1 年半的时间就迅速扩张，业务规模飞速增长，且开始盈利，实现了健康的规模化增长。

2020 年 6 月，同程生活宣布完成 2 亿美元 C 轮融资，此次新一轮融资额度再创新高，实现公司自成立以来的最大单笔融资。

▶ 2. 兴盛优选

兴盛优选基于湖南著名连锁便利店品牌"芙蓉兴盛"，创始于 2014 年，主要解决家庭消费者的日常需求，包括水果蔬菜、鱼肉禽蛋、日用百货等产品，通过线上下单，便利店提货的方式，让用户畅享无忧购物。

▶ 3. 十荟团

十荟团是北京十荟科技有限公司申请注册的商标，为城市家庭打通产地到家庭餐桌之路，以一日三餐及果蔬类为商品打造家庭消费的一盘货。十荟团的服务模式是以微信小程序载体、社区为入口，提供社区果蔬、生鲜及家居用品。

▶ 4. 你我您

你我您社区团购以品质为核心，凭借具有竞争力的价格和优质的服务打造中国领先的互联网＋社区电商平台，成立于 2011 年，最初是通过 QQ 群卖水果，于 2016 年 9 月正式创立你我您电商平台，率先在湖南长沙推出社区微信群团购的经典战术，以私信付款给团长，在微信群接龙方式开展团购业务的。

▶ 5. 邻邻壹

邻邻壹社区团秉着"一心一意为邻居，好物不贵，放心购"的宗旨，于 2018 年 3 月正式上线，围绕家庭用户 24 小时生活场景，产品覆盖时令水果、生活家居、三餐食材、坚果零食等四大板块，产地和厂地直发，压缩供应链长度，保证了产品的新鲜、优质，目前已完成了高榕资本及源码资本千万美元的 A 轮融资，业务已覆盖超过 30 个城市。

▶ 6. 窝边优选

窝边优选团购平台是一个从校园市场出发的社交型零售平台，以会员制体系为核心，以线下前置仓等为载体，通过 S2B2C 模式赋能校园创业者，为校园创业者提供 IT 系统、仓储物流、销售培训、专业售后等服务，帮助校园创业者零成本开店，打造更年轻创客的聚集地。

5.11.5 品牌生命周期与社群营销对照

品牌的生命周期是产品在市场端的客观发展写照，当品牌处在不同生命周期时，可以通过对社群运营目标的调整，满足品牌在不同阶段的需求，并减少在此阶段中的各类障碍与矛盾，如图 5-46 所示。

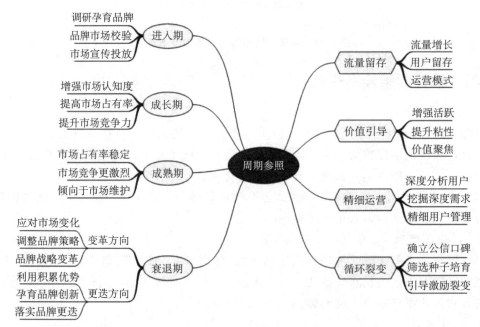

(资料来源：新浪网 http://blog.sina.com.cn/s/blog_14ecf06270102ye2j.html)

图 5-46 品牌生命周期与网络社群运营对照

▶ 1. 品牌处于进入期

品牌需求：协调产品设计、生产、销售之间的关系，充分进行市场调查工作，确保产品符合市场需求、具备优势竞争能力。但矛盾点是周密的市场营销研究工作与产品研发过程，在愈发快速的市场变化中，可能会使企业错失最佳的产品上市机会。广告策略倾向于产品与品牌在市场的教育工作，并促进目标群体的优质认知与体验。

社群作用：通过社群进行网上需求调研、竞品状况调查，加速形成品牌特征，有效促进品牌落地，能够起到缩短产品开发周期、提升产品入市竞争力、增强入市传播力的作用，并在一定程度上建立品牌公关基础、培育首批口碑"种子"用户，为品牌进入市场提供竞争优势。

▶ 2. 品牌处于成长期

品牌需求：市场对产品与品牌已经熟悉，且产品具备一定的知名度，品牌影响力也在逐渐加强，整体市场占有率开始提升。品牌需要撬动更多的潜在消费群体进行购买与复购，广告策略也将进入扩大市场覆盖与提升市场渗透的需求阶段。产品端的需求也将不断上升，规模化生产、产品调整、新品研发，以及售后服务也会巩固与加强。此阶段行业中的壁垒较高，需要面临更大的市场竞争压力。

社群作用：通过社群能够有效快速地收集顾客的反馈信息，落地促销策略，追踪市场竞品动态，建立产品价值、品牌优势，突出品牌形象，注入品牌灵魂（理念），深度挖掘众多忠诚顾客的价值与需求，进一步缩短产品调整与新品研发的时间及其他成本，并促使品牌美誉度的提升，产生更多市场潜在的拓展与裂变机会，形成品牌与社群良性的结合与循环裂变。

▶ 3. 品牌处于成熟期

品牌需求：市场中产品的销量基本达到最大值，占有率趋于稳定，需求增长缓慢，利润也从峰值回到一个相对平稳的水平，市场逐步进入饱和状态。品牌的竞争加剧，市场呈现供大于求的状态，客户在挑选产品时的要求也随之提升，成本、服务、价格的竞争愈发明显。市场产品进入成熟期，新品开发与产品新用途的开发难度大大增加，技术性能、产品系列、款式、服务的变化又容易引起成本与风险的增加，产品将进入以制造工艺为主的阶段。品牌在此阶段具备很高的知名度和忠诚度，行业巨头已经进入维护延长品牌地位阶段，进入壁垒很高。

社群作用：通过社群精细化运营，强化对特定消费群体的特定需求挖掘，完成产品的重组、改良、拓展，进一步推进服务的高效落实，并实现低成本的有效促销与宣传动作，稳固并培养老客户群体，借由品牌忠实顾客群体的竞品公关情报，抓住机遇抢占先机撬动竞争者的市场份额。广告策略以实现竞品市场的差异化优势为主，并突出企业的整体形象。积累国内经验与优质资源，将目光投向更大的国际市场范围，拓展国外主流新媒体渠道，以较低的成本形成国际化的社群运营模式，寻找可行的国际市场切入契机。

▶ 4. 品牌处于衰退期

品牌需求：企业的产品与品牌一旦进入衰退期，原有产品根据市场情况将经历快速与缓慢退市，并面临变革与更迭的抉择。任何产品都要遵循市场的自然规律，难免会"失宠"而走向衰退期。此阶段产品需求出现下降，销量降低或滞销、利润降低、影响力衰退，也可能是整体市场的增长率降低，广告策略聚焦于衰退产品退市前的利润，将企业形象作为宣传核心，重新规划部署营销及公关活动。变革方向是积极面对市场的变化，在原领域的品牌基础上开发新产品或跨领域开发产品。经过品牌战略变革并调整品牌策略后，使新产品结合原品牌优势，突破旧市场的束缚获得新市场的承认。更迭方向则是利用积累优势，在原有产品市场中寻找新的契机，孕育创新品牌，激活市场中未被挖掘的卖点与需求，开拓更具活力的目标消费群体。

社群作用：品牌进入衰退期是市场的自然规律所致，但企业可以选择品牌的变革与更迭，社群作为品牌在网络上的客群聚集地，将为企业提供可靠的老客户关系与口碑支撑。企业选择变革方向时，品牌在原有市场群体的影响力优势将被企业继承，并持续发挥最大作用，为企业的新产品或跨领域新产品形成深厚的品牌背书效果。企业选择品牌的更迭方向，并不代表会舍弃或继承原有品牌，更多的企业会在既有经验与资源的基础上创建更具活力的全新品牌。无论企业因某种原因而选择了任一方向，因社群的运营是长期积累的而且具备循环裂变效果，产品与品牌的价值在社群中都将最快速、有效地实现。

在线课堂

在线自测

练习与思考

支撑体系篇

第6章　电子商务物流

> **学习目标**
> 1. 了解电子商务物流。
> 2. 掌握电子商务物流的运作模式。
> 3. 掌握电子商务物流的技术。

导入案例

2020电商物流的新特征与新挑战

中国物流与采购联合会副会长兼秘书长崔忠付在第十一届中国电子商务物流大会暨2020中国同城即时物流行业峰会上发表如下讲话。

在过去的几个月时间里，全国人民在以习近平同志为核心的党中央坚强领导下，进行了一场惊心动魄的抗疫之战，直至取得抗击新冠肺炎疫情重大战略成果。在这次抗疫斗争中，我国物流业的同人同时间赛跑，与供应链上下游企业以及社会各界一起，始终站在抗疫、保供、保产的一线，发挥了物流业在国民经济发展中的基础性、战略性支撑作用，涌现了一批先进人物和先进集体。特别是在抗疫形势最严峻的时候，经济、社会不少方面一度按下"暂停键"，但社会秩序和人民群众的基本生活没有受到根本影响，这要得益于电子商务、网络购物的普及以及以快递、即时配送为代表的电商物流服务业的完善。作为重要的基础设施，物流业在疫情防控、保障民生和经济社会运行及稳定全球供应链等方面发挥了重要作用。

当前，全球范围疫情尚未得到全面控制，各国都面临抗疫情、稳经济、保民生的艰巨任务。在这一背景下，我国成为自疫情发生以来第一个恢复增长的主要经济体，在疫情防控和经济恢复上都走在世界前列，电子商务带动的在线消费显现出旺盛的增长活力，成为新的增长动能。2020年上半年，我国实物商品网上零售额为43 481亿元，同比增长14.3%，占社会消费品零售总额的比重达到25.2%，较2019年同期提高5.6个百分点。物流服务业作为线上消费最主要的交付渠道，自2020年以来呈现出"低开高走"的态势。以快递业为例，随着复工复产持续推进，快递业务量从2月份转为正增长，到9月份，全国快递业务量已突破500亿件，预计全年业务量将突破750亿件。2019年，电商物流总体发展态势继续向好，市场规模不断扩大，行业格局仍在演变，高质量发展特征更加突出。

一、竞争深化，行业集中化程度加剧。小程序、直播电商、社交电商等近场电商深化创新，不仅扩展了网络消费空间，而且进一步打通了线上平台与线下门店的整合，促进了消费的新增长。2019年，直播电商总规模达到4 338亿元，同比增长226%。上游电商的迭代创新顺应了多元化、个性化的消费体验，对电商物流服务提出了更高的要求。不断抬高的服务水准线以及持续多年的价格战，使得2019年成为多家二线快递企业的生死线。国通、全峰、快捷、如风达、速尔、优速、品骏或淘汰出局，或停止业务，陆续退出行业竞争。另外，2019年，头部快递企业市场占比进一步提升，达到82.5%，同比提升1.3个百分点。不过，市场整体增速的放缓，使得头部企业开始由增量挖潜转向存量争夺，头部企业间的竞争将更加白热化，行业将开启新一轮淘汰赛。

二、同城即时配送作为基础设施的重要组成部分，也越来越受到企业的重视。美团配送、蜂鸟即配、顺丰同城急送走过品牌独立的第一年，达达集团赴美上市，成为"即时零售第一股"，不仅使同类型企业的估值有了参照物，行业自我评价更有说服力，更重要的是提振了行业信心。即时配送网络全面服务本地生活的进程加快，这也意味着以线上线下融合发展为特征的电商本地化时代到来。以小程序网络零售为例，有数据显示，小程序电商用户约2.4亿人，日活跃用户超过3亿人。商家通过小程序将线上平台与线下门店整合，实现零售电商本地化。为配合阿里同城零售战略布局，菜鸟在全资控股"点我达"后，整合旗下丹鸟物流、蓝豚运力，推出"菜鸟直送"这一全新物流品牌，构建立体化同城配送网络。

三、下沉市场成为新战场，电商物流企业纷纷抢占农村电商物流先机。2019年，"下沉市场"的电子商务活跃用户规模接近4亿人，以家电行业为例，至少有40%的份额集中在乡县镇，2019年农村网络零售额占全国网络销售额的16%，未来还有很大的提升空间。不过，制约工业品下行和农产品上行的"最后一公里"配送难题仍然存在。乡镇等下沉市场，存在人口密度小、需求密度低、服务范围大、配送成本高等特点，配送服务在一些交通不便利的偏远地区还未实现全覆盖。近年来，得益于我国农村电商政策的连续性和稳定性，以实施乡村振兴战略为总抓手，抓重点、补短板、强基础，农村电商物流体系正在逐步完善，各地积极整合县域物流资源，鼓励邮政、供销社、快递、物流企业及涉农电商企业的自营物流网点向农村延伸，发展城乡共同配送，提高农村电商物流的覆盖率。

四、科技创新动能发挥力量，应用落地逐渐聚焦。5G、人工智能、大数据、云计算等技术，在运输、分拣、仓储、系统平台、末端配送等环节实现落地应用。此次疫情推进了无人投递和各类数字化设备的应用与普及。美团外卖于1月26日率先在武汉推出"无接触配送"，并迅速实现全国覆盖。阿里巴巴本地生活发挥数字平台经济力量，快速落地智能设备、生鲜自提等智能硬件和创新服务。传统快递公司继续坚持科技之路，初见成效。继顺丰集团成立顺丰科技之后，中通成立智能科技公司，主营物流信息与供应链相关服务，加大在基建设施和智能科技研发方面的投入。末端无人化趋势加速。菜鸟驿站的智慧物流解决方案以"智能设备＋站＋柜＋人"模式提高末端服务效率及服务质量。在快递的无人配送场景中，无人车已在部分高校等特定场所开始提供常态化服务，包裹收取平均时长在30分钟左右。

五、环境保护、绿色发展的硬约束日益严格，全行业提高政治站位，高度重视生态环保工作。截至2019年年底，全国电子运单使用率已达98%，电商快件不再二次包装率达到52%，循环中转袋使用率已达75%，45毫米以下"瘦身胶带"封装比例达到75%。党中央国务院高度重视塑料污染治理工作，习近平总书记多次做出重要指示批示。2020年，中国物流与采购联合会与GIZ(德国国际合作机构)开展项目合作，将与顺丰公司一起在海南进行电商物流循环共享包装试点与示范项目，探索构建完善行业共治共享体系，倡导电商物流包装的减量化、可降解、可循环，持续推进绿色包装治理。

(资料来源：中国电子商务研究中心 http://www.100ec.cn/)

思考题：疫情对物流行业有什么影响？

6.1 电子商务物流概述

6.1.1 现代物流的概念与基本要素

▶ 1. 物流的概念

中国国家标准《物流术语》指出：物流是物品从供应地到接收地的实体流动过程，根据实际需要，将运输、储存、装卸、搬运、包装、流通加工、配送、回收、信息处理等基本功能实施有机的结合。

现代物流不仅单纯地考虑从生产者到消费者的货物配送问题，而且还考虑从供应商到生产者对原材料的采购，以及生产者本身在产品制造过程中的运输、保管和信息等各个方面的问题，其核心是全面地、综合性地提高经济效益和效率。因此，现代物流是以满足消费者的需求为目标，将制造、运输、销售等市场情况统一起来考虑的一种战略措施。

总的来说，物流是包括运输、搬运、储存、保管、包装、装卸、流通加工和物流信息处理等基本功能的活动，它是由供应地流向接受地以满足社会需求的活动，是一种经济活动。

▶ 2. 物流活动的基本要素

物流活动是由物品的运输、储存、包装、搬运、流通加工、物流信息等构成的活动过程，同时也是物流基本功能的实施与管理过程。

（1）运输

运输是用设备和工具，将物品从一个地点向另一个地点运送的物流活动，其中包括集货、分配、搬运、中转、装入、卸下、分散等一系列操作。

（2）储存

储存主要包括保护、管理、储藏物品。物品流通活动中的存货行为是为了调整生产和消费之间的时间差而进行的。这就是说，提高商品的场所效用和时间效用这两个功能，即运输和存货，成为物流活动的支柱。

（3）包装

包装是为了在流通过程中保护产品、方便储运、促进销售，按一定技术而采用的容器、材料及辅助物等的总体名称，也指为了达到上述目的而在采用容器、材料和辅助物的过程中施加一定技术方法等的操作活动。

（4）搬运

搬运是指在同一场所内，对物品进行水平移动为主的物流作业。搬运是为了产品的货物运输和保管的需要而进行的活动。实际上每一个仓库及其物料的搬运能力都是整个物流过程的一个微系统。

（5）流通加工

流通加工是物品在从生产地到使用地的过程中，根据需要施加包装、分割、计量、分拣、刷标志、拴标签、组装等简单作业的总称。流通加工是生产加工在流通领域中的延伸，也可以看成是流通领域为了更好地服务，在职能方面的扩大。

（6）物流信息

物流信息指的是在物流活动过程中所必需的各种信息。迅速和准确的信息交流能够改善物流，可以制订新的和独特的物流解决方案，使物流达到前所未有的效果。

6.1.2 电子商务与物流的关系

▶ 1. 物流对电子商务的影响

（1）物流是电子商务的重要组成部分

广义的电子商务包括物流电子化过程。电子化的对象是整个交易过程，不仅包括信息流、商流、资金流，还包括物流；电子化的工具也不仅仅包括计算机和网络通信技术，还包括叉车、自动导向车、机械手臂等自动化工具。

电子商务的物流电子化如图 6-1 所示。

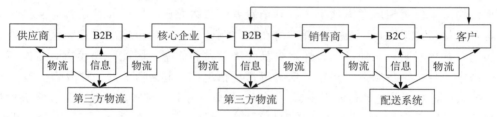

图 6-1 电子商务的物流电子化

（2）物流是电子商务概念模型的基本要素

电子商务概念模型是对现实世界中电子商务活动的一般抽象描述，它由电子商务实体、电子市场、交易事务，以及信息流、商流、资金流、物流等基本要素构成，如图 6-2 所示。

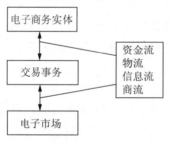

图 6-2 电子商务概念模型

（3）物流是实现电子商务的保证

1）物流保障生产。

2）物流服务于商流。先有商流，才有物流，但没有物流，商流也无从实现。

3）物流是实现"以顾客为中心"理念的根本保证。缺少了现代化的物流技术，电子商务给消费者带来的购物便捷等于零。

▶ 2. 电子商务对物流的影响

电子商务对物流的影响主要体现在：电子商务的发展使物流系统逐步趋于高效、合理、畅通。

（1）电子商务给物流提供了一个虚拟的运动空间

在虚拟化的交易过程中，人们可以通过各种组合方式寻求物流的合理化，使商品实体在实际的运动过程中达到效率最高、费用最省、距离最短、时间最少的目的。

（2）电子商务改变了传统物流的运作方式

传统的物流活动都是以单个的运作方式来进行的。而在电子商务时代，网络全球化可使物流在全球范围内实施整体的实时控制。

（3）电子商务改变了物流行业的经营形态

首先，电子商务改变了物流企业对物流的组织和管理，要求物流以社会的角度来实行系统的组织和管理，以打破传统物流分散的状态。其次，电子商务将改变物流企业的竞争状态，这要求物流企业相互联合起来，在竞争中形成一种协同竞争的状态，以实现物流高效化、合理化、系统化。

（4）电子商务提高了物流技术与物流管理水平

电子商务高效率和全球性的特点，要求物流必须达到这一目标，从各方面来完善物流基础设施和提高物流的管理与技术水平。

（5）电子商务对物流人才提出了更高的要求

电子商务不仅要求物流管理人员具有较高的物流管理水平，而且也要求物流管理人员具有较高的电子商务知识，并在实际的运作过程中，能有效地将二者有机地结合在一起。

6.1.3 电子商务物流

▶ 1. 电子商务物流的概念

电子商务物流是指在电子商务环境下，依靠计算机技术、互联网技术、电子商务技术等信息技术所进行的物流（活动），也就是利用电子商务技术（主要是指计算机技术、信息技术）对传统物流管理进行改造，实现企业内和企业间物流资源共享和优化配置的物流方式（图6-3）。

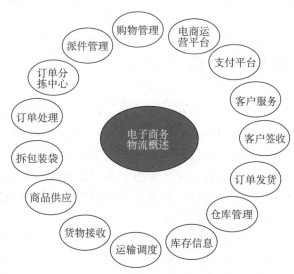

图 6-3　电子商务物流概述图

▶ 2. 电子商务物流的特点

（1）信息化

在电子商务时代，物流信息化是电子商务的必然要求。物流信息化表现为物流信息的商品化、物流信息收集的数据库化和代码化、物流信息处理的电子化和计算机化、物流信息传递的标准化和实时化、物流信息存储的数字化等。

（2）自动化

自动化的基础是信息化，自动化的核心是机电一体化，自动化的外在表现是无人化，自动化的效果是省力化，另外还可以扩大物流作业能力、提高劳动生产率、减少物流作业的差错等。物流自动化的设施非常多，如条码/语音/射频自动识别系统、自动分拣系统、自动存取系统、自动导向车、货物自动跟踪系统等。

（3）网络化

物流领域网络化的基础也是信息化，是电子商务下物流活动的主要特征之一。物流的网络化是物流信息化的必然，当今世界因特网等全球网络资源的可用性及网络技术的普及为物流的网络化提供了良好的外部环境，物流网络化不可阻挡。

（4）智能化

智能化是物流自动化、信息化的一种高层次应用，在物流作业过程中大量的运筹和决策，如库存水平的确定、运输（搬运）路径的选择、自动导向车的运行轨迹和作业控制、自动分拣机的运行、物流配送中心经营管理的决策支持等问题都需要借助大量的知识才能解决。为了提高物流现代化的水平，物流的智能化已成为电子商务下物流发展的一个新趋势。

（5）柔性化

柔性化的物流正是适应生产、流通与消费的需求而发展起来的一种新型物流模式。这就要求物流配送中心要根据消费需求"多品种、小批量、多批次、短周期"的特色，灵活组织和实施物流作业。

另外，物流设施，商品包装的标准化，物流的社会化、共同化也都是电子商务下物流模式的新特点。

6.2 电子商务物流运作模式

随着中国经济的快速发展和经济全球化步伐的加快，商品贸易规模迅速扩大，物资空间移动的广度和深度也随之扩展，因而对于物流活动的效率、物流的快速反应能力以及信息化程度都提出了更高的要求。同时，物流需求的个性化、多样化和高度化，要求物流服务企业必须不断改进和优化企业的经营模式，有针对性地开发新型物流服务，以适应物流市场的变化，提高企业的竞争力。

扩展阅读 6-1
跨境电商 5 种
物流模式

6.2.1 自营物流

▶ 1. 自营物流的概念

自营物流是指企业自身经营物流业务，建设全资或控股物流子公司，完成企业物流配送业务，即企业自己建立一套物流体系。自营物流是在电子商务刚刚萌芽的时期出现的，那时的电子商务企业规模不大，从事电子商务的企业多选用自营物流的方式。企业自营物流模式意味着电子商务企业自行组建物流配送系统，经营管理企业的整个物流运作过程。

▶ 2. 自营物流的优劣

（1）自营物流的优势

1）掌握控制权。企业自营物流，可以根据掌握的资料对物流活动的各个环节进行有效的调节,以便能够迅速地取得供应商、销售商以及最终顾客的第一手信息,解决在物流活动过程中出现的问题,以便随时调整自己的经营策略。通过自营物流,企业可以全过程地有效控制物流系统的运作。

2)避免商业秘密的泄露。一般来说,企业为了维持正常的运营,对某些特殊运营环节必须采取保密措施,比如原材料的构成、生产工艺等。当企业将物流业务外包,特别是引入第三方物流来经营其生产环节中的内部物流时,其基本的运营情况就不可避免地向第三方公开,企业经营中的商业秘密就可能会通过第三方物流泄露给竞争对手,动摇企业的市场竞争力。

3)降低交易成本。企业靠自己完成物流业务,就不必对相关的运输、仓储、配送和售后服务的费用问题与物流企业进行谈判,避免了交易结果的不确定性,从而降低交易风险,减少交易费用。

4)盘活企业原有资产。企业选择自营物流的模式,在改造企业经营管理结构和机制的基础上使原有物流资源得到充分的利用,盘活原有的企业资产,为企业创造利润空间。

5)提高企业品牌价值。企业自营物流,就能够更好地控制市场营销活动:一方面企业可以为顾客提供优质的服务,顾客能更好地熟悉企业、了解产品,让顾客感受企业的亲和力,切身体会企业的人文关怀,提高企业在顾客心目中的形象;另一方面,企业可以最快地掌握顾客信息和市场发展动向,从而根据顾客需求和市场信息制定和调整战略,提高企业的市场竞争力。

(2)自营物流的劣势

1)资源配置不合理。企业自己建立物流系统,包括仓储设备、运输设备以及相关的人力资本等,这必然减少企业其他重要环节的投入,削弱企业的市场竞争能力,不利于企业抵御市场风险。

2)管理机制约束。对绝大部分企业而言,物流并不是企业所擅长的活动。在这种情况下,企业自营物流就等于迫使自己从事不专长的业务活动,企业的管理人员往往需要花费过多的时间、精力和资源去从事物流的工作,结果可能是辅助性的工作没有做好,又没有发挥关键业务的作用。

3)规模化程度较低。对规模较小的企业来说,企业产品数量有限,采用自营物流,不足以形成规模效应,一方面导致物流成本过高,产品成本升高,降低了市场竞争力;另一方面,由于规模的限制,物流配送的专业化程度较低,企业的需求无法得到满足。

4)无法进行准确的效益评估。许多自营物流的企业内部各职能部门独立地完成各自的物流活动,没有将物流费用从整个企业分离出来进行独立核算,因此企业无法准确地计算产品的物流成本,所以无法进行准确的效益评估。

图6-4展示了基于集配中心的企业自营物流协同运作模型。

鉴于自营物流的利弊,企业在进行物流模式决策时,需要权衡利害,一方面需要考虑资金状况、人才储备和市场风险,另一方面需要考虑企业物流活动的重要程度、渠道和顾客的控制力要求以及商业秘密的保护程度等。只有在综合分析的基础上才能做出科学的决策。总之,自营物流的改造和发展应该根据实际情况区别对待,对企业自身而言,那

扩展阅读6-2
京东物流

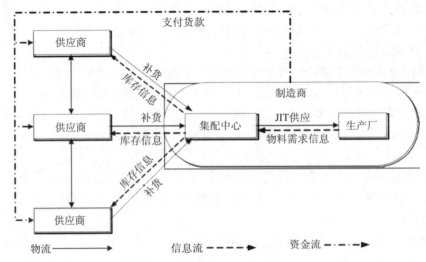

(资料来源：微信公众号　物流技术与应用)

图 6-4　基于集配中心的企业自营物流协同运作模型

些已经成为包袱的物流业务，完全可以外包给专业公司来经营；而那些与自身业务关联性非常强、必须由自己来经营的物流业务，则必须考虑如何通过先进的物流管理观念、技术、硬件来降低成本，优化流程。

6.2.2　第三方物流

▶ 1. 第三方物流的概念

第三方物流的概念源自管理学中的外包。外包意指企业动态地配置自身和其他企业的功能和服务，利用外部的资源为企业内部的生产经营服务。将外包引入物流管理领域，就产生了第三方物流的概念。

对于第三方物流的定义有不同理解，有些美国学者把第三方物流定义为"用外部公司去完成传统上由组织内部完成的物流功能，这些功能包括全部物流功能所选择的部分功能"。中国国家标准《物流术语》对第三方物流的表述是"由供方与需方以外的物流企业提供物流服务的业务模式"。第三方物流与传统的企业物流模式有很大的不同。

图 6-5 列示了基于集配中心的第三方物流协同运作模型。

▶ 2. 第三方物流的优劣

(1) 第三方物流的优势

1) 具有专业水平和相应物流网络。通过专业化的发展，第三方物流公司已经开发了信息网络并且积累了针对不同物流市场的专业知识，包括运输、仓储和其他增值服务。许多关键信息，如可得卡车运量、国际通关文件、空运报价等通常是由第三方物流公司收集和处理的。

2) 拥有规模经济效益。由于拥有较强大的购买力和货物配载能力，一家第三方物流公司可以从运输公司或者其他物流服务商那里得到比其他客户更低廉的运输报价，可以从运输商那里大批量购买运输服务，然后集中配载很多客户的货物，大幅度地降低单位运输成本。

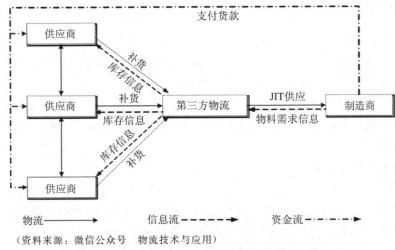

(资料来源：微信公众号 物流技术与应用)

图 6-5 基于集配中心的第三方物流协同运作模型

3) 有助于减少资本投入。通过物流外包，制造企业可以降低运输设备、仓库投资和其他物流过程中所必需的投资，从而改善公司的盈利状况，将更多的资金投在公司的核心业务上。许多第三方物流公司在国内外都有良好的运输和分销网络。希望扩展国际市场或其他地区市场以寻求发展的公司，可以借助这些网络进入新的市场。

4) 资源优化配置。第三方物流企业还能使企业实现资源优化配置，将有限的人力、财务集中于核心业务，进行重点研究，发展核心技术，努力开发新产品参与世界竞争；为企业节省费用，减少资本积压，减少库存，提升企业形象。

5) 第三方物流公司拥有信息技术。许多第三方物流公司与独立的软件供应商结盟或者开发内部的信息系统，这使得它们能够最大限度地利用运输和分销网络，有效地进行货物追踪，进行电子交易，生成提高供应链管理效率所必需的报表和进行其他相关的增值服务。

(2) 第三方物流的劣势

1) 存在失控的风险。企业与第三方物流公司之间只是一种合作伙伴的合同关系。对于它的服务质量、管理水平以及发展方向等，企业只有建议权，并没有决定权。一旦第三方物流公司不能满足企业的需求，或者第三方物流公司本身出现了问题，那么企业将会十分被动，物流风险将会加大。

2) 企业与第三方物流公司之间的利益矛盾。作为第三方物流公司，它本身就是一个营利性的企业。在为客户提供服务的同时，也和别的企业一样，要尽可能地使利益最大化。那么这样一来，第三方物流所追求的高效益与企业自身所追求的物流低成本可能就是自相矛盾的，并且这种矛盾也会长期存在下去。

3) 企业的一些特殊需求难以得到满足。尤其是在客户企业自身发展非常迅速，并对物流服务要求不断提高的情况下，第三方物流在这时有可能没能体现出"技术的灵活性"的特点，反而由于种种原因而不能及时跟进，这将会影响客户企业的发展，从而造成不利影响。

6.2.3 物流联盟

▶ 1. 物流联盟的概念

联盟是介于独立的企业与市场交易关系之间的一种组织形态，是企业之间由于自身某些方面发展的需要而形成的相对稳定的、长期的契约关系。

物流联盟是以物流为合作基础的企业战略联盟，它是指两个或多个企业之间，为了实现自己的物流战略目标，通过各种协议、契约而结成的优势互补、风险共担、利益共享的松散型网络组织。

▶ 2. 物流联盟的优劣

（1）物流联盟的优势

1）物流质量高。物流质量不仅仅是现代企业根据物流运作规律所确定的物流工作的量化标准，顾客期望满足程度的高低更应该体现在物流服务中。

2）物流成本低。物流联盟降低了物流成本，物流成本是在物流的各个活动中所支出的人力、物力和财力的总和，如包装、搬运装卸、运输、储存、流通加工等。

3）物流效率高。在物流联盟中的公司，通过一定程度的机械化可以大大地节省装货和卸货的时间，随之提高了物流效率。而在货物的摆放方面按照先出后放的原则，时间和体力也大大减少。在运输途中，司机有序轮换，除了保证一定的休息时间之外都在工作，这样也就提高了效率。

4）信息化。在物流联盟公司采取 GPS 全球定位系统，能够对货物全程监控，适时了解信息，对于各种突发情况能够灵活地处理。

（2）物流联盟的劣势

1）人员储备不足。由于采购、仓储、运输、包装、国际贸易、计算机等方方面面都是物流所包含的范围，因此，物流人才在懂得物流专业知识的同时，还要具备其他专业技能岗位所涉及的知识才能较好地胜任物流工作。

2）制度不规范。对企业的作用和意义而言，成功的企业在企业管理制度实施方面具有共同的特点，那就是编制管理程序和执行实施程序都规范化，但目前国内企业管理制度建设普遍欠缺系统性和规范性。

3）薪酬制度不合理。物流联盟公司薪酬制度不合理主要体现在公司高管的工资管理上，在物流联盟公司高管参加管理工作，但并不发放工资，而是按股份分发红利，这样就在一定程度上打击了高管的积极性，从而影响他们的工作。

4）资源利用不合理。物流资源的利用不合理，企业内部物流资源的充分利用与否，对存货的经济采购量、仓储量和存货的仓储成本有着直接的影响。

扩展阅读 6-3
物流联盟下的
网络货运平台

6.2.4 第四方物流

▶ 1. 第四方物流的概念

第四方物流专门为第一方物流、第二方物流和第三方物流提供物流规划、咨询、物流信息系统、供应链管理等活动。第四方物流为物流业者提供一个整合性的物流，包括金融、保险、多站式物流配送的安排。第四方物流和第三方物流的差别则在第三方物流只单纯地提供物流服务,第四方物流则是整合性的,例如,可协助进出口关税问题、具有收款等功能。第四方物流是物流系统的设计与整合者。

第四方物流与咨询管理如图 6-6 所示。

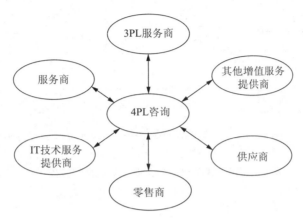

图 6-6　第四方物流与咨询管理

▶ 2. 第四方物流的优劣

(1) 第四方物流的优势

1) 集约化。第四方物流集成了技术公司、管理咨询和第三方物流服务商的能力,整合了相关的物流资源,提供了一整套全面意义上的供应链物流解决方案,以有效适应需求方的多样化和复杂化。

2) 价值化。第四方物流通过可对整个供应链产生影响的能力来降低运营成本、工作成本和提高资产利用率,能够为整条供应链的客户都带来利益,增加价值。

3) 规范化。第四方物流加速了整个物流行业的标准化和规范化的进程,推进了物流技术指标和质量标准的统一以及物流管理程序和实务的规范化。

4) 国际化。第四方物流是在经济全球化的大趋势下出现的,因此其自身的国际化是不可避免的,主要表现在物流市场的国际化、服务需求的国际化、物流支持系统的国际化、供应链管理的国际化和企业文化的国际化等方面。

(2) 第四方物流的劣势

1) 人才缺失。根据调查显示,中国物流人才缺口为 600 万人左右,其中高级物流人才缺口为 40 万人左右。因而缺少的物流人才会导致第四方物流难以持续下去。

2) 物流的发展不完善。当前很多地区重复建设物流设施和过度竞争现象普遍,导致资源浪费严重。

3) 其他风险。如果第四方带有偏好的找分包方,而不是寻找最有效的供应商,会有潜在的低效或价格更贵的可能。另外,物流外包将会使得承包方可以与公司的客户直接交流,这也会引起风险。

图 6-7 展示了基于集配中心的第四方物流协同运作模式。

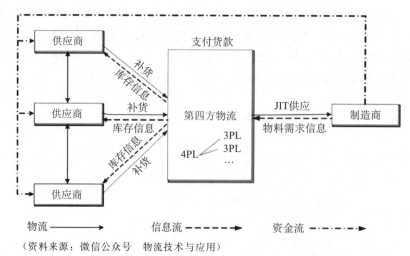

(资料来源：微信公众号 物流技术与应用)

图 6-7 基于集配中心的第四方物流协同运作模式

6.3 电子商务物流技术

6.3.1 智能物流的概念

智能物流是指利用条形码、射频识别技术、传感器、全球定位系统等先进的物联网技术，通过信息处理和网络通信技术平台广泛应用于物流业运输、仓储、配送、包装、装卸等基本活动环节，实现货物运输过程的自动化运作和高效率优化管理，提高物流行业的服务水平，降低成本，减少自然资源和社会资源的消耗。

图 6-8 列示了智慧物流技术的应用。

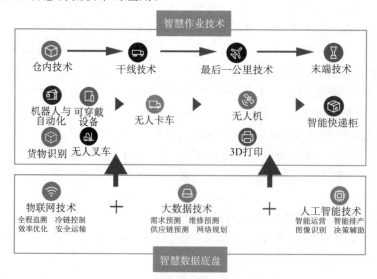

(资料来源：德勤中国《中国智慧物流发展报告》)

图 6-8 智慧物流技术的应用

物联网将传统物流技术与智能化系统运作管理相结合,为物流业提供了一个很好的平台,进而能够更好更快地实现智能物流的信息化、智能化、自动化、透明化、系统化的运作模式。智能物流在实施的过程中强调的是物流过程数据智慧化、网络协同化和决策智慧化。智能物流在功能上要实现6个"正确",即正确的货物、正确的数量、正确的地点、正确的质量、正确的时间、正确的价格。在技术上要实现:物品识别、地点跟踪、物品溯源、物品监控、实时响应。

科技赋能电子商务智能物流如图6-9所示。

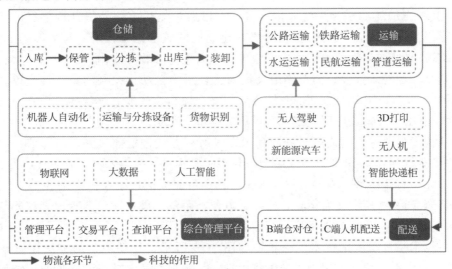

(资料来源:2018年中国物流科技发展研究报告 亿欧智库)

图6-9 科技赋能电子商务智能物流

6.3.2 条码技术与射频识别技术

▶ 1. 条码技术

条码(barcode)是由一组按一定编码规则排列的条、空符号,用以表示特定的信息。条码系统是由条码符号设计、制作及扫描阅读组成的自动识别系统。条形码主要分为一维条码、二维条码。

条码技术的优点如下。

(1) 输入速度快

与键盘输入相比,条形码输入的速度是键盘输入的5倍,并且能实现"即时数据输入"。

(2) 可靠性高

键盘输入数据出错率为三百分之一,利用光学字符识别技术出错率为万分之一,而采用条形码技术误码率低于百万分之一。

(3) 采集信息量大

利用传统的一维条形码一次可采集几十位字符的信息,二维条形码更可以携带数千个字符的信息,并有一定的自动纠错能力。

(4) 灵活实用

条形码标识既可以作为一种识别手段单独使用,也可以和有关识别设备组成一个系统实现自动化识别，还可以和其他控制设备连接起来实现自动化管理。

另外，条形码标签易于制作，对设备和材料没有特殊要求，识别设备操作容易，不需要特殊培训，且设备也相对便宜，成本非常低。在零售业领域，因为条码是印刷在商品包装上的，所以其成本几乎为"零"。

条码技术主要可以应用在订货、进货、补货、拣货、交货以及配送作业方面。如今条码技术已经十分成熟，在任何的物流过程中都可以发现条码的存在。

▶ 2. 射频识别技术

射频识别（RFID）是一种无线通信技术，可以通过无线电信号识别特定目标并读写相关数据，而无须在识别系统与特定目标之间建立机械或者光学接触。与条形码不同的是，射频标签不需要处在识别器视线之内，也可以嵌入被追踪物体之内。

RFID 是一项易于操控、简单实用且特别适合用于自动化控制的灵活性应用技术。射频识别系统主要有以下几个方面的系统优势：安全性高、读取方便快捷、识别速度快、数据容量大、使用寿命长，应用范围广、标签数据可动态更改。

RFID 技术是通过磁场或电磁场，利用无线射频方式进行非接触双向通信，以达到识别目的并交换数据，可识别运动物体并可同时识别多个目标。与传统识别方式相比，RFID 技术无须直接接触、光学可视、人工干预即可完成信息输入和处理，操作方便快捷，能广泛用于生产、物流、交通运输、医疗、方位、跟踪、设备和资源管理等需要收集和处理数据的应用领域，被认为是条形码标签的未来替代品。

RFID 技术是自动识别技术的一种。如图 6-10 所示，自动识别的方法还有条形码识别、光学符号识别、智能卡识别以及生物识别，生物识别又包括我们常见的指纹识别和语音识别。

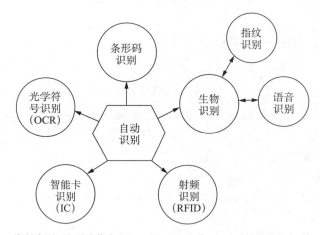

（资料来源：电子发烧友 http://www.elecfans.com/d/874002.html）

图 6-10　现代化的自动识别技术

射频识别技术可以应用于电子商务的以下常见场景中。

（1）库存与仓储管理

零售商库存管理 RFID 能够改进零售商的库存管理，实现适时补货，对运输与库存进行有效跟踪，提高效率，减少出错概率。在企业仓储管理仓库中，RFID 技术广泛地应用于存取货物与库存盘点方面，将存货和取货等操作实现自动化。

(2) 运输与配送作业

在运输管理过程中，在途运输的货物和车辆贴上 RFID 标签，在运输线的一些检查点上安装 RFID 接收转发装置，即可完成对运输全过程的追踪。在配送管理环节中，采用 RFID 技术能大大提高拣选与分发过程的效率与准确率，并能减少人工、降低配送成本。

(3) 无人零售领域

在目前市面发布的无人便利店或小型超市中，缤果盒子、EATBOX、京东的 X 超市等，均绑定 RFID 芯片。其基本操作流程为：超市内每一件商品都带有 RFID 标签，顾客选购好商品后，到统一的区域(无人收银台或封闭结算空间)，机器识别 RFID 标签和用户身份，利用支付宝和微信进行结算，从而取代传统的人工结算方式。

6.3.3 全球定位系统与地理信息系统

▶ 1. 全球定位系统

全球定位系统(Global Positioning System，GPS)，又称全球卫星定位系统，是一个中距离圆形轨道卫星导航系统。它可以为地球表面绝大部分地区(98%)提供准确的定位、测速和高精度的时间标准。

全球定位系统不仅具备物流配送和动态调度的功能，还具备货物跟踪、车辆优选、路线优选、紧急救援、预约服务等功能。全球定位系统，是物流行业以信息化带动产业化发展的重要一环，它不仅为运输企业提供信息支持，并且对整合货物运输资源、加强区域之间的合作也具有重要意义。

▶ 2. 地理信息系统

地理信息系统(Geographic Information System 或 Geo-Information system，GIS)，有时又称为"地学信息系统"。它是在计算机硬、软件系统支持下，对整个或部分地球表层(包括大气层)空间中的有关地理分布数据进行采集、储存、管理、运算、分析、显示和描述的技术系统。

地理信息系统的优势主要体现在以下几点：在图形显示输出上，GIS 提供良好的图形展示界面，此外 GIS 制图可以解决传统单一主题叠合问题，将统一坐标系下的不同主题有效结合。在分析功能上，GIS 可以使图形资料能够灵活应用，任意叠合、分割、截取和统计分析，而且 GIS 的空间分析功能能够对点、线、面做不同的空间分析，以获取相关信息，在物流的最短路径分析、配送区域分割中具有独特作用。GIS 的强大功能还表现在它能够根据不同的模型对地物进行模拟，完全在可视化的操作界面下模拟了解物流业务的开展情况。

以下是 GIS 在电子商务物流中的典型应用。

(1) 显示与查询

利用实时定位、跟踪、报警、通讯等技术，能够掌握车辆基本信息、对车辆进行远程管理，有效避免车辆的空载现象，同时客户也能通过互联网技术，了解自己货物在运输过程中的细节情况，为用户提供位置查询、信息查询、客户分布查询、客户分布分析等功能。

(2) 统计与分析

用户可以借助系统实现客户信息统计，并能进行销售情况查询分析、专题图分析、电子商务路线分析、配送范围查询分析等。

(3) 电子商务过程模拟与评价

电子商务借助 GIS 技术，能为电子商务过程评价提供全面的数据支持和模型信息，通过自身的技术特征，可以快速准确地得到电子商务的过程评价结果。

(4) 物流管理

基于 GIS 的物流信息管理系统支持多种内容、类型、格式的数据和模型，能为不同用户提供不同的用户视图，具有针对物流管理的地理分析和空间分析功能，支持模型分析以及辅助决策。

(5) 电子商务监控

通过对电子商务中运输设备等的导航跟踪，能使流动在不同地方的运输设备变得透明，更好地加以控制。基于 GIS 的电子商务系统通过对车辆的监控规范了司机的行为，从而提高车辆运作效率，降低电子商务费用，抵抗风险。

6.3.4 自动化立体仓库

▶ 1. 自动化立体仓库的概念

自动化立体仓库的主体由货架、巷道式堆垛起重机、入（出）库工作台和自动运进（出）及操作控制系统组成。货架是钢结构或钢筋混凝土结构的建筑物或结构体，货架内是标准尺寸的货位空间，巷道式堆垛起重机穿行于货架之间的巷道中，完成存、取货的工作。

自动化立体仓库的高层货架按构造分为固定式和移动式。在货架之间存取货物的巷道式堆垛机可以按结构分为单立柱式和双立柱式。在储存地点和装卸货地点的出入库系统有天车、叉车、轨道穿梭车、自动引导车或拆码垛机器人等设备搬运货物。

▶ 2. 自动化立体仓库的组成

由图 6-11 可知，自动化立体仓库主要由 3 个系统组成，分别是仓储货架系统、智能物流系统、智能管理系统。其中，智能物流系统由传送带、提升机、穿梭机组成，智能管理系统由仓库管理系统（WMS）和仓库设备控制系统（WCS）组成。自动化立体仓库在不牺牲效率的前提下，实现高密集度存储，达到存储容量扩增的效果。

扩展阅读 6-4
京东"亚洲一号"
智能仓储

▶ 3. 自动化立体仓库的价值

(1) 空间价值

自动化仓储系统的核心是立体仓库，其技术产生和发展的出发点就是提高空间利用率，立体仓库可充分利用有限且宝贵的土地资源扩充存储空间，节省仓储占地面积。

(2) 时间价值

建立以自动化立体仓库为中心的物流系统，在输送系统的支撑下，系统具有快速执行入库、出库的能力，可以快速、及时并自动地将生产所需零部件和原材料送达生产线，可以自动快速地实现"货到设备""货到人"等作业，从而满足生产制造和分拣配送对时间与效率越来越快的需求。

(3) 现代化管理

生产管理是企业管理的一个重要组成部分，自动化仓储系统作为生产过程的一个中心环节，几乎参与了生产管理的全过程。自动化仓库将保存货物这一"静态储存"状态通过自

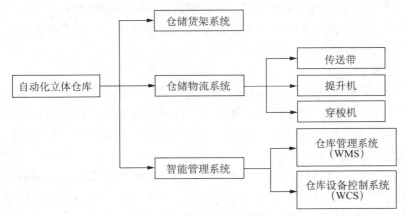

图 6-11　自动化立体仓库系统组成架构

动化物料搬运设备、自动化存储设备在仓储管理系统的综合调度下实现"动态储存",并且与企业信息化系统实时连接。企业管理者可以快速地掌握各种物资信息,工程技术人员、生产管理人员、生产技术人员可以及时了解库存信息,以便合理安排生产工艺、提高生产效率,为企业现代化管理创造管理价值。

(4) 增值与服务

支撑电子商务配送中心向综合性仓配一体化发展。面对海量的货品数量和 SKU 以及海量的订单,选择自动化仓储系统已经成为电商物流中心的必然。这些仓储物流中心不仅仅提供传统的存储服务,还提供与配送相关的商品重组、包装、打码等增值服务,这些增值功能和快速处理订单的能力成为配送中心的核心价值。

扩展阅读 6-5 自动化货运配载技术塑造的自动货运生态

▶ 4. 自动化立体仓库的发展趋势

(1) 设备趋向高端化

随着连锁零售、电子商务、医药、烟草、快递等行业的快速发展,物流配送中心需求增加,对立体仓库、分拣系统、自动识别技术、手持终端以及设备系统集成需求旺盛,物流装备系统化、自动化、智能化、绿色节能、技术专业化、产品产业化趋势明显,对大型、高端自动化物流仓储系统需求迫切。以立体仓库为例,国内超过 30 米的高大型托盘立体仓库的实施案例已经逐步增加;以 miniload 堆垛机为核心的件箱立体仓库需求出现爆发式增长,其存储单元小型化表现出仓储功能的多元化;国内装备制造企业纷纷推出多层穿梭车系统,存储密度和出入库能力极大提升。这些自动存储系统一般具有分拣、排序、缓存等功能,成为大型配送中心工艺规划中最重要的选项。自动化仓储系统整体上表现出设备高端化,研发重点呈现出服务于新兴市场的趋势。

(2) 市场需求旺盛

随着中国制造业向自动化、智能化升级发展,尤其是电子、医药、大型机械等高端制造行业的持续快速增长,未来自动仓储系统将有较大的市场需求。以医药行业为例,国家强制推行 GMP 认证,按照药品的生产工艺将原料、半成品以及成品等采用自动立体仓库来存储,使企业信息化和管理水平得以根本性提升。特别是在中成药生产中,采用标准化装载,按照配方通过自动输送和分发,实现按照配方组织柔性自动化生产。高端智能制造领域，加工工序间缓存、工具模具管理、原料和成品半成品存储等环节通过自动仓储系统将各个加工单元有机连接，实现生产过程自动化。智能化加工装备是制造的核心，而自动化仓储物流系统是智能制造的神经和血管。

（3）绿色化发展

随着"可持续发展"战略成为全球社会经济发展的指导性原则，绿色仓储技术的开发及应用成为自动化仓储系统的必然趋势。从仓库选址到仓库布局、从仓储设施的选取到仓储系统的能源供应，都强调绿色仓储。因此，在仓库选址和布局阶段，需要考虑如何减少自动化仓储系统对环境的影响、提高整个物流系统的运输效率、降低仓储系统的货物运输成本；在仓储设施的选取及仓储系统的能源供应方面，选取具有节能功效的输送系统、分拣系统、货到人系统等仓储设备；采用节能型冷库，实施仓库节能照明系统改造、提高存储密度以降低单位存储空间能耗等，都是绿色仓储技术的发展方向。

此外，为减少资源消耗，充分挖掘自动化仓储系统的社会价值，开展仓储供应链的技术研究，推广共享物流模式，推动整个社会供应链的一体化发展，也成为自动化仓储系统的战略方向。

6.3.5 无人配送技术

▶ 1. 无人配送技术的概念

无人配送技术主要是指基于多传感器融合的定位导航算法，在配送场景中，无人配送机器人可根据下达的指令需求即刻反馈，只需将物品放在机器人置物架上，便可从出发区自动前往目的地，规划路径，躲避障碍。送至目的地时，机器人可通过智能语音呼叫，提醒用户领取物品。配送结束后，机器人将自主回到出发区，等待下一次的指令，重新开始配送任务。

扩展阅读 6-6
菜鸟无人车
"小蛮驴"

无人配送车自动驾驶系统流程如图 6-12 所示。

▶ 2. 无人配送技术的关键组成

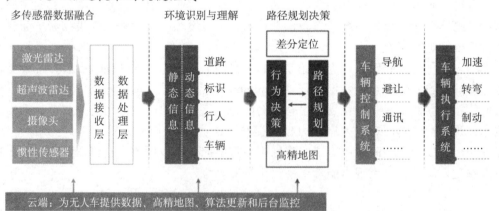

（资料来源：2020 年中国人工智能＋物流发展研究报告　艾瑞咨询）

图 6-12　无人配送车自动驾驶系统流程

（1）高精度地图数据

无人驾驶体系中的高精度地图，是完全面向机器人的地图信息，在数据内容、关键信息表达方式上与传统地图都有较大差异，因此，高精度地图的采集、制作工艺以及数据应用，与传统地图相比有很大的差异。传统地图数据大多通过全站仪、卫星图匹配等手段，实现地图数据的批量采集。而高精度地图数据由于在精度方面的更高要求，在采集方式上主要依赖激光点云数据的采集，以及其他高精度感应装置获取的数据加工。

（2）智能导航系统

1）高精度导航行动指引。无人配送车导航的主要原理是：通过服务端向无人配送车下发导航关键地点的信息，并通过高精度传感器来判断车辆当前位置是否偏离预定航向，来对无人配送车的行动进行实时引导。同时，由于无人配送车的业务场景，导航的区域需要从传统的室外道路向室内扩展，因此室内导航技术在无人配送中也拥有广泛的应用场景。

2）以配送任务为核心的智能路径规划。无人配送车的核心任务是将货物配送到用户手中，因此无人配送车的导航路径规划需要综合考虑用户的订单，这里面涉及地址解析功能以及多途径点的配送规划。

（3）多传感器技术融合

高精度地图数据是无人车导航运行的数据基础，只有详细而全面的高精度数据，才能对无人车行驶提供可靠的行动指引。同时，无人车运行本身也是数据的感知行为，借助车身的各种传感器，无人车能够对于实际道路情况有实时的感知，并且随着无人车运营数量的规模化，数据感知的范围能够覆盖更多的区域和场景，从而实现数据的实时感知更新。除了地图数据的更新之外，海量行驶感知的大数据能够给无人车带来以往调度模式无法实现的技术创新。在无人车调度资源的优化方面，基于车辆大数据的分析系统同样能够起到辅助决策的作用。

（4）无人配送技术的安全措施

1）无人车物流调度与监控。无人配送的物流系统，需要把安全作为首要因素。因此，尽管配送过程能够实现无人化，但是在无人配送车的背后仍然需要有调度以及监控人员的介入，以应对突发状况。

2）多种验证方式的融合。目前在安全验证方面，京东无人配送车采用多重验证方式，用于确保货物准确地送达目标用户。以京东为代表的智慧物流实践者，正在通过技术、资源的赋能全力推动行业技术应用水平的不断提升，掀起物流技术的发展与变革浪潮，推动物流技术从自动化向智慧化的转变，为消费者带来全新的购物体验的同时，也以智慧物流技术带动了社会效率和生活方式的革命与进步。

▶ 3. 无人配送技术的价值

（1）提高配送效率

目前的城市物流体系，主要依赖人力，特别是从配送站到用户手中，这段距离需要大量配送员。一些小批量的订单通常会占用配送员较多时间，效率不够高，无人配送车则能够把配送员解放出来，更多地去订单量大的区域。

（2）提升用户体验

以京东物流为例，京东一直以计算"减少物品搬运次数"为目的，同城快递的配送速度保持着很大的优势。无人配送车的出现，在一定程度上满足了部分用户"求鲜"的心理，提升部分用户体验。

▶ 4. 无人配送技术的弊端

(1) 产品成本高

成本高是挡在自行研发应用无人车的企业面前的第一重门槛。一台无人车的研发大概需要几十万元，而且维修费用也高，同时也不能保证能使用10年以上，与快递员工资相比，成本极高，因此规模化是很难实现的。

(2) 易影响交通

无人车一上路，就成为交通系统中的一员，一旦对别的交通参与者产生影响，可能造成严重后果。一旦出现定位系统差错、网络故障、黑客入侵，无人车便不会遵循设计者的初衷运行，由此极易引发交通事故。

(3) 政策未落实

例如，无人机在给人们带来科技便利的同时，也存在扰乱飞行秩序的风险，有关部门还出台了相应的管理办法。虽然现在顺丰和京东获得了无人机飞行方面的相关牌照，但监管仍处于摸索当中。

6.3.6　智能快递柜技术

▶ 1. 智能快递柜的概念

智能快递柜是一个基于物联网，能对物品（快件）进行识别、暂存、监控和管理的设备，与PC服务器一起构成了智能快递投递柜系统。智能快递柜是自助式的智能终端，它把快递综合管理软件植入储物柜，将储物柜和快递综合管理平台有机结合，通过终端上的储物吐纳设备和储物出入库设备实现配送物件的自助存取，解决了投递成本高、配送安全无法保证、客户取货不方便以及派送时间与消费者接货时间不一致等问题，寄取方便、派送效率高。

智能快递柜系统构架如图6-13所示。

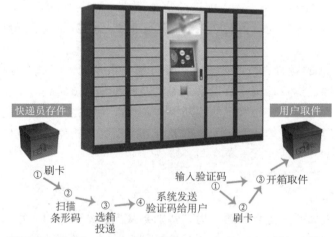

(资料来源：知乎 https://www.zhihu.com/tardis/sogou/art/81800348)

图6-13　智能快递柜系统构架

▶ 2. 智能快递柜的价值

(1) 提升配送时效性

智能快递柜作为末端投递服务的创新方式在提升快递投递服务效率、降低快递配送成本、增强消费者用户体验等方面具有明显优势。智能快递柜自助设备代收的方式改变了人们原先习惯的"等快递"的方式，改为更加灵活便捷的自助"取快件"的方式。在提高快递员投件效率的同时，也给收件人带来更加便捷的自助体验，通过智能快递柜存放与自取已经成为快递配送的常态。

（2）提升配送安全性

在快递市场迅速发展以及行业竞争日趋激烈的背景下，快件配送的效率与质量已经成为消费者网络购物过程中选择电商及物流服务的重要参考标准，相对于传统快递配送方式，智能快递柜有利于将快件进行规范存放，可以起到保护消费者隐私、人身安全的作用；同时，消费者在收取快件的时候只需输入编码或扫码就能快速准确找到快件，为消费者带来了便利，提升了用户体验。

（3）解决快递"最后一公里"矛盾

智能快递系统的末端配送解决方案是以智能快递柜为核心，通过信息技术为快递业务配送量身打造的，可以提供更加智能、便捷和效率更高的快递末端配送。智能快递柜在快递公司、物业公司、电商企业和收件客户之间搭建了一座桥梁，提供 24 小时的自助服务；同时为快递公司开放快件进、出箱等信息，让快递企业能够准确掌握快递"最后一公里"配送环节信息，以进一步提高快递公司服务质量，提升快递企业的品牌形象。

随着快递业的快速发展，智能快递柜作为一种新型服务模式的载体，正逐渐成为快递"最后一公里"的主要交付方式之一。未来的末端配送解决方案将是由快递员、智能快递柜、服务站三种形态共存共生组成的，智能快递柜是人与服务终端设备有效结合的一种解决方式。

扩展阅读 6-7
"通达系"退出丰巢，快递末端的江湖变局

在线课堂

在线自测

练习与思考

第7章 电子支付与互联网金融

学习目标

1. 了解电子支付工具的分类。
2. 掌握电子货币、虚拟货币与数字货币的区别。
3. 了解电子货币的种类。
4. 了解各类网上理财产品与特点。
5. 了解网上保险的优势。
6. 了解网上保险的模式。

导入案例

数字货币时代已经到来，你准备好了吗？

伴随着时代的进步，各种支付热潮来临了，如支付宝，云闪付，微信等。其中，央行的数字人民币于2020年4月开始内部封闭试点测试，截至2022年8月3日，数字人民币的试点城市共有23个。

法定数字货币是指由中央银行以数字方式发行的、有法定支付能力的货币。我国的央行数字货币就是数字人民币，其主要特点如下。①虚拟性：纸币与金属硬币属于实体货币，是具体可见的。法定数字货币则是在此基础上的升级，其属性依然等同于实体货币，但是无具体的形态。②法制性：货币以本国货币制度为前提，所以称为法定货币。③开放性：法定数字货币在走出国门时可以减少很多环节，因此更易于在国际流通。④安全性：法定数字货币较之纸币，在便捷度和防范风险能力上有明显优势。⑤环保性：法定数字货币的出现，很大程度上减少了对制造货币的纸张和金属基材的需求，从而能够节约资源和能源，为保护环境做出贡献。

数字财政是数字化发展的必然趋势，对实现国家治理体系和治理能力现代化起着关键的作用。数字人民币是数字财政建设的关键组成，也是推动财政数字化转型的重要工具。

数字人民币与我们熟知的支付宝、微信之间到底是有什么区别呢？它们有什么关系？

相信在许多人眼中，数字人民币和第三方扫码支付是一样的，但事实却不是这样的。简单地说，数字人民币是"钱"，而支付宝、微信是第三方支付平台，也就是"钱包"。它们之间互不冲突。在第二届外滩金融峰会论坛上，央行数字货币研究所所长穆长春表示，两者并非处于同一维度。微信和支付宝是金融基础设施，是钱包，而数字人民币是支付工具，是钱包的内容。在电子支付场景下，微信和支付宝这个钱包里装的是商业银行存款货币，数字人民币发行后，大家仍然可以用微信支付宝进行支付，只不过钱包里装的内容增加了数字人民币。同时,腾讯、蚂蚁各自的商业银行也属于运营机构,所以和数字人民币并不存在竞争关系。

数字货币该怎么使用呢?

数字人民币具有双离线支付功能。只要两个人的手机里都有 DCEP 的钱包,不需要联网,只要手机有电,两个手机碰一碰就可以将一个人的数字货币转给另一个人,这就使得数字货币的使用更便捷了。

数字人民币会完全取代纸钞和硬币么?

事实上是不会的,"我们一直在研发适合老年人或者排斥使用智能终端人群使用的数字人民币产品。"穆长春说。数字人民币的发行不是靠行政强制来实现的,而是应该以市场化的方式来进行,也就是说老百姓需要兑换多少,我们就发行多少。另外,只要老百姓有使用纸钞的需求,人民银行就不会停止纸钞的供应,所以数字人民币只会和纸钞共存。

(资料来源:搜狐网 https://www.sohu.com/a/427352696_120288543)

思考题:
1. 数字人民币推广的根本原因是什么?
2. 在未来,数字人民币有可能在国际贸易中被使用么?会影响国际贸易结算货币么?

7.1 电子支付工具

7.1.1 电子支付工具的概念

电子支付工具是在电子信息技术发展到一定阶段后产生的新兴金融业务所使用的支付工具,多数依存于非纸质电磁介质,大量使用安全认证、密码等复杂的电子信息技术。电子支付工具从其基本形态上看是电子数据,它以金融电子化网络为基础,通过计算机网络系统以传输电子信息的方式实现支付功能,利用电子支付工具可以方便地实现现金存取、汇兑、直接消费和贷款等功能。

电子支付工具在中国的发展始于 1998 年,招商银行推出网上银行业务后,各大银行的网上缴费、移动银行业务和网上交易等逐渐发展起来。银行在初期完全主导电子支付业务,大型企业用户与银行之间建立了支付接口,但后期银行在处理中小商务方面的表现明显不足,于是非银行类企业开始介入支付领域,第三方支付平台作为新兴支付工具应运而生。

电子支付流程如图 7-1 所示。

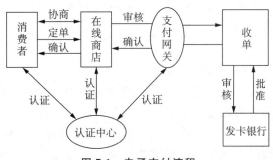

图 7-1 电子支付流程

7.1.2 电子支付工具的分类

电子支付是电子商务活动中最核心、最关键的环节,是电子商务得以进行的基础条件,是交易双方实现各自交易目的的重要一步。中国人民银行于 2005 年 10 月 26 日发布的《电子支付指引(第一号)》第二条指出:电子支付是指单位、个人直接或授权他人通过电子终端发出支付指令,实现货币支付与资金转移的行为。其中电子终端是指客户可以用以发起电子支付指令的计算机、电话、销售点终端、自动柜员机、移动通信工具或其他电子设备。电子支付工具可以分成电子货币类、电子信用卡类、电子支票类三大类。

▶ **1. 电子货币类**

电子货币(Electronic Money),是一种表示现金的加密序列数,它可以用来表示现实中各种金额的币值。电子货币一共有两种:一种是基于互联网环境使用的且将代表货币价值的二进制数据保管在微机终端硬盘内的电子现金;另一种是将货币价值保存在 IC 卡内并可脱离银行支付系统流通的电子钱包。电子货币具有匿名性、节省交易费用、节省传输费用、持有风险小、支付灵活方便、防伪造及防重复性、不可跟踪性等特点。

电子货币交易流程如图 7-2 所示。

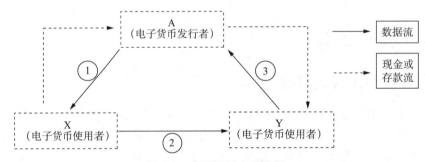

图 7-2 电子货币交易流程

▶ **2. 电子信用卡类**

在电子商务活动中使用的信用卡是电子信用卡,电子信用卡通过网络直接支付。电子信用卡具有快捷方便的特点,买方可以及时通过发卡机构了解持卡人的信用度,避免欺诈行为的发生。电子信用卡是一种电子支付方式。由于使用电子信用卡需要通过公共的网络进行数据传输,因此在技术上需要保证传输的安全性和可靠性,如利用 SET 安全电子交易协议保证电子信用卡卡号和密码的安全传输。在进行信用卡支付的过程中,也需要认证客户、商家以及信用卡发放机构的身份,防止抵赖行为的发生。

电子信用卡交易流程如图 7-3 所示。

▶ **3. 电子支票类**

电子支票(Electronic Check)是客户向收款人签发的、无条件的数字化支付指令。它可以通过因特网或无线接入设备来完成传统支票的所有功能。电子支票是一种借鉴纸质支票转移支付的优点,将纸质支票改变为带有数字签名的电子报文,或利用其他数字电文代替纸质支票的全部信息。电子支票与纸质支票一样是用于支付的一种合法方式,但是电子支票与纸质支票的一个重要的不同是,支票的签发者可以通过银行的公共密钥加密自己的账户号码以防止被欺诈。电子支票是网络银行常用的一种电子支付工具。

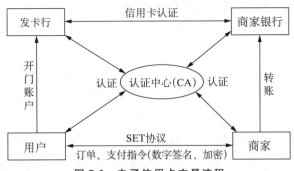

图 7-3　电子信用卡交易流程

比起电子现金的支付方式，电子支票的出现和开发是较晚的。1996 年美国通过的《改进债务偿还方式法》是推动电子支票在美国应用的一个重要因素。该法规定，自 1999 年 1 月起，政府部门的大部分债务通过电子方式偿还。1998 年 1 月 1 日，美国国防部以及由银行和技术销售商组成的旨在促进电子支票技术发展的金融服务技术联合会（FSTC）通过美国财政部的财政管理服务系统支付了一张电子支票，以显示系统的安全性。

电子支票的支付流程如图 7-4 所示。

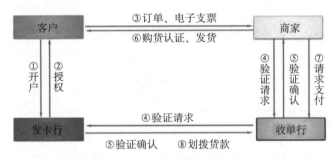

（资料来源：微信公众号　广州农商银行微生活）

图 7-4　电子支票的支付流程

7.2　电子货币

7.2.1　电子货币的概念及特点

▶1. 电子货币的概念

电子货币（Electronic Money），是指用一定金额的现金或存款从发行者处兑换并获得代表相同金额的数据或者通过银行及第三方推出的快捷支付服务，通过使用某些电子化途径将银行中的余额转移，从而能够进行交易。严格意义上，电子货币是指消费者向电子货币的发行者使用银行的网络银行服务进行储值和快捷支付，通过媒介（二维码或硬件设备）以电子形式使消费者进行交易的货币。

▶2. 电子货币的特点

电子货币具有如下特点。

1）以电子计算机技术为依托，进行储存、支付和流通。

2) 可广泛应用于生产、交换、分配和消费领域。
3) 集金融储蓄、信贷和非现金结算等多种功能为一体。
4) 电子货币具有使用简便、安全、迅速、可靠的特征。
5) 现阶段电子货币的使用通常以银行卡(磁卡、智能卡)为媒介。

▶ 3. 电子货币、虚拟货币、数字货币、比特币的区别

电子货币、虚拟货币、数字货币、比特币的区别如表 7-1 所示。

表 7-1 电子货币、虚拟货币、数字货币、比特币的区别

名称	电子货币	虚拟货币	数字货币	比特币
发行主体	金融机构	平台	政府	无
使用范围	一般不限	指定平台	全世界	全世界
发行数量	法币决定	发行主体决定	数量一定	数量一定
储存形式	磁卡或账号	账号	数字	数字
流通方式	双向流通	单向流通	双向流通	双向流通
货币价值	与法币对等	与法币不对等	与法币对等	与法币不对等
信用保障	政府	平台	网民	网民
价格波动风险性	较低	较高	较低	高
交易成本	较高	较低	较低	较高
运行环境	内联网、外联网、读写设备	平台服务器与互联网	区块链技术	区块链技术
典型代表	银行卡、公交卡	Q币、论坛币	数字人民币	比特币

(1) 虚拟货币

虚拟货币是指非真实的货币。知名的虚拟货币如百度公司的百度币,腾讯公司的 Q 币、Q 点,盛大公司的点券,新浪推出的微币(用于微游戏、新浪读书等),侠义元宝(用于侠义道游戏),纹银(用于碧血情天游戏)。

根据中国人民银行等部门发布的通知、公告,虚拟货币不是货币当局发行,不具有法偿性和强制性等货币属性,并不是真正意义上的货币,不具有与货币等同的法律地位,不能且不应作为货币在市场上流通使用,公民投资和交易虚拟货币不受法律保护。

(2) 数字货币

央行数字货币,全称 Digital Currency Electronic Payment,简称 DCEP,意为应用于电子支付的数字货币。DCEP 由国家发行,价格直接和人民币挂钩。数字人民币是其代表货币。

数字人民币是央行直接发行的人民币数字货币,和纸钞一样,只不过是电子形式的,如果你有钱包,就可以直接去央行指定的地点兑换数字人民币,不需要绑定任何银行卡账号。

数字人民币的钱包内嵌在支付宝里面,也可以内嵌在各种银行账户里面,未来也可能出现数字人民币的专用钱包 APP,有了钱包地址就能转入转出数字人民币。另外,数字人民币和纸钞一样,有两个特点:一是在没有网络的情况下可以直接转账,只要两个手机都有电,在断网的情况下也不影响转账;二是可以实现匿名支付的功能。

(3) 比特币

比特币(Bitcoin)的概念最初由中本聪在 2008 年 11 月 1 日提出,并于 2009 年 1 月 3 日

正式诞生。根据中本聪的思路设计发布的开源软件以及建构其上的 P2P 网络，比特币是一种 P2P 形式的虚拟的加密数字货币。点对点的传输意味着一个去中心化的支付系统。

与所有的货币不同，比特币不依靠特定货币机构发行，它依据特定算法，通过大量的计算产生，比特币经济使用由整个 P2P 网络中众多节点构成的分布式数据库来确认并记录所有的交易行为，并使用密码学的设计来确保货币流通各个环节的安全性。P2P 的去中心化特性与算法本身可以确保无法通过大量制造比特币来人为操控币值，基于密码学的设计可以使比特币只能被真实的拥有者转移或支付，这同样确保了货币所有权与流通交易的匿名性。比特币与其他虚拟货币最大的不同，是其总数量非常有限，具有稀缺性。它是一种合法性存在争议的虚拟货币。从性质上看，比特币是一种虚拟商品，公民私下交易比特币虽系个人自由，但此交易中存在的欺诈或违约行为，在多个国家不受法律保护。

（4）四者之间的区别

1）从定义来看，电子货币是指用一定金额的现金或存款从发行者处兑换并获得代表相同金额的数据或者通过银行及第三方推出的快捷支付服务；虚拟货币是指没有实际形态的虚构货币，一般是指游戏币；数字货币是法定货币的另一种存在和流通形式，是相对于现在流通的纸币和硬币而言，以数字的方式存在，本质上是法定数字货币；而比特币是中本聪于 2009 年开发的一种 P2P 形式的数字货币，本质上，它是一种虚拟数字货币。

2）从发行主体和数量来看，电子货币由金融机构发行，发行数量由法币决定；虚拟货币由平台无限量发行；数字货币由各国政府发行，发行数量根据各国经济发展决定；比特币无发行主体，谁挖到矿就归谁所有，总量只有 2100 万枚。

3）从使用范围来看，电子货币、数字货币和比特币都是全世界流通的，而虚拟货币只能在指定平台流通。

4）从流通方式来看，虚拟货币是单项流通的，虚拟货币可以用人民币进行充值，而不可以将虚拟货币兑换成人民币；电子货币、数字货币和比特币是双向流通的，既可以用人民币购买这些货币，也可以把这些货币兑换成人民币。

5）从货币价值来看，电子货币和数字货币与法币对等，一元人民币的数字货币与一元人民币的纸币的价值是等同的；虚拟货币和比特币与法币不对等。

（注：法币也称法定货币，即由各国家政府或国家权力机构发行的合法流通的纸币。）

7.2.2 电子货币的种类

依据电子货币的广义含义，根据不同的标准，电子货币有多种划分方法。

▶ 1. 根据电子货币的载体不同，主要可以分为"卡基"电子货币和"数基"电子货币

（1）"卡基"电子货币

"卡基"电子货币是指基于芯片卡的电子货币，是通过能够识别并且读取芯片卡的设备或者软件来获取卡中的个人信息和账户余额等资料，以进行相应的消费、扣款、存款、取款等服务。"卡基"电子货币有银行卡、信用卡、储蓄卡等形式。

（2）"数基"电子货币

"数基"电子货币不像"卡基"电子货币那样以芯片卡为载体，而是以互联网为载体，由相关的互联网金融企业来提供和"卡基"电子货币一样的金融服务。它利用计算机技术和网

络技术来完成传统货币的功能,此时电子货币代表的金融账户信息在两家银行之间进行数据处理和资金划拨。"数基"电子货币有支付宝、PayPal、微信钱包等形式。

▶ 2. 根据对传统信用货币的依托形式不同,主要分为电子现金和网络货币

(1) 电子现金

电子现金即现金的电子化形式,其基于传统的存款而存在。这种电子货币只能在银行系统内进行流通,而不像现金可以脱离银行系统在实体店面进行使用。其流通过程为:电子货币持有者发出支付命令,这种命令通过电子信息的方式,经过终端设备和电子货币发行的银行确认账户余额是否足够支付,指令是否为本人发出后,按照客户的要求将交易资金转到所对应的账户,如图7-5所示。

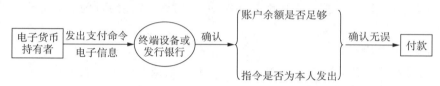

图 7-5　电子现金交易流程

(2) 网络货币

网络货币即通过网络金融服务商在互联网上进行支付或者转账的资金。国内的网络金融服务商主要有支付宝、微信钱包,国外则有 Paypal 等第三方支付机构。这些第三方支付机构通过将使用者的银行卡和其提供的电子账户进行关联从而提供网络货币,使用者可以直接通过使用银行卡或者往第三方支付机构提供的电子账户中充值的方法获得网络货币,从而在网络上进行消费或者获得相对应的商品或者服务,比如在淘宝上购买商品,在通信运营商的网站上充值话费来获得其提供的通话服务等。有些账户还根据客户的消费数据和消费习惯进行大数据分析后提供其认为合适的信用透支,比如支付宝的花呗,就是通过对消费者的消费习惯、消费数据和还款数据等进行分析从而得出相对应的信用分,根据信用分和自身的风控要求提供其认为合适的信用额度。

与电子现金相比,网络货币更像是真正的现金,其在网络上可以发挥现金在线下交易所发挥的作用。如果通过充值或者他人转账获得网络货币的话就可以不用依赖银行账户,因为这部分钱都存储在网络金融服务商提供的电子账户中,可以直接交易,具有和电子现金交易相似的优点,具有匿名性。但网络现金型电子货币是依赖网络进行的,只能进行线上交易。

▶ 3. 根据是否需要传统的银行账户在背后关联电子货币,可分为账户型电子货币和现金型电子货币

(1) 账户型电子货币

账户型电子货币需要银行账户与其进行关联,它是由银行账户资金衍生出来的货币,实质上是银行账户中资金的电子化。而交易的实质是账户型电子货币所对应的银行账户和其他银行账户之间的资金划拨和结算。账户可由银行或者非银行的金融机构进行管理,但非银行金融机构因为无法进入银行间的结算通道,因此需要第三方支付平台的交易结算系统的帮助来进行实时结算和交易。我国各家银行提供的网上银行、非银行金融机构如蚂蚁金服的支付宝等都需要与银行账户进行绑定才能进行实名制认证和提供支付服务。

(2) 现金型电子货币

现金型电子货币则和现金相类似，其和账户型电子货币最大的不同就是其可以提供和现金相似的匿名性，在网络上可以像现金一样进行支付，使用也不需要像账户型电子货币那样需要有银行账户来关联。根据电子现金的使用方式不同，可以将现金型电子货币进一步细分为使用 IC 卡来进行支付的电子货币和使用网络来进行支付的电子货币两种类型。

扩展阅读 7-1
多国央行关注
电子货币

7.3 网上理财

7.3.1 网上理财的概念

网上理财是指通过互联网进行理财投资的业务。一些金融机构通过信息网络提供的金融服务、还有就是自己的理财软件，以及每日对购物信息、股价、汇率的筛选，都是由网络提供的。随着因特网在国内的普及和经济的飞速发展，网上理财的概念逐渐为人们所接受，证券、保险的买卖与个人理财投资都可以在网上进行，网上理财已经显示出了巨大的发展空间。现在越来越多的金融服务单位已经在网上开展网上理财服务，传统的股票、基金、保险、债券服务的购买和交易都已经可以在网上进行，此外，新型的理财产品在网上也已经越来越多，人们可以通过网络进行虚拟贵金属买卖、期货买卖、网络借贷等。据中国互联网络信息中心 2022 年第 49 次《中国互联网络发展状况统计报告》统计，截至 2021 年 12 月，我国互联网理财人数达到了 19 427 万人，网民使用率为 18.8%。

7.3.2 网上理财的优势

▶ 1. 收益相对较高

经过几年的发展，互联网理财产品的种类越来越丰富，期限也更为灵活。收益分析指标(如平均兑付收益、夏普比率、波动率、最大回撤等)会在理财产品信息中清晰显示，消费者可以选择安全性高、风控好的平台和产品进行投资，得到的收益会比银行理财高出不少。

▶ 2. 投资门槛低

相比于其他的理财产品投资门槛，比如银行理财产品，5 万元起投，期限 1 年，这些银行的投资起点一般比较高。而投资互联网门槛相对而言就非常低，低至 1 元起投，1～12 月的投资期限，投资时间短并且灵活，非常适合年轻人的选择。相对于传统理财，互联网投资理财更"接地气"些，适合从小额资金养成理财习惯。

▶ 3. 操作方便快捷

互联网投资理财不需要像股票、外汇等投资一样不断看盘，也不需要经常进行买入卖出操作，用手机 APP、微信、电脑都可以投资提现，随时随地就可以投资理财，方便快捷是互联网投资理财的特点之一。

▶ 4. 短期流动性强

相比于一些长期投资，互联网投资理财的流动性更强，资金周转快，在需求资金的时候能更快拿到。而年轻一代更喜欢这种类型的投资，收益和灵活性同时兼备。

5. 风险趋于降低

随着强监管时代的到来，大部分网贷平台都在走向合规，而互联网技术以及科技在不断地提升风控水平。理财项目都经过严格的风控筛选，互联网平台逐步引入第三方资金托管方式、风险备付金计划等安全保障手段，风控手段也同时在不断完善，风险控制得到了很大改善。

6. 不受时间空间限制

在网上理财，可以摆脱银行与其他金融企业在时间和地点上的限制，只要在有网络的区域，理财者可以在任何时间查看网上的理财信息，寻找自己感兴趣的理财产品，掌握更多的理财知识，这些优势也是网上理财与传统的柜面式理财最大的不同。

7.3.3 常见的网上理财方式

1. 宝宝类理财产品

宝宝类理财指的是支付宝的余额宝、腾讯的理财宝、平安银行的壹钱包，或者是现金宝、收益宝之类，以淘宝发端的、以宝类冠尾的，货币基金等现金管理类理财产品等。它们把我们放进去的钱用来购买货币基金，其优点是收益稳定，高于银行活期存款而且取现方便。

扩展阅读 7-2
余额宝简介

作为一款宝宝类理财产品，余额宝因为其门槛特别低，随存随取的特点，从 2013 年一开始就有了很大的用户基数，但它本质上还是一种货币基金，随着市场的变化收益也一直在下降。宝宝类理财产品具有风险低、资金流动性强、收益率高、投资门槛低等特点。典型代表有余额宝、微信理财通、京东小金库、百度理财等。

2. P2P 理财产品

P2P 理财是指通过互联网理财，个人对个人，又称点对点网络借贷，是指以公司为中介机构，把借贷双方对接起来实现各自的借贷需求。借款方可以是无抵押贷款或是有抵押贷款，而中介一般是以收取双方或单方的手续费为盈利目的或者以赚取一定息差为盈利目的。P2P 理财具有起投资金低、周期短、流动性强、投资回报率高等特点。

扩展阅读 7-3
零钱通：从支付
到财富管理

P2P 理财产品也是从 2013 年开始兴起的，经过几年的发展截至 2018 年中国 P2P 借贷市场的规模达到了 18 619.4 亿元，交易量惊人。P2P 理财产品火爆的原因同样也是因为门槛低、收益高（相比于宝宝类收益要高很多）等。但快速增长的背后必然会存在一些问题平台，特别是一些平台跑路造成行业的高风险性，所以选择投资 P2P 理财产品的时候一定要选择好平台。典型代表有拍拍贷、铜掌柜、人人贷等。

扩展阅读 7-4
P2P 理财产品
的选择因素

3. 众筹

众筹也叫作大众筹资或群众筹资，是指大众一起为某个创意项目等筹集资金，它是一种用团购＋预购的形式，向网友募集项目资金的模式。众筹也是要通过众筹的平台去进行操作的，先由有创造能力但缺乏资金的人在众筹平台上发起项目，然后再由支持者对项目进行投资。众筹具有低门槛、多样性、依靠大众力量的特征，现在的众筹一般都会通过网络进行，众筹变得更加开放，只要有人喜欢你的项目，都可以通过众筹获得启动资金。典型代表有天使汇等。

天使汇(www.angelcrunch.com),是中国起步最早、规模最大、融资最快的天使投资和股权众筹平台,于2011年11月正式上线运营,是助力天使投资人迅速发现优质初创项目、助力初创企业迅速找到天使投资的投融资平台。通过天使汇平台实现融资的众筹案例中最具有代表性的有滴滴打车融资总额1500万元、黄太吉传统美食连锁融资总额300万元。

▶ 4. 债券理财

债券是政府、企业、银行等债务人为筹集资金,按照法定程序发行并向债权人承诺于指定日期还本付息的有价证券。一般是通过大型机构发出的,且利息是事先确定的,因此具有很好的流通功能,很多人都比较接受这种有价证券,其中的典型就是国库券,因此有很多人通过这种方式理财。债权具有安全性高、流动性强、收益稳定的特点。

2020年,债券市场共发行各类债券57.3万亿元,较2019年增长26.5%。其中银行间债券市场发行债券48.5万亿元,同比增长27.5%。截至2020年12月末,债券市场托管余额为117万亿元,其中银行间债券市场托管余额为100.7万亿元。

▶ 5. 股票理财

股票是股份公司所有权的一部分,也是发行的所有权凭证,是股份公司为筹集资金而发行给各个股东作为持股凭证并借以取得股息和红利的一种有价证券,股东凭借它可以分享公司的利润,但也要承担公司运作错误所带来的风险。每股股票都代表股东对企业拥有一个基本单位的所有权。每家上市公司都会发行股票。股票是股份公司资本的构成部分,可以转让、买卖,是资本市场的主要长期信用工具,但不能要求公司返还其出资。

股票理财的风险相对较大,对投资人的要求也相对较高,要懂得看K线,还要会分析大盘趋势、长时间盯盘等。一般人并不适合投资股票产品,还是那句话"股市有风险,投资须谨慎"。

▶ 6. 基金理财

基金是通过发售基金份额,将众多投资者的资金集中起来,由基金托管人托管,基金管理人管理,以多种投资组合的形式形成利益共享、风险共担的一种集合投资形式。因为资金交由专业人士投资管理,投资者无须在其中耗费太多精力。而且基金管理者能方便地将集中起来的资金进行多种形式的投资,这也是我们普通投资者做不到的。

扩展阅读7-5
网贷网涉嫌
非法吸收公众
存款被立案

货币基金具有代表性的就是余额宝、理财通等。货币基金理财产品的一个特点就是流动性强,这一类理财产品都属于活期理财产品,随用随取,非常方便,收益在3%左右(以2021年为准)。

7.4 网络保险

7.4.1 网络保险的概念

网络保险,也称保险电子商务。从狭义上讲,保险电子商务是指保险公司或新型的网络保险中介机构通过互联网为客户提供有关保险产品和服务的信息,并实现网络投保、承保等保险业务，直接完成保险产品的销售和服务，并由银行将保费划入保险公司的经营过程。从广义上讲，保险电子商务还包括保险公司内部基于互联网技术的经营管理活动，对公司员工和代理人的培训，以及保险公司之间、保险公司与公司股东、保险监管、税务、工商管理等机构之间的信息交流活动。

保险电子商务是涉及保险公司、保险中介公司各类资源整合，涉及公司所有利用互联网（包括 Internet 与 Intranet）、无线技术、电话等信息技术手段进行电子化交易、电子化信息沟通、电子化管理的活动，贯穿公司经营管理的全过程。保险电子商务是随着互联网技术兴起并逐渐成熟后，新的信息技术在保险公司内又一轮深层次的商务应用，是信息技术本身和基于信息技术所包含和带来的知识、技术、商业模式等在公司内的扩散和创新。网络保险投保的具体程序包括以下几步：①保民浏览保险公司的网站，选择适合自己的产品和服务项目，填写投保意向书、确定后提交；②通过网络银行转账系统或信用卡方式，保费自动转入公司，保单正式生效；③经核保后，保险公司同意承保，并向客户确认，则合同订立；④客户可以利用网上售后服务系统，对整个签订合同、划交保费过程进行查询。

7.4.2　网络保险的优势

▶ 1. 客户自主选择性更大

相比传统保险推销的方式，网络保险让客户能自主选择产品。由于网络所固有的快速、便捷的特点，网络能将各大保险公司的各种保险产品集合起来，客户可以在线比较多家保险公司的产品，看看哪一个保险品种更适合、更有保障，然后再做出自己的选择，而且网上保险的保费透明，保障权益也清晰明了，这种方式可让传统保险销售的退保率大大降低。

▶ 2. 在线服务方面更便捷

网上在线产品咨询、获取电子保单等操作都可以通过轻点鼠标来完成。在线聊天工具可以帮助网络客户了解相应保险内容，无须面对面听保险代理人的介绍；还可以通过资历简介来选择代理人，并且互联网也让客户理赔不再像以前那样困难。

▶ 3. 保险公司经营效率更高

保险经营的是无形产品，不须实物转移。网络保险的应用可以大幅度降低交易成本。有研究表明：网络可以使整个保险价值链的成本降低 60% 以上。成本的减少会进而降低各险种的保险费率，从而让客户受益。网络保险摆脱了传统商业中介的束缚，使保险公司在销售、理赔等方面的效率得到极大的提高。

7.4.3　网络保险的模式

▶ 1. 保险公司自建网上保险商城

随着互联网的发展，传统保险公司建立官方网站，推销自家险种，扩展营销模式，转线下为线上，突破地域限制，将相关产品上传到自己的官网，投保人即可直接在网上浏览，然后根据自己的需求购买保险。

目前，已经开通了自己官方网站并在官网销售保险产品的传统保险公司数不胜数，比较知名的如中国人寿、中国人保、中国平安等。

以中国平安官网为例，中国平安官网不仅可以完成保险产品的对比、选择、购买等，还提供了理财、贷款等多种金融渠道与产品供客户选择、使用、购买，可以说是从保险扩展到金融，扩大了产品范围，满足了不同需求的消费者。

2. 保险公司借助第三方网络保险平台

第三方网络保险平台是指保险公司依托有成熟技术的第三方提供的，可进行保险产品销售的平台。由第三方建设的网络保险平台是为多个买方和多个卖方提供信息与交易等服务的电子场所。

第三方网络保险平台的出现迎合了中国网民的消费习惯，因其可提供个性化服务，这成为第三方服务平台最大的发展优势。进入网络时代，中国保险电子商务市场越来越活跃，市场已经从导入期进入快速发展期。各保险公司纷纷加大投入构建自己的电子商务网站和电话营销平台，专业、个人、代理人提供方便快捷的电子商务服务。同时，它们也注重和专业的第三方网站合作。第三方的平台是保险公司的销售渠道，也是品牌推广的重要渠道。第三方网络保险平台的典型代表有微保、蚂蚁保险、水滴保险等。

扩展阅读 7-6
水滴保险商城推出"新冠肺炎无忧保"

7.4.4 我国发展网络保险的必要性

1. 发展网络保险是顺应世界保险业发展潮流的需要

随着信息社会的到来，电子商务在美国、西欧等发达国家和地区的发展极为迅速。据统计，美国网络保险费早在 1997 年就高达 3.9 亿美元，而 2001 年，约有 11 亿美元的保险费是通过网络保险获得。2005 年，英国约有 20% 的保险将在互联网上销售。日本已出现首家完全通过互联网推销保险业务的保险公司。

作为全球最大的保险及资产管理集团之一的法国安盛集团，早在 1996 年就试行了网上直销。目前，这个集团约有 8% 的新单业务是通过互联网来完成的。可以说，网络保险正以其完备的信息、简便的购买方式和快捷的速度成为保险销售的发展方向。我国如不顺应世界保险业的这一发展潮流，在网络保险方面必将面临国外保险公司的强烈挑战。

2. 发展网络保险是提高市场占有率的需要

加入 WTO 后，外国保险公司必然会抢占我国保险市场，造成我国保险业务流失，市场份额下降。为了避免外资保险公司过多地挤占我国保险市场，我国保险公司应马上进行策略投资和系统投资，实行交互式的顾客投保服务，有效运用企业间的电子商务开发多种附加服务，扩大销售渠道，通过互联网树立品牌形象，同时注意保证网站安全，保护顾客资料数据，做好与外资保险公司抗衡的准备。

3. 发展网络保险是完善我国保险推销体系的需要

多年来，我国一直以保险代理人作为保险推销体系的主体，在寿险推销方面形成了以寿险营销员为主体的寿险营销体系。实践证明，这种营销机制对推动我国保险业的发展起到了十分重要的作用，但也存在比较突出的问题。因缺乏与保险公司的直接交流，就会导致营销人员为急于获取保单而一味夸大投保的益处，隐瞒不足之处，给保险公司带来极大的道德风险，为保险业的长远发展埋下隐患。而且，保险营销人员素质良莠不齐，又给保险公司带来极大的业务风险。此外，现有营销机制还存在效率低下的弊端。

据调查，为整理繁多的客户信息，保险销售员经常雇用私人秘书，但即便如此，还是存在做得不好的地方，影响保险公司的信誉。发展网络保险，则可以快速方便的信息传递、周到细致的客户服务，为公众提供低成本、高效率的保险购买渠道，弥补现有销售渠道的缺点。

▶ 4. 发展网络保险是提高保险企业管理水平和经营效率的需要

先进的企业管理方法和手段是保险业持续、快速和高质量发展的"法宝"。随着网络的发展，现代信息技术必将对保险企业管理方式产生深远的影响。

①网络信息技术的运用，导致保险企业管理跨度加大，基层公司与决策层的联系更加紧密，中间管理层的作用逐渐减弱，决策指挥链尽可能缩短，有利于克服层次重叠、冗员多、运转慢、决策效率低下等弊端。②内部文档、数据处理电子化，使文件发送、存储查询速度加快，效率提高。③利用网络，方便、迅速、全面地收集各种资料，利用远程通信技术和各区域人员保持联系，共同进行分析、预测、决策和控制。④利用网络，保险公司可以在培训员工、发布公司内部信息，与保险中介人、商业伙伴、保险监管机构进行联络等诸多方面节省大量的费用和时间。⑤在偿付能力方面，国家可借助现代网络技术加强对保险企业的有效监管，保险企业也可以保持对自身偿付能力的管理。因此，发展网络保险，不仅可以实现保险营销方式的创新，而且是实现管理创新的重要保证。

扩展阅读 7-7
保险行业的下一个历史性机遇
——数字化

7.5 新型电子支付方式

7.5.1 二维码扫码支付

▶ 1. 概念

二维码支付是一种基于账户体系搭起来的新一代无线支付方案。在该支付方案下，商家可把账号、商品价格等交易信息汇编成一个二维码，并印刷在各种报纸、杂志、广告、图书等载体上发布。

用户通过手机客户端扫二维码或商家使用电子支付工具扫描用户的付款码，便可实现与商家账户的支付结算，如图 7-6 所示。

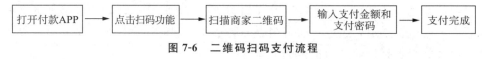

图 7-6　二维码扫码支付流程

▶ 2. 技术原理

说起扫码支付，就不得不提二维码。线下所有的扫码支付都是以扫二维码开始，通过扫描二维码，可以看到付款页面商家的名称，所以二维码在这里承担的角色是信息的载体，它通过黑白相间的排列组合记录信息。不只是支付，我们还看到很多 APP 的下载链接，也是用二维码的形式记录链接地址。现在网上有很多现成的工具，输入一段内容后，即可把内容生成二维码，所以生成二维码这一步的实现流程不存在技术难题。

选择二维码作为付款信息的载体，一方面是受收银台扫描商品一维码来识别商品这一场景的启发，另一方面是二维码本身可存储足够大的数据信息，而且支持不同的数据格式，同时二维码有一定的容错性，部分损坏后仍可正常读取。这一切，使得二维码成为被大众广泛使用的信息载体。

二维码携带的信息，无法通过肉眼识别，不同的支付机构在二维码中注入的信息规则不一致，需要对应的服务器根据其编码规则解析。每次使用扫一扫识别二维码后，都会提示"正在处理中"，意味着后台服务器正在解析这个二维码的内容，比如核对二维码携带的链接地址是否合法、是属于支付链接还是属于外链网址等。

校验的规则很多，就支付链接来说，服务器校验属于自己公司的支付链接后，会获取支付链接中包含的商户信息，进而判断该商户是否存在、商户状态是否正常等，所有校验通过后，后台服务器会把商户名称返回到发起用户的手机 APP 上，同时告诉 APP，服务器校验通过了。于是我们确定支付，输入支付密码，后台继续校验支付密码的正确性，正确的话支付就此完成。

▶ 3. 使用现状

当代社会，智能终端扫码付款交易逐渐扩展到街头巷尾，融入生活各个方面。艾瑞咨询公布的报告显示，截至 2016 年年底，我国的手机端支付金额已达 38 万亿元，是美国支付规模的 50 倍，当今世界上，中国几乎占据了 90% 的二维码个人用户，已经成为名副其实的二维码大国。

二维码支付已成为当前线下移动终端支付最主要的形式，辐射范围包括衣食住行、休闲娱乐、费税罚款缴纳等几乎所有与生活相关的领域。常见的第三方支付是以支付宝、微信、云闪付、翼支付等为主的二维码支付。

根据艾瑞咨询于 2019 年 3 月初公布的统计数据，2018 年上半年中国移动支付的交易规模达到了 98.5 万亿元，仍有持续增长的空间。以支付宝为例，2016 年的支付宝全民账单显示其实名注册用户已经高达 4.5 亿人，71% 的支付笔数发生在移动端。"80 后"的人在线支付金额均超过 12 万元，"90 后"移动支付比例将近 92%。支付宝 2017 年的全民账单显示国内已拥有超过 5.2 亿用户，其中的移动支付用户占 82%，移动支付占比超过 90% 的省份超过 11 个，4 000 多万个收钱码商家遍布全国，有媒体将这一年称为"扫码年"，支付宝、微信等第三方支付机构的发展已经"站上世界之巅"。

▶ 4. 优缺点

（1）优点

1）二维码支付效率高，成本低。人们在向商家付款时只需拿出随时携带的移动设备扫描二维码，就可以完成交易，免去了烦琐的排队等待、找零等过程，大大减少了时间与人力成本，它与过去现金交易或是刷卡支付的形式完全不同，更加符合新时代人们"快"节奏的生活方式。二维码支付无须 POS 机等设备，商家只需打印一张二维码用于收款，成本低廉。

2）便利性较高，用户黏性强。二维码支付"高效便捷"的特点会对用户产生一种黏性。用户在第三方支付平台创建了自己的支付账户之后，使用余额交易的连续性会持续加深，随着二维码支付的普及范围不断扩大，必然产生群体效应。

3）即时到账，无须硬件设备。以前使用信用卡付款还须使用 POS 机，到账也会出现延迟的情况，如今使用二维码支付，便可即时到账，便于商家及时查看和校对到账金额，出现失误也可立即解决。

（2）缺点

1）支付的单向性使得转账难以撤回。二维码支付所进行的交易是单向的，资金一经支付便会直接进入对方的账户,没有中止及撤回操作。在支付相关款项时,如果消费者出现失误,使得支付金额超过应付金额,为了追回损失,消费者须与收款方协商退款事宜,而收款方掌握退款的主动权,退款的效率由收款方决定,缺乏保障,退款所消耗的交易成本较高。

2)交易验证安全系数低。二维码支付验证层级被简化,安全系数较低。使用支付软件在扫静态码时,支付方已自动进入付款流程,相比传统的 POS 机虽然简化了输入和确认支付账户的环节,但是却增加了支付的风险,由于只要打开软件扫一扫便可以实现款项的支付,不须再输入其他验证信息,资金流出的顺畅性为不法分子利用他人支付账户盗刷提供了温床,支付方承受的风险较大。

3)付款码的高相似度增大了资金被盗风险。当前,我国扫码支付所采用的大部分为 QR 码,辨认不同编码所储存的信息以及所对应账户的难度系数较大。所以部分违法分子在人们日常扫码使用的二维码上覆盖指定账户的二维码,由此一来,使用者在扫码支付时,资金便会流入违法分子指定账户,为使用者带来财产损失。同时,部分正在推广的二维码对应的可能是带有木马病毒的网址,在用户扫描二维码时,该病毒便被携带,使得用户的账户信息及密码被盗取,造成用户的资产损失。

7.5.2 人脸识别支付

▶ 1. 概念

人脸识别支付系统是一款基于脸部识别系统的支付平台,是一种基于人的相貌特征信息进行身份认证的生物特征识别技术,该技术的最大特征是能避免个人信息泄露,并采用非接触的方式进行识别。人脸识别与视网膜识别、虹膜识别、骨骼识别、眼纹识别等都属于人体生物特征识别技术,都是随着光电技术、微计算机技术、图像处理技术与模式识别等技术的快速发展应运而生的。

它于 2013 年 7 月由芬兰创业公司 Uniqul 全球首次推出。该系统不需要钱包、信用卡或手机,支付时只需要面对 POS 机屏幕上的摄像头,系统会自动将消费者面部信息与个人账户相关联,整个交易过程十分便捷。刷脸支付流程如图 7-7、图 7-8 所示,用户面对收款机的屏幕摄像头,收银系统会对用户的面部进行自动拍照和扫描,再通过数据库的信息与已采集到的用户面部图像数据进行比较。同时,用户面部数据信息关联到支付系统,用户身份信息会在收银屏幕显示,触摸显示屏数据信息确认,便完成支付交易。

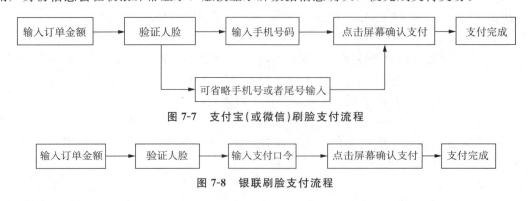

图 7-7 支付宝(或微信)刷脸支付流程

图 7-8 银联刷脸支付流程

2. 技术原理

人脸支付技术是利用受理终端的人脸采集能力,通过人脸识别技术(1∶1 或 1∶N)获取持卡人支付账户信息,结合 Token 技术、PIN 加密技术、大数据分析等形成的新型支付技术。人脸支付技术通常涉及两个方面,一方面是人脸支付受理终端,一方面是人脸支付受理平台。

从人脸支付受理终端侧来看,主要涉及:人脸图像采集及检测技术、人脸图像预处理技术、活体检测等。从人脸支付受理平台侧来看,主要涉及:人脸图像特征提取技术、人脸图像匹配与识别技术。

支付宝、微信和银联支付技术比较如表 7-2 所示。人脸识别流程如图 7-9 所示。

表 7-2 支付宝、微信和银联支付技术比较

支付机构	刷脸支付终端机具	三维摄像头（供应商）	人脸识别算法	是否为银行卡检测中心（BCTC）检测算法过检名单
支付宝	蜻蜓系列：商米蜻蜓 T3800、蜻蜓 f4 等	奥比中光	支付宝 Face+技术	否
微信	青蛙系列：青蛙收银 2.0、青蛙 pro 等	华捷艾米	腾讯优图	是
银联	刷脸付、全民付"蓝鲸"等	华捷艾米、奥比中光	云从技术、依图科技、商汤技术、旷视科技	是

图 7-9 人脸识别流程

3. 使用现状

根据央行发布《2020 年支付体系运行总体情况》的数据显示,2020 年银行共处理电子支付业务 2 352.25 亿笔,金额 2 711.81 万亿元。其中,网上支付业务 879.31 亿笔,金额 2 174.54 万亿元,同比分别增长 12.46% 和 1.86%;移动支付业务 1 232.2 亿笔,金额 432.16 万亿元,同比分别增长 21.48% 和 24.5%。移动支付业务量保持增长态势。

近几年,以阿里巴巴为主的移动支付巨头都以人脸识别等一系列生物识别技术研发为主,如果说消费者带着现金才能消费是历史,在扫码支付发展后,消费者带着手机进行扫码支付消费是现状,那么刷脸支付时代的到来,人们可以不携带任何设备进行支付这是未来。刷脸支付是"互联网+"数据的积累、计算机算力的跃升和算法的优化而衍生出来的。

支付宝可以作为中国最大的第三方金融机构之一,不但影响中国经济,而且影响世界经济,通过4年时间将移动支付技术遍布全国,而2019年新兴的刷脸支付工程早在2015年就在全世界提出概念并最终实现,刷脸支付的时代已经来临。

▶ 4. 优缺点

(1) 优点

1) 精准识别,减少出错率。刷脸支付使用高科技生物识别技术和计算机图形处理技术进行识别,可以精准识别人脸,出错率几乎可以忽略不计,包括智能识别静态图片、整容人脸、浓妆人脸,做到精准识别,让消费者和商户体验真正的安全。

2) 成本较低,便利性较高。人脸识别可以根据摄像头的提升而提升,双目摄像头、结构光摄像头、TOF等,上升空间大,且人脸识别支付只需一部手机进行收集或者识别即可。

3) 体验度较好,用户较易接受。由于人脸识别系统随着摄像头的提高而提升以及算法的改进,可以使人脸识别核验在极短时间内完成,让用户感受到技术的高效和便捷。

(2) 缺点

1) 刷脸支付终端机存在安全问题。虽然在硬件层面,通过红外等各种技术辅助验证,成熟厂商的刷脸支付终端机设备的错误率已经降至十万甚至百万分之一,基本解决人脸误识、误判的问题,但仍存在3D假体欺诈以及乘其不备盗刷他人账户的问题,其中假体攻击包括通过AI换脸技术盗刷以及通过高3D头部模型与照片盗刷等。

2) 刷脸支付终端机设备费用较高。目前市面上商家使用的人脸识别支付系统都需要人脸识别支付设备,例如支付宝的人脸识别支付设备单价均在1 000元以上,费用较高,对小店铺而言需要考虑成本负担问题。

3) 人脸识别支付相关硬件不适用全部场景。虽然现在人脸识别支付较为普及,但是使用场景仍有局限,并不是所有的场景都可以使用人脸识别支付,目前人脸识别支付主要使用场景为酒店、零售、餐饮以及公共交通等。

7.5.3 声纹识别支付

▶ 1. 概念

首次提出声纹识别的是支付宝,支付宝将用特定设备采集声音并转成信号成为支付密码。

声纹识别是根据待识别语音的声纹特征识别该段语音所对应的说话人的过程。与指纹类似,每个人在说话过程中所蕴含的语音特征和发音习惯几乎是独一无二的,就算被模仿,也改变不了话者最本质的发音特性和声道特征。

有相关科学研究表明,声纹具有特定性和稳定性等特点,尤其在成年之后,可以在相当长的时间里保持相对稳定不变。声纹是一种行为特征,由于每个人在讲话时使用的发声器官如舌头、牙齿、口腔、声带、肺、鼻腔等在尺寸和形态方面有所差异,以及年龄、性格、语言习惯、发音容量和发音频率不同,在发音时千差万别,因而导致这些器官发出的声音必然有着各自的特点。可以说,任何两个人的声纹图谱都不尽相同。

声纹识别技术又称说话人识别技术,就是基于这些信息来探索人类身份的一种生物特征识别技术。这种技术基于语音中所包含的说话人特有的个性信息,利用计算机以及现在的信息识别技术，自动地鉴别当前语音对应的说话人身份，声纹识别与语音识别不同，声纹识别的过程是试图找到区别每个人的个性特征，而语音识别则是侧重于对话者所表述的内容进行区分。

▶ 2．技术原理

声纹识别的基本原理是从说话人的语音中提取能够表征说话人生理个性的特征参数，并通过对特征参数的建模、比对、分析等处理，将模型库中已训练好的目标人参考模型与待验证说话人的特征模型进行匹配，依据匹配的距离度量或概率高低来判别该语音是否是注册模型库中的目标人，进而达到确认或辨认说话人身份的目的。

声纹识别对象分为"目标人"和"冒认人"，但他们都属于"说话人"和"用户"，他们所说的语音都属于"语音样本"，目标人是指在系统内注册了声纹模型的合法用户；冒认人是指没有在系统内注册声纹模型的非法用户。声纹识别系统应该正确地识别并接受目标人的语音，否则即认为识别错误；系统应该正确地识别并拒绝冒认人的语音，否则即认为识别错误。

声纹识别系统一般先后进行特征提取和模式匹配两个关键的步骤，特征提取应尽可能保留反映个性差异的特征信息，尽可能去掉与语音特征无关的信息，利用特征提取算法从说话人说出的语音中提取声纹特征矢量参数。模式匹配就是利用模式匹配算法对提取的多个说话人的特征参数信息进行差异判别，辨别语音信号的归属者。

▶ 3．使用现状

据前瞻产业研究院的分析，当下全球生物识别产业规模庞大，仅语音生物识别（即声纹识别）这一细分方向的市场规模就将近百亿美元。

从网络身份认证应用领域来看，据国外调研机构 Markets and Markets 数据显示，2019 年，网络安全市场预计增长至 1 557.4 亿美元，其中，身份认证信息安全市场规模将超过 300 亿美元。声纹识别市场成了一个正在爆发的蓝海市场。

智能电子设备必定是声纹识别应用的一个突破口。在目前的电子设备上还没有具有代表性以及跨时代的声纹识别产品出现，想成为指纹识别或人脸识别应用市场的第一块蛋糕已经无望，成为第一个吃"声纹识别"这块蛋糕的人还是有可能的。

▶ 4．优缺点

（1）优点

1）动态识别，准确性高。指纹、人脸是静态的生理特征，并不能体现个体的动态变化，因此很容易出现被盗用等安全问题。而声纹是一种"动态"的识别，每个人在说话过程中所蕴含的语音特征和发音习惯几乎是不可替代的，即使是模仿，也难以改变说话者最本质的发音特性和声道特征。因此与其他静态的生物识别方式相比，既具有特定性，也具有相对的稳定性，它不容易丢失，伪造起来也更困难，因而被认为认证强度更高，更安全。

2）非接触性，用户易接受。声纹由于其非接触性是可以用于远程领域的生物识别技术，在远程身份认证的过程中，声纹识别更加便利、快捷，仅仅使用手机或麦克风就可以进行远距离身份识别，并且用非接触的方式进行身份确认更加干净卫生。在采集过程中涉及的用户个人隐私信息较少，因此更容易被使用者接受。

3）采集方便快捷，成本低廉。蕴含声纹特征的语音获取方便、自然，可以非常轻松、方便地获得讲话人的语音信号，采集方式隐蔽且采集范围空间更加宽广。在声纹识别过程中，所需要的硬件设施比较单一，在使用录音设备录音时，往往只需要一个麦克风就可以实现，不需要其他的通信装置，在使用通信设备（如电话、手机）时更无须额外的录音设备，所需经济成本便宜。

（2）缺点

1）使用要求高，用户体验感较差。声纹识别支付在较嘈杂的环境下无法排除外界因素的干扰，比如不同的麦克风和信道对识别性能的影响，或者环境的噪声对识别的干扰，又或者在混合说话人的情形下人的声纹特征不易提取，这些均会导致声纹识别支付的失败。除此之外，在使用声纹识别支付时还需要用户保持原来的说话方式、语音、语调等，但同一个人的声音具有易变性，易受身体状况、年龄、情绪等影响。总之，声纹识别存在较多的不可控的因素，从而导致声纹识别支付的失败，进而影响用户的体验感。

2）语音文本密码易被窃听。包括微信声音锁在内，目前市面上大部分声纹识别产品都是文本相关声纹识别系统，在文本相关识别系统中，用户需要按照既定的文本内容发音，训练与识别阶段用户都需要说相同的文本密码，这样的方式识别率高，模型建立相对精确，但是容易出现文本密码被窃听和模仿的情况，造成安全性方面的威胁。

3）面临新技术的威胁。随着科技的发展，语音模仿、拼接合成、录音等对声纹识别技术会产生威胁。通过计算机模拟或拼接合成一个人的声音，从而达到仿冒的目的是完全有可能的，录音也可以复制说话人的语音信息，分析人声与电子扬声器等发声装置所模拟的声音之间的差别也是当前声纹识别技术研究的热点与难点。

在线课堂

在线自测

练习与思考

第 8 章　电子商务法律与法规

> **学习目标**
> 1. 了解电子商务法的概念。
> 2. 掌握电子商务交易中的法律关系。
> 3. 掌握电子合同的法律效力。
> 4. 掌握可靠的电子签名条件。
> 5. 掌握电子支付中的法律责任。
> 6. 掌握在电子商务环境下知识产权的特点。
> 7. 掌握电子商务的反垄断法律问题。

导入案例

未尽审核义务，"饿了么"领 20 万元罚单

上海市市场监督管理局在对"饿了么"APP 进行现场检查时发现，在该平台上的三家入驻商户存在销售隐形眼镜护理液等第三类医疗器械的情况，上述店铺均未公示相应的《医疗器械经营许可证》；另外，平台上某入驻商户存在销售"金戈片""即婷"等药品的情况，该店铺未公示相应的《药品经营许可证》。当事人现场无法提供上述许可证件。

《中华人民共和国电子商务法》（以下简称《电子商务法》）第 38 条规定：电子商务平台经营者知道或者应当知道平台内经营者销售的商品或者提供的服务不符合保障人身、财产安全的要求，或者有其他侵害消费者合法权益行为，未采取必要措施的，依法与该平台内经营者承担连带责任。

对关系消费者生命健康的商品或者服务，电子商务平台经营者对平台内经营者的资质资格未尽到审核义务，或者对消费者未尽到安全保障义务，造成消费者损害的，依法承担相应的责任。

据此，市场监督部门认定"饿了么"未审核上述四家入驻商户经营第三类医疗器械或药品的相应资质资格，违反了《电子商务法》第 38 条第 2 款的规定，并依据该法第 83 条规定对"饿了么"的主体上海拉扎斯信息科技有限公司处以 20 万元行政处罚。

（资料来源：微信公众号　酸辣财经）

思考题：依据上文的法律规定，你得出了什么结论？

8.1 电子商务法律概述

8.1.1 电子商务法的概念

电子商务法是指调整平等主体之间通过电子行为设立、变更和消灭财产关系与人身关系的法律规范的总称,同时也是政府、企业和个人以数据电文为交易手段,通过信息网络所产生的,因交易形式所引起的各种商事交易关系,以及与这种商事交易关系密切相关的社会关系、政府管理关系的法律规范的总称。电子商务法分为广义的电子商务法和狭义的电子商务法。

▶1. 广义的电子商务法

广义的电子商务法,是与广义的电子商务概念相对应的,它包括了所有调整以数据电信方式进行的商事活动的法律规范。其内容极其丰富,可分为调整以电子商务为交易形式和调整以电子信息为交易内容的两大类规范。前者如联合国的《电子商务示范法》(亦称狭义的电子商务法),后者如联合国贸法会的《电子资金传输法》、美国的《统一计算机信息交易法》等。

▶2. 狭义的电子商务法

狭义的电子商务法是调整以数据电文为交易手段而形成的因交易形式所引起的商事关系的规范体系。实质上都是解决电子商务交易操作规程问题的规范。

电子商务法应当运行在法治轨道上,有法可依是依法治网的前提。近年来,国家加快研究制定《网络安全法》《电子商务法》《互联网信息服务管理办法》《个人信息保护法》《平台经济领域的反垄断指南》《互联网广告管理办法》等专门立法和法规规章。中国从电子商务实践的摸索中逐步探索法治之道,从行业自律到部门监管,形成社会的良性和可持续发展,同时保障网络空间的国家主权、公民的个人信息权利与信息安全。

扩展阅读 8-1
消费者视角看《电子商务法》

8.1.2 电子商务交易中的法律关系

▶1. 基本的电子商务交易法律关系的主体

在电子商务交易法律关系中,存在三个基本的电子商务交易法律关系,即电子商务平台经营者、平台内经营者和电子商务消费者,缺少其中任何一个,都不能构成电子商务平台交易法律关系。

《电子商务法》规定电子商务经营者是电子商务交易法律关系的主体。该法第9条第1款规定:"本法所称电子商务经营者,是指通过互联网等信息网络从事销售商品或者提供服务的经营活动的自然人、法人和非法人组织,包括电子商务平台经营者、平台内经营者以及通过自建网站、其他网络服务销售商品或者提供服务的电子商务经营者。"这一条文是对电子商务经营者概念内涵和外延的定义,规定了电子商务经营者的定义与类型。

(1)电子商务平台经营者的概念

以前的法律称电子商务平台经营者是网络交易平台提供者,将之与网络服务提供者相对应。《电子商务法》对有关电子商务经营者的概念作了系统整理,规定了明确的定义和种类,也统一了称谓。《电子商务法》第9条第2款规定:"本法所称电子商务平台经营者,是指在电子商务中为交易双方或者多方提供网络经营场所、交易撮合、信息发布等服务,供交易双方或者多方独立开展交易活动的法人或者非法人组织。"在以往,有人将其界定为"是指从事网络交易平台运营和为网络交易主体提供交易服务的法人"或者"是指设立、运营网络交易平台,为网络交易的销售者、服务者与消费者进行网络交易提供平台服务的网络企业法人"。

(2) 平台内经营者的概念

《电子商务法》第9条第3款规定:"本法所称平台内经营者,是指通过电子商务平台销售商品或者提供服务的电子商务经营者。"这一规定给平台内经营者的概念作了准确的定义。在以往的法律中,将平台内经营者称为在网络交易平台上进行交易的"销售者、服务者"不够准确,因为它没有表达电子商务的特点;但是将其定义为"与网络交易平台提供者签订网络交易平台服务合同,以盈利为目的,在网络交易平台上销售商品或者提供服务,并与购买商品或者接受服务的消费者构成网络买卖合同、网络服务合同关系的经营者"还是比较准确的。不过,将其称为平台内经营者也不够准确,因为在展销会、商场租赁柜台的经营者也是平台内经营者,只不过是传统交易平台内经营者而已。因此应当明确,平台内经营者是电子商务平台内经营者。

(3) 电子商务消费者的概念

首先,《电子商务法》没有使用电子商务消费者的概念,而是使用了三个概念:一是电子商务当事人,二是用户,三是消费者。

1) 电子商务当事人。电子商务当事人包括电子商务经营者和电子商务消费者。《电子商务法》第47、48、52、53条等使用了电子商务当事人的概念,其中包含电子商务经营者和电子商务消费者。法律规定了电子商务当事人,就规定了电子商务消费者。

2) 用户。《电子商务法》中用户的概念主要体现在第49、50、53、54、55、56、57条。在电子商务领域中,用户相当于电子商务消费者的概念。

3) 消费者。《电子商务法》在第49条第2款使用了消费者的概念。条文是:"电子商务经营者不得以格式条款等方式约定消费者支付价款后合同不成立;格式条款等含有该内容的,其内容无效。"其中的消费者概念就是电子商务消费者,而不是一般的消费者,是指通过互联网等信息网络即电子商务平台购买商品或者接受服务的消费者。

▶ 2. 基本的电子商务交易法律关系

(1) 电子商务平台经营者与平台内经营者的平台服务合同关系

电子商务平台经营者与平台内经营者之间,构成基本的电子商务平台服务合同关系。电子商务平台经营者与平台内经营者虽然都是电子商务经营者,但身份并不相同,电子商务平台经营者为平台内经营者提供电子商务平台空间,即把网络店铺交给平台内经营者使用,并为其提供相关服务,在双方之间构成平台服务合同关系。

(2) 电子商务平台经营者与电子商务消费者的平台服务合同关系

电子商务消费者虽然不是电子商务经营者,却是电子商务交易法律关系的当事人。没有电子商务消费者的参与,就不会发生电子商务交易法律关系。电子商务消费者要在电子商务平台上进行交易行为,必须与电子商务平台经营者订立服务合同,取得准入资格,然后才能与平台内经营者进行交易活动。

(3) 平台内经营者与电子商务消费者的买卖合同和服务合同关系

前述两个服务合同关系，并不是电子商务交易法律关系的本质性法律关系，而是电子商务消费者和平台内经营者进行交易的基础性法律关系。根据这个基础性法律关系，只有双方当事人取得在电子商务平台上进行交易的资格，才能够在电子商务平台上发生交易行为。电子商务消费者与平台内经营者之间的交易合同关系，分为买卖合同关系和服务合同关系，前者为销售商品的买卖合同关系，后者为提供服务的服务合同关系。电子商务消费者与平台内经营者之间的这种买卖合同关系和服务合同关系，才是电子商务交易法律关系中的本质性法律关系，是电子商务法律关系群中的主导性的法律关系。

▶ 3. 辅助性的电子商务交易法律关系的主体

电子商务法除了规定电子商务经营者和电子商务消费者的基本范畴之外，还规定了其他三种电子商务法律关系主体的非基本范畴，即快递物流服务提供者、电子支付服务提供者和信用评价服务提供者。

(1) 快递物流服务提供者

《电子商务法》第52条规定了快递物流服务提供者这一主体，可以为电子商务提供快递物流服务。这是因为平台内经营者履行电子商务买卖合同的交付义务，通常并不由自己运送，而是委托快递物流服务提供者将消费者购买的商品交付给买受人。平台内经营者在网络交易中一经确认消费者已经订购了商品，并将价金交付给电子支付服务提供者后，则应立即履行交付买卖标的物的义务，将消费者购买的商品交给快递物流服务提供者，委托快递物流服务提供者将商品交付给消费者，完成交付义务。因此，快递物流服务提供者就是在电子商务交易法律关系中，为平台内经营者销售商品以及物型服务合同中的标的物等代为履行交付义务的义务主体。消费者在物流中是收货人，享有对托运物的受领权，因而合同性质属于为第三人利益订立的合同。

(2) 电子支付服务提供者

《电子商务法》第53~56条规定了电子商务平台销售商品或者提供服务的电子支付方法。在电子商务交易法律关系中，由于进行的是背靠背的线上交易，因而在价金支付方面存在风险。防止电子商务交易中现金支付风险的最有效方法，就是采用第三方提供电子商务交易的支付渠道，完成价金的托管和支付，使第三方支付平台成为交易风险的调控者，在消费者与销售者、服务者之间设立中间过渡账户，使汇转款项实现可控性停顿，只有在双方的交易行为完成时，才能决定价金的去向。因而，第三方成为价金支付的中介，发挥电子支付结算代理的作用，通过第三方对价金的托管和支付能够有效地控制风险，保障价金支付的安全。这种对价金进行托管和支付的第三方主体，就是电子支付服务提供者。

(3) 信用评价服务提供者

《电子商务法》第39条规定了电子商务交易法律关系中的信用评价制度，即"电子商务平台经营者应当建立健全信用评价制度，公示信用评价规则，为消费者提供对平台内销售的商品或者提供的服务进行评价的途径。电子商务平台经营者不得删除消费者对其平台内销售的商品或者提供的服务的评价。对网络交易的双方当事人进行信用评价，网络交易平台提供者可以自己进行，也可以委托第三方征信机构进行。在电子商务交易法律关系中进行信用评价的第三方，是信用评价服务提供者。

目前在电子商务交易法律关系中，基本上采用的是由电子商务平台经营者对平台内经营者进行信用评价。这种做法存在一定的问题，就是当事人评价当事人会有不公正之嫌。由第三方进行对平台内经营者的信用评价，就会避免出现这种问题，保证信用评价的公正和真实。《电子商务法》第 39 条的规定反映了现实状况，所以，应当更多地鼓励第三方即信用评价服务提供者对电子商务交易中平台内经营者的信用进行评价，甚至也可以对消费者的信用进行评价，以更好地保障电子商务交易的诚信秩序。

▶ 4. 辅助性的电子商务交易法律关系

在电子商务交易法律关系中，为完成商品销售和服务提供的交易行为，电子商务平台经营者要向平台内经营者和消费者提供相应服务，平台内经营者也要将自己应当承担的某些工作，委托他人进行，因此构成电子商务交易法律关系中的辅助性法律关系。

(1) 快递物流服务提供者与平台内经营者的服务合同关系

《电子商务法》最先规定的辅助性法律关系，是快递物流服务提供者与平台内经营者就销售商品或者提供服务的合同履行，采用快递物流方式交付。在这种情况下，平台内经营者与快递物流服务提供者订立快递物流服务合同，委托快递物流服务提供者向消费者交付商品等物品。平台内经营者可以订立这种服务合同，也可以由自己交付商品等物品不订立这样的服务合同。

(2) 电子支付服务提供者与电子商务平台经营者的委托合同关系

电子交易消费者购买商品或者接受服务应当支付价款，因而电子商务当事人可以约定采用电子支付方式支付价款。电子商务平台经营者委托电子支付服务提供者，为电子商务消费者提供价款的保管和支付服务。

(3) 信用评价服务提供者与电子商务平台经营者的委托合同关系

《电子商务法》只规定了电子商务平台经营者有权进行信用评价，没有规定可以委托信用评价服务提供者进行信用评价，但在现实中，并非不存在信用评价服务提供者和信用评价服务合同关系。平台用户通过平台或者第三方机构提供的信用评价和反馈机制，对销售者、服务者(也包括消费者)的潜在不良行为提供了强有力的约束机制。如果电子商务平台经营者对平台内经营者的信用评价委托征信机构进行评价时，在电子商务平台经营者与信用评价服务提供者之间就构成信用评价服务合同关系，这成为电子商务交易法律关系的辅助性法律关系。

8.2　电子合同的法律制度

8.2.1　电子合同的概念与特征

▶ 1. 电子合同的概念

随着经济全球化和计算机技术的迅速发展，互联网经济模式下电子合同(又称电子商务合同)的订立变得越来越普遍。电子商务合同的定义主要分为广义的电子商务合同和狭义的电子商务合同。广义的电子商务合同是指以电子邮件、电子数据交换、电报、传真等涉及所有数据电文形式订立的合同；狭义的电子商务合同专门指以电子邮件和电子数据交换等形式订立的合同。电子商务合同主要有企业之间的电子商务合同、企业与个人之间的电子商务合同、企业或个人与政府之间的电子商务合同，以及个人与个人之间的电子商务合同 4 类。

2. 电子合同的特征

(1) 合同介质储存的特殊性

电子合同是存储在计算机系统中的，它是通过一系列的数据将合同双方约定的权利义务的内容记载在计算机系统里面。电子合同存储在计算机系统里面，它是由一系列的数据组成的，它在电脑系统被他人入侵后容易遭受篡改；此外，如果电脑中病毒，可能会导致电脑数据的丢失，从而使合同的数据丢失。

(2) 交易主体的特殊性

电子合同中的交易主体是虚拟的，实施电子合同的主体通常是通过网络事先设定的一个虚拟主体，而电子合同中的承诺和要约也都是通过计算机系统进行运转的，只需要合同的对方按照格式合同的提供方的要求或事先形成的合意确定合同就可以，这种特性决定了在实施电子合同的过程中，电子合同的实施主体是不确定的。

(3) 信息传输的迅捷性

由于互联网技术的发展，使得地球成为"地球村"，电子合同是借助互联网传输的，当一方当事人发出要约和承诺的时候，几乎可以瞬间到达对方当事人。

(4) 签名方式的特殊性

电子合同中因为是在虚拟空间操作的，只需要签名合同就发生效力，而签名存储在计算机中，再加上现有的扫描和复印技术的发展，容易出现伪造的情况，难以确定该签名是否是当事人的真实意思表示。因此，在订立电子合同的时候要确保电子签名具有可靠性，即签名应当符合《电子签名法》中有关签名的规定。

8.2.2 电子合同的订立

电子合同订立技术流程如图 8-1 所示。我们可以将电子合同的订立拆解为四个阶段：身份认证、谈判定稿、电子签名、存储调取。

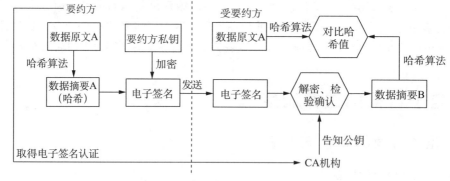

图 8-1 电子合同订立技术流程

1. 身份认证

在合同发生纠纷时，证明"与己方缔约的当事人的真实身份""该当事人具备履约能力"及"签署合同时是当事人真实意思的表示"是非常重要的。在网上签署电子合同，对当事人身份识别及身份真实、有效性进行验证就变得非常关键。

因此，用户在第三方电子合同平台签署电子合同时，需要提供诸多的身份信息来保证平台对用户的身份识别。平台在对所收集的信息进行验证时，根据所销售的产品或服务的性质，在获得用户授权的情况下，可以采取自有数据库与第三方机构信息库进行交叉比对的方式，了解潜在缔约方身份的真实性，及是否具备签署履行合同的行为能力。对于标的额较大，履约风险较高的电子合同（例如贷款、保证合同），还可以借助持牌的第三方认证机构签发给当事人的数字标识来验证签约主体的身份。

2. 谈判定稿

谈判磋商，反映了双方形成合意的过程。在发生纠纷时，缔约方可能需要举示合同谈判磋商期间双方之间的纪要、邮件、聊天记录或其他形式的过程文件，以证明双方立约的意图，进而协助裁判机关查明案件事实。由于电子合同谈判磋商往往通过非现场的方式进行，为了避免因双方在漫长的磋商后对合同是否成立及成立的时间发生争议，应当考虑在启动谈判前，由参与方对以数据电文方式订立电子合同的规则进行确认；或者在谈判告一段落之时，以合同成立确认书的方式，确认双方已经达成的合意。

3. 电子签名

线下签订合同需要双方签字盖章，线上电子合同签署也是一样的，也需要通过可靠的电子签名（章）后方可发生法律效力。《中华人民共和国电子签名法》第13条规定，可靠的电子签名须满足专属、可控、防篡改、改动能发现的条件。

通常，实现可靠电子签名的方式为数字签名。普遍受到认可的数字签名手段是通过CA机构提供的电子证书服务，利用哈希算法、非对称加密技术和公钥基础设施的技术方式，实现电子签名产生、管理、储存、分发、作废，以满足电子签名法的专属性、可控性、防篡改性要求。

4. 存储调取

《民法典》135条、469条规定，民事法律行为可以采用书面形式、口头形式或者其他形式；法律、行政法规规定或者当事人约定采用特定形式的，应当采用特定形式。以电子数据交换方式订立合同，需满足可表现内容、可随时完整调取的要求，才能被视为以书面形式订立的合同。企业利用电子合同开展线上业务时，如果涉及法律规定必须以书面形式订立的合同（例如劳动合同、保证合同、保险合同、抵押合同、质押合同、保理合同、信托合同等），如无法满足随时可调取的要求，则可能被认定为未按法定形式成立。

在实践中，提供电子合同的一方可以选择自建电子合同储存系统或委托第三方进行储存。对于以一对多方式签订电子合同的业务而言，企业在选择电子合同储存方式时，除了须确保储存电子合同依赖的计算机系统的软硬件完整、可靠，始终处于正常运行的状态且对所储存的数据应具备防止出错的检测、核查手段外，在用户界面还应当插入查阅、调取、生成、下载电子合同的链接，以满足"随时调取"的法定要求。

扩展阅读 8-2
电子合同怎么
签才有效

8.2.3 电子合同的法律效力及生效要件

1. 电子合同的法律效力

电子合同的法律效力体现在订立、签名、取证与鉴定等方面。《民法典》（合同编）第469条规定，当事人订立合同，可以采用书面形式、口头形式或者其他形式。书面形式是合同书、信件、电报、电传、传真等可以有形地表现所载内容的形式。以电子数据交换、电子邮件等方式能够有形地表现所载内容，并可以随时调取查用的数据电文，视为书面形式。《民法典》（合同编）第 490 条规定，当事人采用合同书形式订立合同的，自当事人均签名、盖章或者按指印时合同成立。

▶ 2．电子合同的生效要件

（1）行为人具有相应的民事行为能力

行为人具有相应的民事行为能力的要件在学理上又被称为行为能力原则或主体合格原则。行为人必须具备正确理解自己行为性质和后果，独立地表达自己的意思的能力。

（2）电子意思表示真实

是指利用资讯处理系统或者电脑而为真实意思表示的情形。电子意思表的形式是多种多样的，包括但不限于电话、电报、电传、传真、电邮、EDI、因特网数据等，具体通过封闭型的 EDI 网络，局域网与因特网连接开放型的因特网或传统的电信进行电子交易信息的传输。

（3）不违反法律和社会公共利益

不违反法律和社会公共利益，是指电子合同的内容合法。合同有效不仅要符合法律的规定，而且在合同的内容上不得违反社会公共利益。

在我国，凡属于严重违反公共道德和善良风俗的合同，应当认定其无效。

（4）合同必须具备法律所要求的形式

我国现行的法律规定无法确认电子合同的形式属于哪一种类型，尽管电子合同与传统上的合同有着许多差别，但是在形式要件方面不能阻挡新科技转化为生产力的步伐，立法已经在形式方面为合同的无纸化打开了绿灯。法律对数据电文合同应给予书面合同的地位，无论意思表示方式是采用电子的、光学的还是未来可能出现的其他新方式，一旦满足了功能上的要求，就应等同于法律上的"书面合同"文件，承认其效力。

扩展阅读 8-3
拼多多用户和特斯拉的交车事件

8.3 电子签名与电子认证的法律制度

8.3.1 电子签名的概念

《中华人民共和国电子签名法》第 2 条对电子签名有明确的约定：电子签名是指数据电文中以电子形式所含、所附用于识别签名人身份并表明签名人认可其中内容的数据。其中，数据电文是指以电子、光学、磁或者类似手段生成、发送、接收或者存储的信息。

扩展阅读 8-4
电子签名的作用

8.3.2 电子签名的法律效力及条件

▶ 1．电子签名的法律效力

民事活动中的合同或者其他文件、单证等文书，当事人可以约定使用或者不使用电子签名、数据电文。当事人约定使用电子签名、数据电文的文书，不得仅因为其采用电子签名、数据电文的形式而否定其法律效力。

前款规定不适用下列文书：涉及婚姻、收养、继承等人身关系的，涉及停止供水、供热、供气等公用事业服务的，法律、行政法规规定的不适用电子文书的其他情形。

▶ 2. 可靠的电子签名条件

电子签名同时符合下列条件的，视为可靠的电子签名：第一，电子签名制作数据用于电子签名时，属于电子签名人专有；第二，签署时电子签名制作数据仅由电子签名人控制；第三，签署后对电子签名的任何改动能够被发现；第四，签署后对数据电文内容和形式的任何改动能够被发现。当事人也可以选择使用符合其约定的可靠条件的电子签名。

▶ 3. 电子签名具备法律效力的表现

依据《中华人民共和国电子签名法》第十四条规定："可靠的电子签名与手写签名或者盖章具有同等的法律效力。"因此，不能因为电子签名的形式不同而否认或者拒绝其法律效力。使用可靠的电子签名的时候，其效力主要表现在以下方面。

（1）身份不可否认

如果电子签名发送人是通过正当程序签约，那么发送人就需要确认自己就是此行为的当事人，不能以任何理由拒绝承认。无论是商务还是政务抑或者是法律文件。

（2）内容电子化不可否认

电子签名的发送在签订合同当时或者结束以后，不能以内容是电子化形式而否认电子合同或电子签名的有效性。从签约开始，默认当事人承认此种形式安全、受法律保护、有效。

（3）原件不可否认

电子签名往往是以数据电文的形式存在，在签署或者发送过程中都可能会有所变化，但是以电子签名签署的电子文件必定是当事人的原件，即便以后呈之公堂，它的原件证据效力不能改变和否认。

（4）法律行为要素不可否认

一个可靠的电子签名是受到法律的保护和认可的，虽然形式是电子化，以电子数据发送和被识别，但是在合法的前提下，它自然和普通的纸质合同同样控制着要约承诺，也控制着合同的签署、生效等，不能因为电子形式而否认最基本的法律行为要素。

扩展阅读 8-5
一个网上借款案件

8.3.3 电子认证的概念

电子认证是以核心电子书（又称数字证书）为核心技术的加密技术，它以 PKI 技术为基础，对网络上传输的信息进行加密、解密、数字签名和数字验证。电子认证是电子政务和电子商务中的核心环节，可以确保网上传递信息的保密性、完整性和不可否认性，确保网络应用的安全。

8.3.4 电子认证的法律关系及责任

▶ 1. 电子认证的法律关系

一般而言，电子认证机构是独立于交易双方的中立、权威的第三方当事人。可见，电子认证制度的法律关系通常涉及三方：电子认证机构、证书签署人（即卖方）、证书信赖人（即买方）。

电子认证机构与证书签署人之间，其实是基于电子认证机构和证书签署人之间的合同而形成的信用服务关系，所以二者之间实际上就是委托合同的关系。但这种委托合同的内容并不是仅仅让被委托人依照委托人的内容行事，而是要求被委托人即电子认证机构要对签署人进行遵守事实的认证，所以说这种委托关系的内容不是简单的委托。实际上，由于这种信用认证关系的特殊性，签署人作为委托人，除了向认证机构支付必要的服务费用外，还应当履行真实陈述的义务、合理管理私密匙和证书的义务，以及发生状况时的及时通知义务等。

电子认证机构与证书信赖人之间，这一法律关系的复杂性在于他们二者之间不一定会签署合同。如果证书信赖人是电子认证机构的用户，则二者的关系可以依据合同来界定。但如果证书信赖人不是电子认证机构的用户，他们二者之间没有服务合同的存在，但信赖人在另一种方向上又会通过与签署方的交易而使用电子认证机构提供的认证服务。在这种情况下虽然二者间不存在直接的服务合同，但证书信赖人基于对认证机构的信赖采信了该机构出具的证明，并进而享受了这种信赖带来的利益，那么一般认为证书信赖人也一样要承担一定的义务，这种义务包括一定的调查求证义务和谨慎保管及使用证书的义务等。

▶ 2. 电子认证机构的法律责任

电子信用证的各方当事人通常位于不同国家，电子认证机构在认证过程中会面临诸如电子记录的丢失、内部人员的涂改等风险，如果这些风险确实发生，对各方的利益已然造成巨大损失，那么认证机构在其中需要承担怎样的法律责任就成为我们不得不面对的一个问题。

一方面，就认证机构对签署方的责任而言，两者间存在一种服务合同关系，"基于这种合同关系，认证机构应当依合同规定向签署方提供相应的认证服务，否则就要承担违约责任，同时签署人仍然享有在受到损害时向认证机构请求赔偿的权利。"另一方面，就认证机构对证书信赖人的责任，上文提到，证书信赖人与认证机构可能并未直接签订合同，如果认为认证机构构成违约似乎有点勉强。《中华人民共和国电子签名法》对此采取过错推定原则，即由认证机构承担举证责任证明自己没有过错，否则应当承担赔偿责任。认证机构与证书信赖人之间之所以在举证责任上采用过错推定原则更为恰当，一是认证机构与证书信赖人之间并不存在合同关系也就不存在违约情形，此时认证机构对于证书信赖人是出于自身的职业义务而产生的法定义务，若认证机构不履行由此产生的义务可能承担的也只是侵权责任而不是违约责任；二是若证书信赖人因信赖证书而遭受损失，这对于认证机构来说也只是一种间接责任，两者间并不存在直接的因果关系，所以对此采取过错推定原则较为妥当。

具体到实际责任的承担上，主流学者认为在电子商务兴起阶段，为鼓励电子认证机构的积极性，应当对认证机构采取责任限制制度。这实际上是交易风险的具体分配问题，主要是为了实现各方当事人的利益权衡和公平理念，具体而言，这种责任限制可能体现在对认证机构需要承担责任的主体进行限制，对赔偿最高额度进行限制或设立责任基金制度进行补偿。我国目前对认证机构的责任限度尚无明确规定，但有一个可供参考的情况是，中央银行草拟的《金融机构安全认证指南》第2稿中，规定了认证机构承担的最高赔偿额度，即无论出于在线当事人的何种权利或义务，认证机构在认证过程中对每次证书应用都不承担超过100万元人民币以上的责任。可以看出，这个规定的出发点在于希望给我国电子认证机构乃至电子商务交易营造宽松环境，但须防止无形中使消费者的交易额受到限制，反而导致电子交易受阻的弊端。

8.4 电子支付的法律制度

8.4.1 电子支付的概念与特征

▶ 1. 电子支付的概念

电子支付是指电子交易的当事人,包括消费者、厂商和金融机构,使用安全电子支付手段进行的货币支付或资金流转。

▶ 2. 电子支付的特征

与传统的支付方式相比,电子支付具有以下特点。

1) 电子支付是采用先进的技术通过数字流转来完成信息传输的。
2) 电子支付的工作环境基于开放的系统平台。
3) 电子支付使用的是最先进的通信媒介。
4) 电子支付具有方便、快捷、高效、经济等优势。

8.4.2 电子支付的法律关系

▶ 1. 电子支付的法律关系的当事人

电子支付的法律关系又称为电子支付参与主体之间的权利与义务的关系,电子支付参与主体主要可归纳为银行(含收款银行和付款银行)、付款人、收款人和认证机构。

付款人:电子支付中的付款人,通常为消费者或买方。

收款人:电子支付中接受付款的人,通常为商家或卖方。

银行:电子支付中的付款人、收款人之间的中介人,通常为网上银行或金融机构。在电子支付系统中,银行同时扮演发起银行和接收银行的角色,完成信用中介、支付中介和结算中介的金融服务。"发起行",是指接受客户委托发出电子支付指令的银行。"接收行",是指电子支付指令接收人的开户银行。接收人未在银行开立账户的,则指电子支付指令确定的资金汇入银行。

认证机构(CA):电子支付中的付款人、收款人和银行真实身份的鉴定人,通常为认证中心或验证机构。认证机构为参与电子商务各方的各种认证要求提供证书服务,以确认支付各方的真实身份。

▶ 2. 电子支付的法律关系

(1) 收款人与付款人之间买卖合同关系

付款人之所以进行电子支付,往往是付款人与收款人间存在买卖合同关系,最普遍的就是货物买卖合同的买方指示其开户银行发送货款以履行其货物买卖合同中的付款义务,且卖方同意买方以电子支付方式支付货款。

(2) 付款人和收款人与银行之间都是金融服务合同关系

银行根据银行与客户(含付款人、收款人)之间订立的金融服务协议提供支付服务。

(3) 付款人、收款人和银行与认证机构之间均是证书服务合同关系

认证机构以第三方信任机构的身份参与电子支付各主体用户身份的确认。

8.4.3 电子支付中的法律问题

(1) 资金划拨责任问题

电子支付发展初期,包括美国在内的许多国家的立法或银行卡条例都保护银行利益,规定客户应对所有的银行卡交易负责。但美国后来的立法,尤其是《电子资金划拨法》及其实施细则E条例体现了对客户(消费者)这一弱势群体加强保护的倾向,专门就"未经授权的电子资金划拨"的责任进行了明确规定,主要是消费者对未经授权的交易承担的责任有限制。美国于1970年发布的《信用卡发行法》就规定,信用卡发卡机构不得向没有提出书面申请的人发卡;在信用卡合法持卡人报告其信用卡丢失或被盗以后,可以不支付账单上不经认可的部分,即被"盗用"的部分。在信用卡合法持卡人通知信用卡公司其信用卡被偷盗以前发生的全部被盗部分账单额度,多数持卡人被要求最多负担50美元的费用。

(2) 业务协调责任问题

在电子支付中,银行等金融机构可能同时扮演指令人和接收银行的身份。作为资金电子支付的重要环节,银行的基本义务是完成资金划拨任务。其责任表现为:在充当指令人时,银行如果发送了错误的指令,就应承担赔偿付款人的责任。即使不是由于银行的过错导致指令的错误发送,银行也应承担赔偿责任,对于能够查出出错的具体环节的,则由过错方赔偿银行的损失。当然属于免责范围的银行不承担责任。作为接收银行时,银行的责任是执行指令人资金划拨的指令妥善地接收所划拨的资金,如果在履行资金划拨指示时有延误或失误情况,接收银行应承担违约责任。具体来说,发送银行承担如约执行资金划拨指令的责任,如资金划拨失误或失败,发送银行应向客户赔偿。查出是哪家银行的过失,则由过失的银行赔偿发送银行,查不出则由整个划拨系统分担损失。

接收银行的责任则是一接到发送银行的资金划拨指令就应立即履行义务,如延误或失误则承担违约责任。一般说,接收银行应在收到支付指令的银行日履行义务,如当天未能执行,则应在接到支付指令的第二个银行日的午夜之前履行义务,但支付指令中特别指明或暗示了执行日期的例外。接收银行向客户支付的义务开始于它代表客户接受支付指令之时,而一旦接收银行向客户支付了款项它就履行完了自己的义务,而且这种支付是不可撤销的。

(3) 赔偿责任范围问题

《电子资金划拨法》等规定,金融机构对电子资金划拨服务中的失误承担赔偿消费者全部损失的责任:第一,当金融机构得到消费者的适当指示进行电子资金划拨后,未根据账户条件以正确的金额或及时的方式进行该电子资金划拨;第二,因金融机构未根据账户条件,将收到的资金存款贷记消费者账户,使该金融机构由于账户资金不足未进行电子资金划拨;第三,当金融机构接到指示,要求它根据账户条件停止支付从消费者账户划出资金的预先授权的划拨时,金融机构未停止支付。另外,银行未进行及时划拨或未按指示停止支付如果是出于善意的失误,尽管合理地采取了安全程序避免此类错误,银行仍应对消费者的实际损失承担赔偿责任。

(4) 举证责任问题

电子资金划拨出现错误或欺诈,举证责任应由银行承担。这是因为,电子支付的各个环节都涉及信息技术问题,电子支付的运行程序和数据涉及商业秘密也不为消费者所知,消费者作为受害者要去举证提供电子支付金融服务的银行方是否存在过错,在实践中是困难的甚至是不可能的，在电子支付法律关系中不应实行传统的过错责任原则。但是，在网络技术迅猛发展的时代，法律调整不应阻挠先进技术进一步发展的空间，如电子支付法律关系采用无过错责任原则，又可能因责任风险过大使银行方拓展网络银行业务的积极性增加。因此，电子支付法律关系中应实行过错推定责任制度。

8.4.4 电子支付中的法律责任

▶ 1. 电子支付中的民事法律责任

（1）电子支付合同责任的归责原则采取严格责任原则

电子支付合同责任的归责原则采取严格责任原则，即只要电子支付过程中的合同当事人的行为违反合同的规定，就应当承担合同责任。承担电子支付的合同责任一般采取的主要方式为：支付违约金、强制实际履行、赔偿损失和其他补救措施。

（2）承担支付迟延履行的利息以及其他民事责任

根据《中华人民共和国商业银行法》第73条的规定，商业银行有下列情形之一对存款人或者其他客户造成财产损害的，应当承担支付迟延履行的利息以及其他民事责任：

1）无故拖延、拒绝支付存款本金和利息的；

2）违反票据承兑等结算业务规定，不予兑现、不予收付入账、压票、压单或者违反规定退票的；

3）非法查询、冻结、扣划个人储蓄存款或者单位存款的；

4）违反本法规定对存款人或者其他客户造成损害的其他行为。

▶ 2. 电子支付中的刑事法律责任

电子支付过程中的计算机犯罪，可参照《中华人民共和国刑法》第286条、第287条的规定进行处罚，包括破坏网上银行的计算机系统数据和应用程序的犯罪，制作、传播计算机破坏性程序的犯罪等。

与计算机犯罪有关的电子支付犯罪，可参照《中华人民共和国刑法》第287、224、196、266、264条的规定进行处罚，包括利用计算机实施网上金融诈骗、盗窃、贪污、挪用公款的犯罪，在履行电子合同过程中骗取当事人财物的犯罪，进行信用卡等电子货币诈骗犯罪等。

不涉及计算机技术的电子支付过程中的传统支付犯罪，这种犯罪涉及面广、危害性大，可参照《中华人民共和国刑法》第264、266、174、287条的规定进行处罚，以及借鉴《中华人民共和国刑法》分则中第三章"破坏社会主义市场经济秩序罪"，第五章"侵犯财产罪"，以及其他相应条款的规定进行处罚。即只要在电子支付过程中的犯罪行为符合《中华人民共和国刑法》章节中的犯罪要件，则以刑法有关规定定罪处罚。

8.4.5 电子货币的法律问题

▶ 1. 电子货币的安全问题

电子货币的安全性是各大商业银行和使用者关注的重要问题，在使用过程中由于其虚拟性从而具有很大的风险，在消费者、商户以及发行者中都有可能出现以下几个安全问题：行为人非法盗用消费者和商户的POS机设备，通过伪造的支付设备对消费者的电子货币数据信息进行非法复制，通过非法设备对电子货币的交易数据进行篡改等。如何进一步提高电子货币的安全性，已经成为待解决的焦点问题。

2. 电子货币发行主体的监管问题

（1）限定电子货币的主体

现今电子货币的发行由银行、非银行金融机构和其他金融机构进行。可以将电子货币理解为存款，如果货币的发行主体产生经济上的危机时，直接的受害主体是广大用户，用户的利益会直接受到损害。同时，由于电子货币具有高科技属性，若电子货币的发行主体受到束缚，人们会对电子货币的技术革新失去兴趣，可想而知，电子货币的发展也会出现新的危机。由于每个国家的基本现状各不相同，所以各国各区域对于电子货币发行主体的要求也各不相同。

在我国，央行和一些金融机构都可以发行电子货币。但是，由于没有明确的法律条文对电子货币的发行进行约束，所以为了保证发行者在财务运转上的安全可靠，防止不正当手段的竞争，保护消费者合法权益，应该规定只有银行信用机构才具有发行电子货币的资格，国家也应该对电子货币的发行进行一些法律约束，从而确保我国金融系统的安全性。电子货币发行主体应缴存存款准备金。在我国的银行法中，商业机构、某些金融机构要根据自己的存款总额按照国家规定的比例缴存到央行，这笔资金与存款总额之比称为存款准备金率，但是在电子货币的流通中并没有这样的明确规定。因为在实践过程中，该模式会对电子货币用户产生影响。因此，央行应该根据电子货币发行主体的实际情况来制定相应的准备金比率，从而规范电子货币的发行情况。

（2）对电子货币发行主体条件及投资的限制规定

传统货币的发行主体是央行，所以安全性较高，但电子货币的发行主体不如央行权威，所以其存在很大的风险性，这就要求央行制定更加严格的审核标准来确保金融交易和存款人的利益。所以，除了不同机构的准备金标准不同外，电子货币的发行人还要具有完整的财务结构和较高的管理水平，对电子货币的风险有深刻的了解，接受央行的管理。此外，电子货币的发行有着不可避免的风险性和流动性，所以要想避免不必要危险的发生，降低货币发行人的风险，切实保证使用者的利益，对电子货币发行人使用电子货币的情况也要严加管制。

3. 货币法偿性问题

由于电子货币的虚报性需要使用特有的技术设备以及网络等方面的支持，在实际使用中可能会因为特定条件的限制而出现无法进行交易的情况。例如，由于商户的POS机设备出现问题，使得消费者无法通过电子货币进行交易；由于商业银行的ATM机设备出现问题，消费者无法通过ATM机进行资金的划拨和取现等问题。

4. 电子货币交易隐私保护的问题

要想使电子货币能够更加长久地生存下去，用户的信任是最为重要的一点，当用户在使用时自己的隐私遭到暴露，会降低对电子货币的信任感，从而影响电子货币未来的发展。在人民币进行交易划拨的过程中，除了经由银行进行资金转账的情况以外，交易双方以外的人并不能了解交易的金额及内容，这在一定程度上确保了交易双方的隐私不受侵犯。电子货币由于其使用条件的限制，在交易过程中必须留下交易信息以及交易双方信息等数据资料，这在一定程度上增加了保护交易双方隐私权的难度。

5. 洗钱犯罪问题

电子货币存在洗钱的问题，即电子洗钱，但是电子货币的发展目前处在不太成熟的阶段，没有完整的法律体系，所以只能在理论上去探究。随着电子货币使用范围的进一步扩大，为犯罪组织的非法洗钱行为提供了有利条件。犯罪组织可以通过网络将大量的资金在地球的任意两点之间进行传送。犯罪组织可以将非法所得以电子货币的形式转移到金融监管力度较小的国家和地区，在那里将非法所得进行合法化的处理。目前，如何应对非法洗钱等违法行为并进行有力的应对，已经成为电子货币发展中需要处理的重要问题。

8.4.6 网上银行的法律问题

▶ 1. 电子证据制度有待完善

电子证据是以网络为依托进行展示的一种新型证据形式。由于网络是一种虚拟平台，因此，电子证据具有较大的不确定性，一方面，电子证据容易泄漏，黑客可以通过多种手段进入相应设备中，将其中的证据进行改动或删除，所以证据的保存十分困难。另一方面，电子证据的获取难度较大，其获取需要依靠专业设备、专业人才、专业知识，因此普通消费者对于证据的获取微乎其微，而相应地，处于信息终端的银行却可以依靠其人力物力财力，简便迅速地获取证据，作为风险承担方的消费者不仅承担着成倍增长的风险，同时其对于风险的把控，对于损失后的赔偿责任问题都需要依赖责任承担方的责任认定，这样的模式类似"罪犯又是审判员"，最终只会导致银行方的地位过重，影响双方的交易问题。因此对于电子信息的采集、保存都应该进行相应的监管，将监管制度中有关电子信息的部分进行更重点地充实，将细节部分加以完善，对于伪造电子证据、篡改电子证据等问题进行严厉惩处。

▶ 2. 监管制度不完善

我国关于网上银行的法律制度总体框架已经形成，但是这并不意味着监管制度就已经建立，在制度的细节与实践过程中仍存在许多问题，具体如下。银行监管模式老套，随着金融业的不断发展，多数发达国家选择将监管模式由原来的分业经营、分业监管的模式打破，不再依据行业进行监管，主要原因在于，随着经济的发展，金融业与银行业的经营模式越发多样化，金融业不单单只从事有关金融方面的业务，同时也开始进行保险业务等。

同时银行业也不再仅限于存取款、转账、支付业务，更多的是进行证券、保险、金融衍生品的买卖等业务，因此行业间的分工开始不断趋同，一再使用原来的分业监管模式显得不合时宜。但是在这一方面，我国仍采用分业监管，仍然只对原有的传统行业分类模式进行监管，这使得新型融合的部分再发生纠纷时变得无处安放。因此，针对这一持续性问题，相关部门应予以考虑并进行改进，借鉴发达国家的有关模式，打破行业间的限制，更有效地将监管制度予以实施。

▶ 3. 市场准入制度存在不足

对于市场准入方面主要有两方面应予以改进：首先，在设立制度上，网上银行的设立采用核准制，申请者将网上银行信息以及注册资本进行输入后，由央行进行核准，只有满足了相应的程序才可以申请，这样做一方面是为了控制网上银行的注册数量，在提高质量的同时也可以更好地加强国家监管，但是从另一面来看，过度细致地审查必然会导致效率的降低，同时对于规模的严苛要求也极易导致垄断的形成，阻碍了一些小型规模的银行发展，从而在降低了风险的同时限制了竞争，在一定程度上阻碍了银行业的发展。其次，在审批制度上，银行机构在网上银行设立过程中不仅要提交烦琐的文件，同时也要进行严格的审批，主要包括银监会、各相关分局的审批，虽然这大大地提高了所建立的网上银行的安全性，但是也同时降低了效率。现代经济瞬息万变，在注重质量的同时效率也是重要的一环，因此为了更好应对经济变化，应该提高审批效率。

8.4.7　第三方支付的法律问题

▶ 1. 我国第三方支付市场的法律风险

互联网第三方支付市场存在着四个具有相互关系的主体，它们分别是消费者、卖方、第三方支付平台、网上银行。这四个主体之间，消费者和卖方确立了债权债务关系；卖方和买方分别与第三方支付平台形成委托代理关系；网上银行与第三方支付平台形成金融服务合同关系。

互联网第三方支付市场存在着众多法律关系，各个主体之间关系复杂，涉及买卖双方的款项在互联网等虚拟空间大量且快速流动，所以该市场的风险要远远大于其他市场。目前，第三方支付平台产生的企业利息和合法经营业务还未有明确的界定，因此第三方支付平台在法律法规方面存在较多不确定性和较大的运营风险。

▶ 2. 我国第三方支付监管存在的问题

（1）经营管理问题

从本质上讲，第三方平台的清算结算业务应该是银行业务的一个部分。翻阅《中华人民共和国商业银行法》，不难发现，在其第三项条款中规定，结算业务属于经中国银监会批准的商业银行中间业务。因此，第三方支付结算业务违法。一些非金融机构或企业将自己视作为网络用户提供替代品的中介机构，并承接游走在法律边缘的工作，以避免自己进入违法的困境。许多第三方支付公司在用户协议和其他文件中尽量避免一些与金融机构相似之处，却在进行电子商务活动中建立了一个虚拟账户和一个提供现金收付、付款和服务保障等一系列明显超出了银行专营权的范围的服务。

（2）资金沉淀问题

由于资金的流转必须由第三方支付在电子商务平台上进行操作，商品支付不具有及时性，不能够立即支付出去，使得第三方支付平台沉淀了相当可观的资金。在某种程度上来说，这具有银行储蓄的性质，是中国商业银行法规定的自营业务。目前，除了支付宝、财付通、快钱等一些大型第三方支付公司，这些拥有自己专门的平台把沉淀资金交给银行，其他一些公司从沉淀基金中获取利润，这毫无疑问是不合法的，根据《民法典》第900条规定：保管期限届满或者寄存人提前领取保管物的，保管人应当将原物及其孳息，归还寄存人。

（3）电子货币的发行问题

为了提高支付效率和方便网络消费者，一些大型第三方支付公司允许买家和卖家存储相当数量的金额，不限制存款金额能通过电子货币反映。电子货币在网络消费中的使用相当于现金，随着电子商务的发展，它已成为重要的消费者在线支付工具；然而，目前电子货币存在的问题在于，由于性质和发行主体在中国法律法规中仍是空白，和电子货币的发行相比，持有电子货币是一种消费者与网络的债务关系；由于没有明确的法律对其进行规范，如何处理未来可能会产生的债务问题？谁来承担赎回的风险？

（4）财务风险

由于法律上的地位尚不明确，一定的财务状况风险是难以避免的。在电子商务处于萌芽发展阶段时，每笔交易金额或网上交易总金额都是相对比较小的，而且非法现金，非法转移资金等现象都没有非常明显。但随着第三方支付交易市场的发展，交易金额越来越多，以至于如今每日的营业额至少可达 1 亿元。这种巨额交易大多是通过存款卡完成的，所以第三方付款成为一些人的非法敛财工具。每张信用卡都设置了一定的透支限额，所以只要在限额范围内就能获取相应的资金，银行之所以发行信用卡，它的目的在于，让人们在小规模使用现金的前提下，来刺激消费或满足支付需求。因此，不允许消费者从银行兑现或在使用时有一系严厉的限制条件，如增加现金成本以防止兑现。因为电子商务网络交易没有限制，并且通过第三方支付使用信用卡的情况在平台没有受到监管，这个漏洞让一些人有了非法套取现金的机会。

（5）监管机构存在的问题

2010 年，相关部门颁布相关条令，正式规定第三方支付要受到中国人民银行的管辖及监督。毫无疑问这项措施带来了正面的作用，使得一直以来饱受非议的第三方支付无人监管的问题，得到了一定程度的解决。第三方支付关系着各行各业，仅仅由中国人民银行这一个部门进行监管，显得势单力薄，并不能把监管落实到方方面面。中国人民银行统筹领导，在大体上掌控方向是不可缺少的，但是各个行业的专门机构进行监管也是不可或缺的。

扩展阅读 8-6
案例：退款陷阱

8.5 电子商务中的知识产权保护

8.5.1 知识产权的概念

知识产权，一般是指人类智力劳动产生的智力劳动成果所有权。它是依照各国法律赋予符合条件的著作者、发明者或成果拥有者在一定期限内享有的独占权利，一般认为它包括版权（著作权）和工业产权。版权（著作权）是指创作文学、艺术和科学作品的作者及其他著作权人依法对其作品所享有的人身权利和财产权利的总称；工业产权则是指包括发明专利、实用新型专利、外观设计专利、商标、服务标记、厂商名称、货源名称或原产地名称等在内的权利人享有的独占性权利。

8.5.2 电子商务环境下知识产权的特点

在网络中知识是以电子数据的形式存在、存储和传输的。知识载体形式的变化，给知识产权的保护提出了严重的挑战。网上知识产权既有传统知识产权的一般特征，又有一些新特点，主要表现在以下 3 个方面。

▶ 1．易复制性

由于数字化后的作品具有"可复制性"和"独创性"等特征，因而已有作品数字化应属于著作权人的一项专有权利，应该受到著作权法的保护。将作品数字化本身就是一种"复制"行为，应受"复制权"的制约。

▶ 2．易传播性

作品的网络传播，既不完全是作品的发行，也不完全是作品的播放，它是一种全新的作品传播方式。因此，从保护著作权人的利益出发，将作品上传到因特网上向公众发送是对作品的使用，它属于著作权人的一项专有权利，应受到著作权法的保护。虽然在网络上销售的版权保护作品是以数字化形式存在的，但并没有改变其版权所有权，在电子商务活动中，应注重作品版权主体的认定。

▶ 3. 知识产权的无国界性

知识产权最突出的特点之一就是它的"专有性"，而网络上受到知识产权保护的信息则是公开的、公用的，也很难受到权利人的控制。其中"地域性"是知识产权的又一特点，而网络传输的特点则是"无国界性"。

8.5.3 电子商务中知识产权保护的常见问题

尽管在立法机关、执法机关、权利人、消费者、电子商务平台等各方的共同努力下，电子商务领域知识产权保护相关数据、指标持续向好，但依然面临诸多需要持续推动解决的问题。

▶ 1. 跨境维权难题

近年来，中国跨境电商规模迅速扩大，跨境电子商务潜力不断被释放，这些新的变化也带来了新的挑战——制假售假产业化、全球化态势愈演愈烈，跨境维权成为知识产权保护新的难题。相比于境内的侵权假冒产品治理，跨境电子商务知识产权侵权案件涉及的侵权人和受害人的范围更大，打击的难度也明显增大。境外侵权假冒产品生产者销售者向劳动力成本低的发展中国家的加工企业定制侵权假冒产品，并通过跨境贸易的方式销售至全球多个国家。一些境外制假售假分子还通过 Instagram、Facebook 等境外社交媒体平台为侵权假冒产品引流，并通过跨境贸易的方式输送至其他国家。另外，各国之间知识产权法律规则的不一致，也增加了跨境电子商务的维权成本，特别是对于权利人而言，跨境权利救济成本之高常令其难以负担。这些都给打击跨境电子商务知识产权侵权和我国跨境电商持续健康发展带来了巨大挑战，不仅需要平台自身加强应对，更需要全球协同治理。

▶ 2. 平台治理困境

与传统商务不同，电子商务生态系统以电子商务平台为依托，交易双方通过平台的居间来完成电子交易和服务，认定也应与此相适应。实践中，面对恶意侵权、恶意抢注、不正当竞争等行为，电子商务平台如果过分信任买家投诉，则可能让卖家失去抗辩和举证的机会，误伤商家的正常经营权，因为投诉人的一纸投诉会导致店铺商品下架；如果确系侵权，则又可能因为侵害后果加大而要承担连带责任。电子商务平台作为商业经营者，如果不依据知识侵权与否做出准确判断，就会面临法律义务承担与平台生态治理的两难困境。

扩展阅读 8-7 商标的知识产权问题

8.5.4 我国电子商务中知识产权保护对策

▶ 1. 立法保护

我国通过立法赋予民事主体对其知识财产和相关的精神利益享有知识产权，并予以法律拘束力。没有知识产权立法，就没有知识财产的法权形态，就没有其创造者和其他权利人的法律地位。有学者将知识产权称为"诉讼上的权利"。电子商务立法要注意法律、法规的可操作性并应加强执法力度。

2. 行政保护

我国行政机关对当事人某些比较严重违反知识产权法律的行为予以行政处罚,将某些知识产权向权利人予以授权等行政行为作为行政保护。对知识产权的行政保护,是中国知识产权保护具有特色的"双轨制"的体现。发达国家一般没有类似我国各个行政机关对侵权行为的罚款等行政处罚的情况。不论今后我国行政执法的趋向如何,利用行政处罚手段,对知识产权给予保护仍不失有效措施之一。版权、工商、公安等诸多部门应该积极加大对电子商务活动中涉及知识产权保护的违法活动的查处和治理力度。

3. 司法保护

我国对知识产权通过司法途径进行保护,即由享有知识产权的权利人或国家公诉人向法院对侵权人提起刑事、民事诉讼,以追究侵权人的刑事、民事法律责任,以及通过当事人向法院提起行政诉讼从而对行政执法进行司法审查,以支持正确的行政处罚或纠正错误的处罚,使各方当事人的合法权益都得到切实保护。虽然我国是成文法国家,但在电子商务相关案例的审判中,适当加大司法运用法律的自由度,是非常必要的。对知识产权的司法保护是最重要的知识产权法律实施活动。

4. 知识产权集体管理组织保护

知识产权集体管理组织保护是指经知识产权创造者或其他权利人授权的社会组织,面对势力强于自己的使用者来保护自身的利益。知识产权创造者或其他权利人可以授权知识产权集体管理组织行使知识产权的有关权利。知识产权集体管理组织被授权后,可以以自己的名义为知识产权创造者或其他权利人主张权利,并可以为当事人进行涉及知识产权有关权利的诉讼、仲裁活动。在电子商务中,知识产权集体管理组织有效运转的关键,在于要按照建立在明确界定的私人产权基础上的责任规则机制来运作。

5. 知识产权人或其他利害关系人的自我救济

我国重视对知识产权人或其他利害关系人的自身知识产权保护,并制定了一系列如何保护知识产权、如何在开展业务中避免对他人侵权等的具体措施和手段,以更好地保护自己的权利,即知识产权人或其他利害关系人的自我救济。知识产权属于私权,法律对私权保护的程序往往需要权利人或利害关系人的投诉方能启动。知识产权人的自我救济范围很广,在主张权利阶段就包括向侵权人提出警告、交涉,各类请求权的行使等。在电子商务中,知识产权人或其他利害关系人的自我救济可以通过搜集电子商务中的证据,同时通过有关知识产权法律咨询部门的帮助来保障自身的利益。

扩展阅读 8-8
天猫店铺的
品牌授权

8.6 电子商务市场秩序规则

8.6.1 电子商务不正当竞争的法律规定

1. 不正当竞争的概念

我国《中华人民共和国反不正当竞争法》(以下简称《反不正当竞争法》)第 2 条规定,不正当竞争行为是指经营者违反本法规定,损害其他经营者的合法权益,扰乱社会经济秩序的行为。电子商务中的不正当竞争行为泛指经营者在电子商务中采取各种虚假、欺诈、损人利己等违法手段，损害其他经营者的合法权益，扰乱电子商务秩序的行为，其表现形式为诸如域名抢注、网络虚假广告、网络商业秘密侵权等。

▶ 2. 电子商务不正当竞争的特点

依据《反不正当竞争法》的规定，电子商务的不正当竞争具有以下4个特点。

(1) 电子商务不正当竞争的主体是参与电子商务的经营者

《反不正当竞争法》规制的不正当竞争，必须是经营者实施的竞争行为，不包括市场上处于消费地位的民事主体；电子商务中的不正当竞争的主体，必须是参与电子商务的经营者，否则难以在电子商务中实施不正当竞争行为；竞争者两个以上，且往往行业相同或相近，在经济利益上有利害关系。

(2) 电子商务中的不正当竞争所侵害的对象主要是同业经营者的利益

只有同业经营者才对市场存在争夺，任何一个经营者对市场的占领或扩大，就意味着其他同业经营者的市场相应被占领或缩小。竞争的目标在于争夺市场，争取交易机会。

(3) 电子商务中的不正当竞争行为具有违法性

电子商务中的不正当竞争行为违反了《反不正当竞争法》的规定，既包括违反该法的原则规定，也包括违反该法列举的禁止不正当竞争行为的各种具体规定。这种行为危害了其他参与电子商务的经营者的合法权益，损害了消费者的合法权益，扰乱了正常的电子商务秩序和社会经济秩序等。

(4) 电子商务中的不正当竞争行为具有跨国性

电子商务中的不正当竞争也是国际性的。在互联网发展早期就有不少境外公司利用国内企业缺乏电子商务意识而抢注了大量知名企业的域名，以高价强卖给国内的有关企业。据统计，全球大概有2 000个以上的网站未经授权擅自以其名义进行各种商业活动，为自己牟取私利。

▶ 3. 电子商务不正当竞争的法律规制

1) 主要以他人的注册商标、商号、厂商名称或者知名商品特有的名称、包装、装潢为对象。在我国电子商务中主体混同行为的法律依据主要有《中华人民共和国商标法》《反不正当竞争法》和商号法律制度。

2) 侵权人捏造、散布虚假事实和具有损害竞争对手商誉的主观目的。网络用户要特别关注网上自己商誉的保护：一方面，可以通过网络技术对自己商誉的载体，如商标、域名、"锚"、网站名称等，增加技术保护，增设技术密码，减少商誉被侵权的概率；另一方面，当自己的商誉被人侵犯后，要敢于拿起法律武器维护自己的商誉权。《反不正当竞争法》第2条第1款、第14条均是解决商誉侵权纠纷的起诉依据。

3) 在网络环境下，保护网络用户的商业秘密可以采纳多种形式，分别依据不同法律。一方面，网络用户可以通过订立保密合同或在合同中加入保密条款，对商业秘密进行保护；另一方面，网络用户可以依据《反不正当竞争法》来获得民事和行政保护。

8.6.2 电子商务的反垄断法律问题

▶ 1. 垄断的概念

垄断是一种市场结构，指一个行业里有且只有一家公司（或卖方）交易产品或者服务。一般分为卖方垄断和买方垄断。卖方垄断指唯一的卖者在一个或多个市场，通过一个或多个阶段,面对竞争性的消费者;买者垄断则恰恰相反。

▶ 2. 经营者集中在反垄断中的法律规制

经营者集中主要是指企业之间的控制,《中华人民共和国反垄断法》(以下简称《反垄断法》)关注的是这种控制是否会限制竞争。我国《反垄断法》第 48 条规定,经营者违反该法规定实施集中的,由国务院反垄断执法机构责令停止实施集中、限期处分股份或者资产、限期转让营业及采取其他必要措施恢复到集中前的状态,可以处 50 万元以下的罚款。《反垄断法》第 20 条规定,经营者集中包括以下情形。

① 经营者合并。

② 经营者通过取得股权或者资产的方式取得对其他经营者的控制权。

③ 经营者通过合同等方式取得对其他经营者的控制权或者能够对其他经营者施加决定性影响。

▶ 3. 限制竞争的法律规制

在电子商务环境下,网络支配地位难以形成。一些电子商务市场的参与者会制定规则,去排挤其他的竞争者使用或者共同参与交易平台的建立,此时会使交易平台明显具有限制竞争的特征。如果这个交易平台对竞争来说非常必要,就会导致那些被排挤在外的竞争者丧失可能的商业利益。

限制竞争的法律规制是禁止经营者之间达成旨在排除、限制竞争,或者实际上具有排除、限制竞争效果的协议、决定或者其他协同一致的行为。

限制竞争与滥用市场优势地位相比,其共同点在于二者都是垄断行为;不同点是,前者是非结构性垄断行为,而后者为结构性垄断行为,后者的实施主体往往为具有优势地位的单个企业,而前者的实施主体为多个不具备优势地位且多数情况下存在竞争关系的企业。相对于企业合并而言,企业合并为试图获得垄断状态,而限制竞争属于垄断行为。

限制竞争协议可分为企业之间的协议、企业团体(如行业协会)的决议、企业之间的协调行为及知识产权许可协议。限制竞争协议包括以下内容:统一确定、维持或者变更商品的价格,禁止经营者在向其他经营者提供商品时限制其与第三人交易的价格或其他条件;限制商品的生产或者销售数量;分割销售市场或者原材料采购市场;限制购买或者开发新技术、新设备;联合抵制交易;其他排除、限制竞争的协议。

▶ 4. 平台反垄断指南

(1) 平台反垄断指南

《关于平台经济领域的反垄断指南》是为预防和制止互联网平台经济领域的垄断行为,降低行政执法和经营者的合规成本,加强和改进平台经济领域反垄断监管,保护市场公平竞争,维护消费者利益和社会公共利益,促进平台经济持续健康发展,根据《中华人民共和国反垄断法》制定的法规。

(2) 指南的目的和依据

为预防和制止互联网平台经济领域的垄断行为,降低行政执法和经营者的合规成本,加强和改进平台经济领域反垄断监管,保护市场公平竞争,维护消费者利益和社会公共利益,促进平台经济持续健康发展,根据《反垄断法》,制定本指南。

(3) 基本原则

对平台经济领域开展反垄断监管坚持以下原则。

1）营造公平竞争秩序。着力预防和制止排除、限制竞争的垄断行为，维护平台经济领域公平竞争、开放包容的发展环境，降低市场进入壁垒，促进更多主体进入市场，公平有序参与竞争，激发市场活力。

2）加强科学有效监管。《反垄断法》的基本制度、规制原则和分析框架适用于平台经济领域所有市场主体。反垄断执法机构将根据平台经济的发展状况、发展规律和自身特点，强化竞争分析和法律论证，不断加强和改进反垄断监管，增强反垄断执法的针对性、科学性。

3）激发创新创造活力。维护平台经济领域公平竞争，引导和激励平台经营者将更多资源用于技术革新、质量改进、服务提升和模式创新，防止和制止排除、限制竞争行为抑制平台经济创新发展和经济活力，有效激发全社会创新创造动力，构筑经济社会发展新优势和新动能。

4）促进行业健康发展。通过反垄断监管维护平台经济领域公平有序竞争，充分发挥平台经济高效匹配供需、降低交易成本、发展潜在市场的作用，推动资源配置优化、技术进步、效率提升，支持和促进实体经济发展。

5）维护各方合法利益。平台经济发展涉及多方主体。反垄断监管在保护市场公平竞争、保障和促进平台发展的同时，着力维护平台内经营者和消费者等各方主体的合法权益，使全社会能够共享平台技术进步和经济发展成果，实现平台经济整体生态和谐共生与健康发展。

（4）排除、限制竞争以及可能排除、限制竞争的行为都是垄断行为

在电商领域中通常表现为滥用市场支配地位行为，具体行为有如下几点。

1）市场支配地位的认定。反垄断执法机构依据《反垄断法》第十八条、第十九条规定，对认定或推定经营者具有市场支配地位的因素和情形进行分析。结合平台经济的特点，可以具体考虑以下因素：经营者的市场份额以及相关市场竞争状况；经营者控制市场的能力；经营者的财力和技术条件；其他经营者对该经营者在交易上的依赖程度；其他经营者进入相关市场的难易程度。

2）不公平价格行为。具有市场支配地位的平台经济领域经营者，可能滥用市场支配地位，以不公平的高价销售商品或者以不公平的低价购买商品。

3）低于成本销售。具有市场支配地位的平台经营者，可能滥用市场支配地位，没有正当理由，以低于成本的价格销售商品，排除、限制市场竞争。分析是否构成低于成本销售，一般重点考虑平台经营者是否以低于成本的价格排挤具有竞争关系的其他平台经营者，以及是否在将其他平台经营者排挤出市场后，将价格提高并不当获利等情况。在计算成本时，一般需要综合考虑平台涉及多边市场中各相关市场之间的成本关联情况。

4）拒绝交易。具有市场支配地位的平台经济领域经营者，可能滥用其市场支配地位，无正当理由拒绝与交易相对人进行交易，排除、限制市场竞争。分析是否构成拒绝交易，可以考虑以下因素：停止、拖延、中断与交易相对人的现有交易；拒绝与交易相对人开展新的交易；在平台规则、算法、技术、流量分配等方面设置限制和障碍，使交易相对人难以开展交易；控制平台经济领域必需设施的经营者拒绝与交易相对人以合理条件进行交易。

5）限定交易。具有市场支配地位的平台经济领域经营者，可能滥用市场支配地位，无正当理由对交易相对人进行限定交易，排除、限制市场竞争。分析是否构成限定交易行为，可以考虑以下因素：要求交易相对人在竞争性平台间进行"二选一"或者其他具有相同效果的行为；限定交易相对人与其进行独家交易；限定交易相对人只能与其指定的经营者进行交易；限定交易相对人不得与特定经营者进行交易。

扩展阅读 8-9
阿里被罚 182 亿元的法律解读

6）搭售或者附加不合理交易条件。具有市场支配地位的平台经济领域经营者，可能滥用市场支配地位，无正当理由实施搭售或者附加不合理交易条件，排除、限制市场竞争。分析是否构成搭售或者附加不合理交易条件，可以考虑以下因素：利用格式条款、弹窗、操作必经步骤等交易相对人无法选择、更改、拒绝的方式，将不同商品进行捆绑销售；以搜索降权、流量限制、技术障碍等惩罚性措施，强制交易相对人接受其他商品；对交易条件和方式、服务提供方式、付款方式和手段、售后保障等附加不合理限制；在交易价格之外额外收取不合理费用；强制收集用户信息或附加与交易标的无关的交易条件。

7）差别待遇。具有市场支配地位的平台经济领域经营者，可能滥用市场支配地位，无正当理由对交易条件相同的交易相对人实施差别待遇，排除、限制市场竞争。分析是否构成差别待遇，可以考虑以下因素：基于大数据和算法，根据交易相对人的支付能力、消费偏好、使用习惯等，实行差异性交易价格或者其他交易条件；基于大数据和算法，对新老交易相对人实行差异性交易价格或者其他交易条件；实行差异性标准、规则、算法；实行差异性付款条件和交易方式。

扩展阅读 8-10
美团大数据杀熟

8.6.3 网络广告及其法律规制

▶ 1. 网络广告的概念和类型

网络广告，是指通过网站、网页、互联网应用程序等互联网媒介，以文字、图片、音频、视频或者其他形式，直接或者间接地推销商品或者服务的商业广告。根据《互联网广告管理暂行办法》的规定，互联网广告包括 5 种类型。

① 推销商品或者服务的含有链接的文字、图片或者视频等形式的广告。
② 推销商品或者服务的电子邮件广告。
③ 推销商品或者服务的付费搜索广告。
④ 推销商品或者服务的商业性展示中的广告，法律、法规和规章规定经营者应当向消费者提供的信息的展示依照其规定。
⑤ 其他通过互联网媒介推销商品或者服务的商业广告。

网络广告既具有传统广告的特点，也有自己的优势，具有传统媒体无法比拟的特点。

▶ 2. 网络广告的监管

随着网络广告的发展，海量广告流传在网络上，其中虚假广告和广告不正当竞争应运而生。我国工商总局于 2016 年出台《互联网广告管理暂行办法》（以下简称《办法》）。

(1) 互联网信息服务提供者也有制止发布违法广告的义务

不同于传统广告，《办法》将互联网广告发布者的行为特征界定为"推送或者展示"，并规定能够核对广告内容、决定广告发布的自然人法人或者其他组织是互联网广告的广告发布者，依法承担《中华人民共和国广告法》所规定的预先查验证明文件、核对广告内容的义务。

(2) 厘清"广告联盟"各方义务和责任

"程序化购买"是互联网广告特有的一种经营模式，俗称"广告联盟"，可通过信息技术自动完成广告采买及广告投放。广告联盟通常分为"流量平台"（广告位供应方）、"广告主平台"（广告需求方）以及中间的结算方三类。广告主通过结算方实时竞价购买流量平台的广告位，每个环节只有几十到一百毫秒的处理时间。常见的广告联盟有百度联盟、搜狗联盟、淘宝联盟、京东商城销售联盟、广点通联盟等。

(3) 付费搜索广告必须标明"广告"

《办法》第七条规定，互联网广告应当具有显著的可识别性，标明"广告"，使消费者能够辨明其为广告。付费搜索广告如"百度推广"等，除要明确标明"广告"外，还应当与自然搜索结果明确区分。

《办法》从互联网广告实际出发，落实新《中华人民共和国广告法》的各项规定，规范互联网广告活动，保护消费者的合法权益。

扩展阅读 8-11
抖音纵容
假货问题

8.7 电子商务税收法律制度

8.7.1 电子商务税收的概念

▶ 1. 税收的概念

税收是国家为满足社会公共需要，凭借公共权力，按照法律所规定的标准和程序，参与国民收入分配，强制取得财政收入的一种特定分配方式。它体现了国家与纳税人在征收、纳税的利益分配上的一种特殊关系，是一定社会制度下的一种特定分配关系。税收收入是国家财政收入的最主要来源。

▶ 2. 和传统税收相比，电子商务税收的困难

(1) 难以确认纳税义务人和征税对象

传统的国际税收制度主要是以属地原则为基础实施收税管辖，通过居住地、常设机构等概念把纳税义务人与纳税人的活动联系起来。在电子商务环境下，无须在固定地点办理成立登记，只要有自己的网址，便可以开展商务活动。外国企业利用互联网在一国开展贸易活动，很多情况下无须在该国境内设立常设机构，这使一国政府失去了作为收入来源国针对发生于本国的交易进行征税的基础；国内公司同样可以向国外公司提供这样的服务。在这些公司的电子商务中，如何确定纳税主体，如何确定征税对象变得极为复杂。

(2) 难以确定征税对象的性质

在大多数国家，税法对于有形商品的销售、劳务的提供和无形财产的使用都做出了比较严格的区分，并且制定了不同的征税规定。但电子交易将交易对象均转换为"数字化信息"在网上传递，使税务机关难以确认这种以数字形式提供的数据和信息究竟是商品、劳务还是特许权等。

(3) 对税收征管带来了困难

传统的税收征管离不开对账簿资料的审查。网上贸易则是通过大量无纸化操作达成交

易、账簿、发票均可在计算机中以电子形式填制。而电子凭证易修改，且不留痕迹，税收审计稽查失去了最直接的纸制凭证，无法追踪。网上交易的高度活动性和隐蔽性，不仅严重妨碍了税收当局获取信息的工作，而且使政府无法全面掌握纳税人经济活动的相关信息。

（4）对国家税收管辖权的概念造成冲击

国家税收管辖权的问题是国际税收的核心，目前在世界上大多数国家实行的都是来源地税收管辖权和居民税收管辖权，即就本国居民的全球所得和他国居民来源于本国的收入课税，由此引发的国际重复征视税通常以税收协定的方式来免除。而在互联网贸易中，这两种税收管辖权都面临严峻的挑战。

8.7.2 电子商务税收征管

▶ 1. 电子商务的发展对税源的监管

电子商务需要较大幅度地变革传统管理模式，更新管理工具和手段，给税源监管带来以下机遇。

第一，如果将发票或者电子发票作为记账核算维护消费者权益的凭据，那么消费者索取发票或者电子发票的行为就会大大增加，这就为人们提供了一个加强税源监控的良好的监控点：实行联机实时开票，在此基础上建立发票和交易的交叉比对制度。具体做法是：通过让纳税人直接在税务机关的网上或者通过通信公司与税控设备实时联机，纳税人通过安全身份认证后，可以直接根据自身的权限开具发票，电子形式和纸质形式都可以。税务机关在开具发票的同时获得纳税人的开票信息，进入发票数据库，对获取数据的纳税人在入账或者抵扣时进行交易确认和交叉比对。

第二，随着电子支付手段的普及，银行或者清算系统已经成为非常重要的中介：通过税务机关监控清算系统、银行及其他金融机构的数据来监控税源，分析纳税人的纳税遵从度并采取有效措施。

▶ 2. 电子商务税收征管措施

（1）强化备案制度

在电子商务发展初期，要及时完善税务登记，使电子商务经营者注明电子商务经营范围，责令上网单位将与电子商务有关的材料报送当地税务机关，便于税务机关控制。

（2）把支付体系作为征管的关键

虽然电子商务交易具有高流动性和隐秘性，但只要有交易就会有货币与物的交换，可以考虑把电子商务建立和使用的支付体系作为稽查、追踪和监控交易行为的手段。

目前，电子商务的支付手段必有信用卡体系、客户账户体系和电子货币体系 3 种，一般须经过银行支付，因此，应实现税务与银行的联网，这样企业在进行贸易的银行划入划出资金时，税务机关可以进行有效监控，从而大大限制偷税、逃税行为的发生。对于电子货币支付体系，在网上建立电子银行，要求从事电子商务的企业和个人在电子银行具有电子户口，在网上完成异地结算、托收等金融业务，在网络上完成缴税业务、实现电子支付。

8.7.3 电子商务国际税收

▶ 1. 电子商务与国际避税概述

国际避税是指跨国纳税人利用两个或两个以上的国际的税法和国际税收协定的差别、

漏洞、特例和缺陷，规避或减轻其总纳税义务的行为。国际避税的基本方式就是跨国纳税人通过借用或滥用有关国家税法、国际税收协定，利用它们的差别、漏洞、特例和缺陷，规避纳税主体和纳税客体的纳税义务，不纳税或少纳税。基本方式和方法主要有4类：转让定价避税；利用国际避税地避税；滥用国际税收协定避税；利用居民身份避税。

▶ 2. 跨境电子商务国际税收征管建议

（1）完善跨境电商征税体系

建立针对跨境电商的税务登记制度；指定跨境电商税收优惠政策；加强跨境电商税收惩戒制度。

（2）完善跨境电商税收监管机制

依托于跨境电商平台信息流共享；线上支付系统资金流监控；跨境电子交易数据核查；实行可流通的电子专用发票。

（3）加强国际合作

主要有：主动参与国际跨境电商税制的制定；促成建立跨境电商国际监管组织；跨境交易信息与情报共享。

扩展阅读 8-12
华强北惊天走私案

8.8 电子商务人格权的法律保护

8.8.1 网络隐私权的法律制度

▶ 1. 网络隐私权概述及法律性质

隐私权已被世界各国公认为一项基本的人格权。当隐私权进入网络领域时，网络隐私权的法律性质已经不再局限于原有的人格权范畴内，而出现了一些新的变化。

其一，隐私权与知情权的冲突，导致隐私权在一定程度上向社会公共领域进行让渡，以维护私人权利和公共权利之间的利益平衡。传统的隐私权是典型的人格权，而知情权是一个公法上的概念，其基本含义是公民有权知道其应该知道的信息资料。隐私权与知情权的冲突正是缘于公民个人权利的不断膨胀和对社会信息的透明要求而引发的，隐私权与知情权的冲突因而又体现为私人权利与公共权利之间的冲突。

其二，从权力性质上看，信息社会中的隐私由于传统的人格权利而被赋予财产性属性。以隐私权来保护互联网上的个人数据，其根本目的在于维护人们的人格尊严和生活安宁，但以数据电文形式存在的个人数据作为隐私权的客体权利，又明显地可以作为一种财产形式，并带来财产性收益。

其三，由被动的支配权转向主动的自决权。传统的隐私权认为隐私权是公民对自己的私生活方面的信息进行独立支配的一种精神性人格权，当个人信息已经成为一种在市场中能够获利的无形财产，而法律仍然只是将之作为一种精神性人格权的客体加以保护时，这对作为个人信息主体的消费者来说，显然是不公平的。因此，我们应当在法律中肯定个人信息的财产性，将此种信息隐私权界定为具有财产性质的可由个人信息主体支配的权利，使隐私权的保护更加具体化、实际化、科学化，以更加贴切、精确地保护当事人的隐私。

▶ 2. 网络隐私权的侵权方式

来自网络空间的隐私权侵害行为主要包括以下5类：网络服务商对个人资料的使用和

传播;电子邮件中的隐私侵权;专门的网络窥探业务;黑客对个人数据的窃取和传播;政府对个人数据的收集。

▶ 3. 我国网络隐私立法体系

为了规范我国计算机信息网络的发展,有关部门曾相继出台了一些规定。例如,《中华人民共和国计算机信息网络国际联网管理暂行规定实施办法》第十八条规定:"用户应当服从接入单位的管理,遵守用户守则;不得进入未经许可的计算机系统,篡改他人信息;不得在网络上散发恶意信息,冒用他人名义发出信息,侵犯他人隐私……"《计算机信息网络国际联网安全保护管理办法》第七条规定:"用户的通信自由和通信秘密受法律保护。任何单位和个人不得违反法律规定,利用互联网侵犯用户的通信自由和通信秘密。"《全国人大常委会关于维护互联网安全的决定》规定:利用互联网侮辱他人或捏造事实诽谤他人,以及非法截获、篡改、删除他人的电子邮件或者其他数据资料,侵犯公民通信自由和通信秘密的,可以构成犯罪,依刑法追究刑事责任。

8.8.2 个人信息的法律保护

▶ 1. 个人信息的概念

个人信息,又称为个人数据信息,是一切可以识别本人的信息的总和,这些信息涉及一个人的生理、心理、智力、个体、社会、经济、文化、家庭等方面。

从个人信息权和个人隐私权的关系来看,广义上的个人信息,应当包括和个人生活有关的全部信息;而隐私一般指"不愿被窃取和披露的私人信息",两者范畴不尽相同,但是有共同的交集。一方面,网络隐私可以划分为个人信息、个人私事、私人领域和私人生活安宁4种类型。其中,个人信息是网络隐私权的最重要的组成部分,尤其是传统的英美法系国家主张个人信息是一种隐私利益;另一方面,个人信息,尤其是信息化时代的个人信息,体现的是一般人格利益,早已突破传统隐私权的范畴,但依然被囊括在基本人格权的框架内。

▶ 2. 个人信息保护的法律原则

作为政府信息公开制度的重要内容,各国有关法律对个人信息的保护均体现了以下7项法律原则。

(1) 公开原则

公开原则包含两方面的内容:一是政府所持有的个人信息必须对本人公开,不得持有秘密的个人记录,个人有权知道政府是否存在有关于他的记录及记录所记载的内容,并有权要求得到复制品,除非法律有免除公开的规定;二是个人信息记录保管系统不得以秘密的形态存在,关于个人信息的开发、运用及其方针、政策等,必须向全社会公开,以使个人信息的保管状态能够轻易被查明。

(2) 信息正确原则

个人信息应符合其利用目的,并且在必要范围内保持其正确、及时和完备。该原则一方面赋予个人对于政府所保存的个人信息有修改该信息内容的权利,个人如果认为关于自己的记录不正确、不完全或者不及时,可以请求制作记录的行政机关予以删除、修改或完整化;另一方面,保持个人信息的政府也负有积极责任,必须保证信息的正确性、及时性、完整性。

(3) 收集限制原则

政府能收集的有关个人信息的种类必须受到限制,并且政府收集该种信息的方法或手段也必须具备一定的要件。即政府对任何个人信息的收集都应采取合法、公正的手段,应在适当的场所并应通知信息本人或取得本人的同意。

(4) 目的明确化原则

个人信息的收集目的应于信息收集时加以明确,其后信息的利用不应与该收集目的相矛盾。

(5) 使用限制原则

个人信息的使用限制包括持有信息的政府内部使用的限制和将信息提供给外部使用的限制两类。前者指保持个人信息的行政机关,内部工作人员执行职务时可以查阅个人的信息,无须征得本人的同意,但只限于职务需要的范围以内使用个人的信息。后者指政府将个人信息向第三者披露或提供给第三者使用时,必须征得本人的同意或有法律的明文依据。

(6) 信息管理原则

政府应制定合理适当的信息管理方针及业务方法,以保障政府对有关个人信息收集、占有、使用及公开的合法性和正当性,对于参加个人信息制作、保持和使用的政府工作人员,必须制定相应的行为规则以供遵守。

(7) 法律救济原则

对不依法收集、利用和公开个人信息,侵犯个人隐私权的行为,个人可以请求行政救济和司法救济。

▶ 3. 个人信息的法律保护模式

在立法实践中,各国对个人信息的法律保护均有规定,形成了两种保护模式:抽象的个人信息立法保护和抽象规定与例示相结合的个人信息立法保护。

其一,所谓抽象的个人信息立法保护是以一般立法的方式对个人信息作出界定,而没有在法律中予以例示。

其二,所谓抽象规定与例示相结合的个人信息立法保护,指法律中除了规定个人信息的一般立法保护外,还对其种类做了例示性说明。

加强对个人信息权的保护,设置单一责任模式不能有效发挥功能,因此必须充分运用多种责任形式,在我国立法中明确侵犯个人信息权应当承担的行政责任、民事责任和刑事责任。

扩展阅读 8-13
当当网疑信息泄漏致使用户被骗上千元

在线课堂

在线自测

练习与思考

前沿热点篇

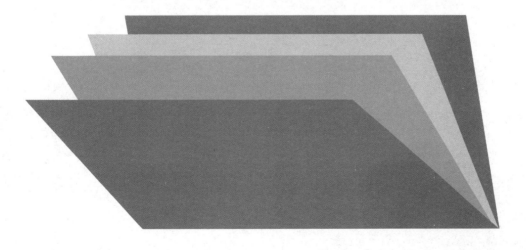

第 9 章 跨境电子商务

> **学习目标**
> 1. 掌握跨境电商的概念和特征。
> 2. 掌握中国跨境电商的发展。
> 3. 掌握跨境电商的商业模式。
> 4. 熟悉常见的跨境电商平台。

导入案例

营收增长超 300% 独立站店铺成"黑马"

据了解,大部分的跨境卖家都还在亚马逊等平台激烈挣扎厮杀,独立站虽然在 2020 年有爆发式增长,但纵观整个跨境电商行业来讲,目前独立站卖家还只是冰山一角。在"跨境犀牛"的平台布局问卷调查中,有 59% 的卖家表示想要布局亚马逊、ebay、速卖通等主流平台,有 13% 的卖家想要布局独立站,位列平台布局的第二。已经越来越多的卖家开始重视独立站的重要性,目光长远的卖家会选择把平台、独立站两手抓,多渠道销售,降低风险,毕竟现在的平台规则变化多端,账号说封就封……那么,2021 年独立站爆单红利还会持续吗?我们可以从行业大卖家和创业中小卖家的角度去进行更多的了解。

独立站是什么?顾名思义就是具有独立域名的网站称为独立站。可对跨境电商来说,独立站就是让他们脱离第三方束缚的一个平台,一个可以让广大商家发家致富的独立站。

独立站大卖:2020 年增长迅猛,整体呈上行趋势,诸如兰亭集势、SHEIN、嘉鸿网络这样的独立站大卖增长非常迅猛。兰亭集势财报显示,兰亭集势 2020 年第三季度总营收为 1 亿美元,同比增长 67%,毛利率为 43.1%,2019 年同期为 42.3%。但第三季度营收较第二季度的 1.139 亿美元营收出现了一定程度的下滑,这或许反映出疫情的红利开始消散。结合连续多季度的表现,可以发现兰亭集势营收规模整体呈现上行趋势。除此之外,SHEIN 2020 年全年营收达到近 90 亿美元,折合成人民币大约 653 亿元;嘉鸿网络同比几近翻番,并开始战略性调整,要发展独立站生态。从行业大方向来看,独立站趋势明显,依旧风口正盛。独立站小卖:店铺成黑马,营收增长超 300%。"2021 年,独立站随时都可能喷发,谁能及时找到火山口说不定能被冲上云霄,我认为在过去以及未来几年,除了平台以外布局独立站是很明显的趋势。"深圳 SHOPLINE 卖家说道。

据该卖家透露,从 2019 年入局独立站,虽然前期一直亏损,但在 2019 年 12 月底,顺利实现盈利,2020 年在疫情的风口下,其店铺销量增长远超 300%。

独立站之所以能够受到越来越多卖家的青睐，其优势也是非常明显的，塑造企业品牌、实现数据安全和增值、避免平台规则约束、降低交易佣金等。不过看似火热的独立站，做起来也是非常不容易的，特别是流量的获取。流量推广作为独立站最烧钱的地方，流量成本持续走高是导致很多独立站无法生存的原因。

(资料来源：搜狐网 https://www.sohu.com/a/445198827_377271)

思考题：
1. 在疫情的影响下，为何跨境电商产业还能不断发展壮大？
2. 中国电商供应链的发展驱动因素是什么？

9.1　跨境电子商务概述

9.1.1　跨境电子商务的概念

跨境电商是跨境电子商务的简称，是指不同国家或关境的交易主体，通过电子商务平台实现商品交易的各项活动，并通过跨境物流实现商品从卖家流向买家，以及相关的其他活动内容的一种新型电子商务应用模式。

跨境电子商务作为推动经济一体化、贸易全球化的技术基础，具有非常重要的战略意义。跨境电子商务不仅冲破了国家之间的障碍，使国际贸易走向无国界贸易，同时它也正在引起世界经济贸易的巨大变革。对企业来说，跨境电子商务构建的开放、多维、立体的多边经贸合作模式，极大地拓宽了进入国际市场的路径，大大促进了多边资源的优化配置与企业间的互利共赢；对消费者来说，跨境电子商务使他们非常容易地获取其他国家的信息并买到物美价廉的商品。

在跨境电商产业链中，主要的企业包括以下几种。

① 进口跨境电商：天猫国际、京东国际、淘宝全球购、考拉海购、洋码头、苏宁国际、唯品国际、丰趣海淘、蜜芽、宝贝格子、55海淘、别样海外购、亚马逊海外购、五洲会、行云集团、海带、海拍客、笨土豆等。

② 出口跨境电商：阿里巴巴国际站、亚马逊全球开店、eBay、全球速卖通、Wish、SHEIN、安克创新、环球易购、通拓科技、有棵树、兰亭集势、环球资源、敦煌网、大龙网、棒谷、执御、傲基、赛维等。

③ 跨境电商服务商：中国邮政、顺丰速运、京东物流、菜鸟网络、斑马物联网、PayPal、PingPong、连连支付、一达通、卓志等。

图9-1列示了2020年上半年中国跨境电商产业图谱。

9.1.2　跨境电子商务的特点

与传统的外贸电子商务活动相比，跨境电子商务有如下几个特点。

▶ 1. 全球性

互联网是一个没有边界的媒介体，具有全球性和非中心化等特征；由于经济全球化的发展趋势，商家依附于网络进行跨境销售，使得跨境销售也具有全球性和非中心化等特征。例如e-mail信息的传输，这一信息首先要被服务器分解为数以万计的数据包，然后再

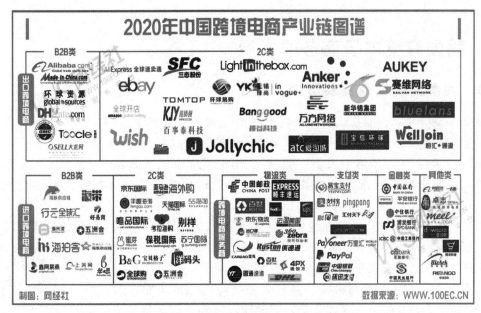

(资料来源：艾媒报告中心《2020 上半年中国跨境电商行业趋势研究报告》)

图 9-1　2020 年上半年中国跨境电商产业图谱

按照 TCP/IP 的协议通过不同的网络路径传输到一个目的地的服务器并且重新组织好转发到接收人那里，整个过程都是在互联网中完成的。

▶ 2. 匿名性

由于跨境电子商务的全球性特性，一般很难识别电子商务的用户身份以及所处具体的地理位置。在线上交易的消费者们往往是不会显示自己的真实身份和自己的具体地理位置等重要信息的，在一般情况下这丝毫不影响交易的进行，网络的匿名性也是允许消费者实行这种行为操作的。

▶ 3. 无形性

网络的发展使得数字化产品及服务传输盛行，而数字化传输则是通过不同类型的媒介，如数据、图像和声音在全球网络环境中集中传输，这些媒介在网络中主要以数据代码的形式存在，因而是无形的。

▶ 4. 即时性

在网络上传输信息，其传输的速度与信息的地理位置、距离无关。传统交易模式，主要通过信函、传真、电报等方式，在信息发送与接收之间，存在很长一段不确定性的时间差。而在电子商务中，其信息交流则较便捷，发送信息与接收信息几乎同步，就如面对面交流一样，可以随时开始、随时终止、随时变动，这就体现了即时性。

▶ 5. 无纸性

在跨境电子商务中，现今计算机的通信记录取代了一系列的纸面交易文件。用户发送或接收电子信息就可以轻松地看，不再需要用纸质来查询。由于信息以一种独特的形式存在和传送，在整个信息发送和接收的过程中就可以实现无纸。

扩展阅读 9-1
2020 年上半年跨境消费年轻人购买意愿提升原因

9.2 我国跨境电子商务的发展

9.2.1 我国跨境电商发展历程

1999—2003年，行业初试水：跨境电商的主要模式是网上展示、线下交易的外贸信息服务模式。跨境电商仅提供网络平台服务，即向交易双方展现企业和产品信息。

2004—2012年，摸索中发展：跨境电商平台开始提供在线支付、物流信息跟踪等服务，将原来网络仅作为信息渠道的传统外贸模式真正转变为在线交易的跨境电商模式。

2013—2017年，全产业链在线化：随着政策利好涌现，外界投资开始涌入，跨境电商全产业链都出现了商业模式的变化。大型平台不断涌现，B2C 和自营占比提升，线上产业生态更加完善，平台服务升级。

2018至今，各环节趋向融合：随着大型跨境电商的成熟，大型跨境电商开始整合供应链体现规模优势，同时跨境电商供应链各环节趋向融合。新零售概念提出大型跨境电商企业开始布局线下门店，线上线下融合。

扩展阅读9-2
跨境电商发展的趋势

图9-2列示了2013—2021年中国跨境电商市场交易规模。

（资料来源：艾媒报告中心《2020年中国跨境电商供应链专题研究报告》）

图9-2　2013—2021年中国跨境电商市场交易规模

9.2.2 我国跨境电商发展的原因

▶ 1. 政策助力跨境电商健康发展

跨境电商作为海内外贸易交流的重要环节发挥着巨大作用，一直以来都受到国家的重视。近年来，中国政府更是多次发布前瞻性政策鼓励行业发展（表9-1），各类平台在紧抓政策春风机遇的同时，加强行业自律，从产品质量、物流体系、服务体系等多个方面打造良性生态。

表 9-1 2020 年中国跨境电商行业利好政策

发布时间	发布文件/措施	内 容
2020 年 2 月	《关于促进跨境电子商务发展若干措施》	围绕跨境电商综合试验区建设的"六平台、两体系",从园区建设、做大规模、跨境电商综合服务体系、开拓创新等四大方面,加大对跨境电商产业的扶持力度,并增加了企业围绕疫情防控需要开展的进口医用耗材、跨境电商货运包机、海外仓建设等方面的扶持,促进跨境电商发展
2020 年 3 月	《关于促进中国(呼和浩特)跨境电子商务综合试验区发展的若干政策》	为呼和浩特市和新区专门设立跨境电商业务发展资金,同时为在新区开展跨境电商业务的企业给予专项资金支持,为进一步优化跨境电商发展环境,推动呼和浩特市跨境电商高质量发展
2020 年 4 月	"国务院常务会'稳外贸'出硬招:新设 46 个跨境电商综合试验区"	为推广促进跨境电商的发展,国务院常务会议决定在已设的 59 个跨境电商综合试验区基础上,再新设 46 个,一共 105 个综合试验区。除了拓展综合试验区外,对企业税收、监管、便利化也推出了一系列辅助政策,与此同时,国务院商务会决定,备受关注的第 127 届广交会于 6 月中下旬在网上举办

(资料来源:艾媒报告中心《2020H1 全球及中国跨境电商运营数据及典型企业分析研究报告》)

▶ 2. 产品宽度向深度转变,垂直性创新成核心竞争力

随着分众、圈层消费的日益加深,未来跨境电商用户需求将向垂直化、精细化发展,产品宽度将向深度转变,垂直性创新将成平台核心竞争力。

▶ 3. 产品贸易转向服务贸易,服务红利价值释放

随着跨境电商产业的不断发展,对 B 端卖家、C 端消费者而言,跨境电商已不再是纯粹的产品贸易,由物流、客服、支付方式等一系列叠加而成的服务贸易正成为当下跨境电商的新形式。伴随服务需求、服务价值的提升,未来跨境电商服务红利有望持续扩大。

▶ 4. 供应链打造坚实基础,线上线下双线融合不断加深

强大的供应链体系成为平台发展的重要基础,未来跨境电商线上线下融合将不断加深,平台通过线上赋能线下,线下引流线上,实现双线贯通。同时,在双线模式下,也将更注重商品池、数据链条的打通以及利用科技助力用户体验。

扩展阅读 9-3
跨境电商供应链
面临的挑战

9.3 跨境电子商务的商业模式

随着跨境电商市场的高速发展,跨境电商平台数量逐渐增加,新的跨境电商模式层出不穷,大量的 B2C 和进口业务平台应运而生。跨境电商根据不同的分类维度,可以分成不同的类别,如图 9-3 所示。

图 9-3 跨境电子商务的商业模式

9.3.1 按商品流动方向分

跨境电子商务，按商品流动方向可以分为跨境进口电商和跨境出口电商。进口是指将国外商品销往国内市场；出口是指将国内商品销往国外市场。

▶ 1. 跨境进口电商

跨境进口电商指的是境内消费者通过在线的方式（网站、APP、公众号、小程序等）在电商企业或电商平台上下单，直接付款购买商品，电商企业或平台帮助境内消费者完成商品的清关、缴税，并配送到境内消费者手中，业务场景非常简单，俗称"海淘"。

从海关不同的监管方式来看跨境进口电商业务模式主要有两种：网购保税进口模式、直购进口模式，如图 9-4 所示。

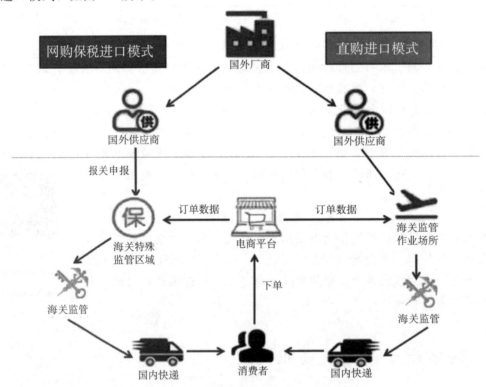

（资料来源：搜狐网 https://www.sohu.com/a/448502053_120439601）

图 9-4 跨境进口电商的两种业务模式

（1）"网购保税进口"海关监管模式

符合条件的电子商务企业或平台与海关联网，电子商务企业将整批商品运入海关特殊监管区域或保税物流中心内并向海关报关，海关实施账册管理。境内个人网购商品后，电子商务企业或平台将电子订单、支付凭证、电子运单等传输给海关，电子商务企业或其代理人向海关提交清单，海关按照跨境电子商务零售进口商品征收税款，验放后账册自动核销。

(2)"直购进口"海关监管模式

符合条件的电子商务企业或平台与海关联网，境内个人跨境网购后，电子商务企业或平台将电子订单、支付凭证、电子运单等传输给海关，电子商务企业或其代理人向海关提交清单，商品以邮件、快件方式运送，通过海关邮件、快件监管场所入境，按照跨境电子商务零售进口商品征收税款。

2. 跨境出口电商

跨境出口电商就是把国内的产品卖出去，国外卖家通过电商平台，检索意向商品，联系国内卖家，下单，支付，卖家备货发运，买家国外签收。这就存在两种方式，一种是借助已有的跨境电商平台和入驻国外电商平台开店，还有一种是自己做独立站，自己运营和维护。

跨境B2B出口模式，通俗地说，大部分跨境电商的运营就是买货、卖货。根据卖家体量不同，可选择的模式有批发、自产自销、代运营（TP即Third Partner）、贴牌（OEM/ODM）和代发货（Drop Shipping）等几种类型。

9.3.2 按平台运营方分

按平台运营方可以分为平台型跨境电商、自营型跨境电商和混合型跨境电商（平台型跨境电商加自营型跨境电商）。

1. 平台型跨境电商

平台型跨境电商仅提供平台，不涉足采购和配送等，收取商家及增值服务佣金，如阿里巴巴国际站、敦煌网。

2. 自营型跨境电商

自营型跨境电商是指平台参与采购、商品销售等整个供应链环节，有一定的把控力。企业则自营赚差价，往往涉足采购和配送领域，如兰亭集势、环球易购等。

3. 混合型跨境电商

混合型跨境电商是指企业既有平台自己运营的商品，同时也招商家和供应商入驻，由平台统一运营管理，并负责与海关对接，如小红书、京东全球购等。

9.3.3 按涉及的行业范围分

按涉及的行业范围可以分为综合性跨境电商和垂直型跨境电商。

1. 综合性跨境电商

综合性跨境电商的业务呈现多元化的特点，其用户流量及商家商品数量巨大，有亚马逊、速卖通等平台。

2. 垂直型跨境电商

垂直型跨境电商的业务比较专业化，专注核心品类的深耕细作，如蜜芽宝贝（专门做母婴产品）、澳洲经济区（做澳洲地区的保健品）。

9.3.4 按产业模式和交易对象分

按照产业模式和交易对象,跨境电商平台分为 B2B 平台、B2C 平台、C2C 平台三大类型。

① B2B 平台具有代表性的网站有阿里巴巴国际站、环球资源等。
② B2C 平台具有代表性的网站有敦煌网、亚马逊等。
③ C2C 平台具有代表性的网站有洋码头、wish 等。

9.4 跨境电子商务的流程

9.4.1 流程

▶ 1. 进口流程

根据物流配送时效的不同以及商品的成本,目前我国跨境电商的进口模式主要分为保税备货模式和海外直邮模式两种(图 9-5),两者区别如表 9-2 所示。

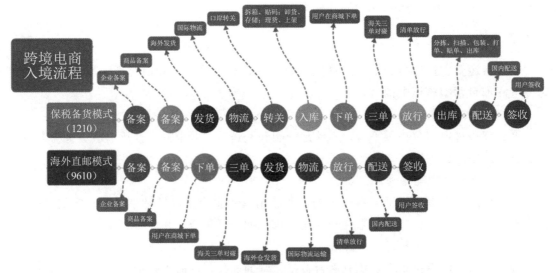

(资料来源:搜狐网 https://www.sohu.com/a/448502053_120439601)

图 9-5 跨境电商进口流程图

表 9-2 保税备货模式和海外直邮模式的区别

类 别	网购保税备货(1210)	海外直购进口(9610)
基本概念	在政策允许下设立跨境电商贸易试验区,支持保税进口模式,需要海关三单核验	CC:个人物品直邮,不报关,抽检到交行邮税; BC:报关清关入境,需海关三单核验
发货地点	广州/深圳/重庆/成都/上海/杭州/宁波/天津/郑州/哈尔滨/贵阳/成都/武汉等保税关区	中国香港/美国/加拿大/英国/新西兰/澳大利亚/日本/韩国/东南亚等地区和国家

续表

类 别	网购保税备货（1210）	海外直购进口（9610）
物流时效	国内发货，从发货到收获2～3天，时效接近国内普通电商快递	国际物流，平均4～7天，甚至更久
适用品类	标品；大众产品；复购率高的产品（奶粉/纸尿布/酒水等）	非标品（如生鲜）；长尾产品（需求不旺）
优势分析	物流快，消费者体验好；集采，运输成本低；海关监管，流程规范	品类齐全；库存占用小；环节少；模式灵活
不足分析	库存量大，占压资金；品类单一，扩充有限；过期物品销货风险大	物流成本高；时效较慢；海外仓运营成本高

（资料来源：搜狐网 https://www.sohu.com/a/448502053_120439601）

(1) 保税备货模式

1) 备案。

跨境电子商务平台企业、物流企业、支付企业等参与跨境电子商务零售进口业务的企业和商品信息应当依据海关报关单位注册登记管理相关规定，向所在地海关办理注册登记；境外跨境电子商务企业应委托境内代理人向该代理人所在地海关办理注册登记。

2) 发货和物流。

当境内消费者通过跨境电商平台成功支付订单后，跨境电商企业和支付企业将订单信息与支付信息发送至跨境贸易电子商务通关服务平台进行申报。跨境物流企业在成功预订舱单信息后，将对应的跨境贸易相关的舱单信息（含运单信息）发送至跨境贸易电子商务通关服务平台进行申报。

3) 转关。

从进境地入境到指运地海关办理海关手续（进境地——指运地）。

4) 入库。

须提供的单证有：海关制发的《保税仓库入库核准单》；货主或其代理人与保税仓库共同签订的仓储协议；保税货物购销合同；保税货物的发票、装箱单；进口货物报关单；海关需要的其他单证。入库流程如图9-6所示。

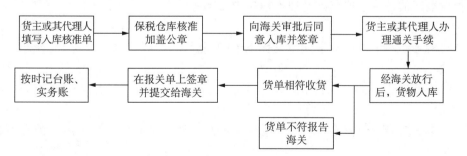

（资料来源：搜狐网 https://www.sohu.com/a/448502053_120439601）

图9-6 保税货物入库

5) 下单。

用户在网络平台上购买产品，下订单。

6）三单。

又称三单合一、三单核验、三单对比等，包括订单、支付单和运单，开展跨境电商进口业务的企业应当按照规定向海关传输交易、支付、物流等数据。由海关校验每一笔交易订单信息和消费者信息的真实性，促进跨境电商合规化发展，如图9-7所示。

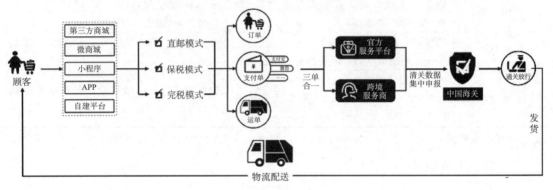

（资料来源：知乎，https://zhuanlan.zhihu.com/p/65193239）

图9-7　跨境电商进口流程三单对碰

7）放行。

机检完毕后，在通关服务平台清单查询里，查询每一单的海关、商检指令状态、确保每一单指令均为放行（如为查验请海关、商检录查验结果）。

8）出库、配送和签收。

跨境电商仓库场站人员对过机放行的包裹进行逐单扫描，扫描无误后、放行出库。放行的货物由国内的物流企业进行配送、运送至消费者手中。

（2）海外直邮模式

1）备案。

经营主体通过公共服务平台提交备案电子申请，同时提交纸质备案材料。经营主体要在商品首次入境前通过公共服务平台向快件办申请商品备案，并提交以经营主体为单位的，对其所有备案商品负责的符合性声明，经审查同意后方可进行该类商品的跨境电商业务。电商企业、电商平台企业、仓储物流企业等经营主体可办理报检及相关手续。办理电商商品报检手续的经营主体应先办理报检单位备案手续。

2）下单。

海外消费者在网上对已备案商品进行下单购买。

3）三单。

与保税备货模式的三单环节相同。

4）发货。

海关三单核验后，电商平台将海外仓中的商品按照订单分拣打包，由海外仓直接进行发货。

5）物流和放行。

海外直邮模式采用国际物流运输，商品从海外仓中打包发往国内，在海关经过机检，随后根据商品清关情况进行缴纳行邮税。跨境电商仓库场站人员对过机放行的包裹进行逐单扫描，扫描无误后，放行出库。

6）配送和签收。

放行的货物由国内的物流企业进行配送，运送至消费者手中，用户进行商品签收。

▶ 2. 出口流程

商品离境后由物流企业登录试点平台进行离境信息确认，电商企业定期集中勾选已离境商品信息（发起出口归并集报）后告知报关企业，由报关企业登录电子口岸进行报关（与传统模式相同）并告知电商企业报关单编号，跨境电商企业登录试点平台回填报关单编号，海关审核后进行强制通关并打印报关单退税联、结汇联。

出口货物流程主要包括报价、订货、付款方式、备货、包装、通关手续、装船、运输保险、提单、结汇。

（1）报价

报价最先的步骤是产品的询价和报价，报价主要内容是产品的质量等级、产品的规格型号、产品是否有特殊包装要求、所购产品量的多少、交货期的要求、产品的运输方式、产品的材质等。

（2）订货

报价商量合适后，买方就正式订货的相关事项与卖方进行商讨，双方协商认可后签订购货合同。合同签订后，代表出口业务正式实施。

（3）付款方式

最常用的国际付款方式有信用证付款方式、TT付款方式和直接付款方式。

（4）备货

备货必须按照合同要求实施，备货主要核对货物质量、规格、数量，备货时间根据信用规定，安排船货衔接。

（5）包装

根据货物的属性选择包装形式。一般是根据贸易出口通用的标准进行包装，特殊货物的包装根据客户特殊需求进行包装。

（6）通关手续

目前我国进出口商品检验包括：接受报验、抽样、检验和签发证书四个环节。

（7）装船

货物装船方式可以根据货物多少选择，并根据《购货合同》规定的险种来投保。集装箱装货主要以规格尺寸、制箱材料、用途等方面分，拼装集装箱一般按出口货物的提及重量计算运费。

（8）运输保险

在一般情况下双方在签订《购货合同》中就事先约定了运输保险事项，常见的保险有海洋货物运输保险、陆空邮货运输保险。

（9）提单

主要是外运公司签出，供进口商提货、结汇所用的单据。一般提单是三份，出口商留两份，进口商留一份。

（10）结汇

出口货物装箱发出后，进口公司按照信用证的规定，在交单有效期内，给银行提交议付结汇手续。

扩展阅读9-4
常见的跨境B2C
出口流程图

9.4.2 流程之通关

通关指清关(Customs Clearance)是一个经济学术语,即结关,是指进出口或转运货物出入一国关境时,依照各项法律法规和规定应当履行的手续。

清关只有在履行各项义务,办理海关申报、查验、征税、放行等手续后,货物才能放行,货主或申报人才能提货。同样,载运进出口货物的各种运输工具进出境或转运,也均须向海关申报,办理海关手续,得到海关的许可。货物在结关期间,不论是进口、出口或转运,都是处在海关监管之下,不准自由流通。

▶ 1. 进口清关流程

① 消费者在跨境电商平台下单并完成支付。

② 跨境电商平台通知第三方支付平台,将支付信息报送至各大关区海关服务平台(以下简称公服)。支付单包括支付编号、支付金额、支付企业名称、支付企业代码、订单编号、电商平台名称、电商平台代码、支付人姓名、支付人证件类型、支付人证件号码、支付人电话。

③ 跨境电商平台将消费者订单信息报送至公服。订单信息包括订单编号、电商平台名称、电商平台代码、电商企业名称、电商企业代码、商品名、商品数量、商品价格、运费、综合税(关税/增值税/消费税)、应付金额、实付金额;购买人姓名;购买人证件类型、购买人证件号码、购买人电话、支付企业名称、支付企业代码、支付编号、收件人姓名、电话、地址。

④ 跨境电商平台通知第三方清关平台/保税仓代清关订单信息。

⑤ 第三方清关平台/保税仓收到带清关订单信息,获取电子运单号,生成申报清单,报送至公服。物流单包括物流编号、物流企业名称、物流企业代码、订单编号、电商平台名称、电商平台代码、电商企业名称、电商企业代码、购买人姓名、购买人电话、收件人姓名、电话、地址。

⑥ 公服收到三单和清单后,需要根据业务规则和政策法规来校验通过与否,并将校验的结果(通过/不通过)回执给第三方清关平台/保税仓。如果校验通过,推送至海关/检验检疫/国税/外管局等各部门系统中存档,之后才能进入后续的打包、入境、配送操作。若不通过,则退回。

对于产生行邮税的物品,海关管理平台自动汇总生成《海关进境物品进出口税缴款单》。企业可按照有关程序缴纳税款,税单核销完毕后,通关服务平台中保证金账户扣款自动退回账户。

注:该流程中涉及的各单据报送都是异步执行,可以分别报送至公服,但在一般情况下为了提高清关成功率,在收到支付单报送成功的回执以后,再去推支付单和物流单。

扩展阅读 9-5
网购保税(1210)和
直购进口(9610)
模式对比图

▶ 2. 出口清关流程

(1) 申报流程

① 需要委托专业或代理报关企业向海关办理申报手续的企业,在货物出口之前,应在出口口岸就近向专业报关企业或代理报关企业办理委托报关手续。接受委托的专业报关企业或代理报关企业要向委托单位收取正式的报关委托书,报关委托书以海关要求的格式为准。

② 准备好报关用的单证是保证出口货物顺利通关的基础。在一般情况下，报关应备单证除出口货物报关单之外，主要包括：托运单（即下货纸）、发票一份、贸易合同一份、出口收汇核销单及海关监管条件所涉及的各类证件。

申报应注意报关时限问题。报关时限是指货物运到口岸后，法律规定发货人或其代理人向海关报关的时间限制。出口货物的报关时限为装货的 24 小时以前，不需要征税费、查验的货物，自接受申报起 1 日内办结通关手续。

（2）查验

查验是指海关在接受报关单位的申报后，依法为确定进出境货物的性质、原产地，货物的状况、数量和价值是否与货物申报单上已填报的详细内容相符，对货物进行实际检查的行政执法行为。

① 通过核对实际货物与报关单证来验证申报环节所申报的内容与查证的单、货是否一致，通过实际的查验发现申报审单环节所不能发现的有无瞒报、伪报和申报不实等问题。

② 通过查验可以验证申报审单环节提出的疑点，为征税、统计和后续管理提供可靠的监管依据。海关查验货物后，均要填写一份验货记录。验货记录一般包括查验时间、地点、进出口货物的收发货人或其代理人名称、申报的货物情况，查验货物的运输包装情况（如运输工具名称、集装箱号、尺码和封号）、货物的名称、规格型号等。需要查验的货物自接受申报起 1 日内开出查验通知单，自具备海关查验条件起 1 日内完成查验，除须缴税外，自查验完毕 4 小时内办结通关手续。

（3）征税

根据《中华人民共和国海关法》的有关规定，进出口的货物除国家另有规定外，均应征收关税。关税由海关依照海关进出口税则征收。需要征税费的货物，自接受申报 1 日内开出税单，并于缴核税单 2 小时内办结通关手续。

（4）放行

① 对于一般出口货物，在发货人或其代理人如实向海关申报，并如数缴纳应缴税款和有关规费后，海关在出口装货单上盖"海关放行章"，出口货物的发货人凭此装船起运出境。

② 出口货物的退关：申请退关货物发货人应当在退关之日起 3 天内向海关申报退关，经海关核准后方能将货物运出海关监管场所。

③ 签发出口退税报关单：海关放行后，在浅黄色的出口退税专用报关单上加盖"验讫章"和已向税务机关备案的海关审核出口退税负责人的签章，退还报关单位。在我国每天大约出口价值 1.5 亿美元的货物，出口核销退税每延迟一天，就要给广大客户造成很大损失。

如何加快出口核销退税速度呢？在单证操作方面最重要的一点就是正确填写出口报关单。报关单的有关内容必须与运输公司传送给海关的舱单内容一致，才能顺利地核销退税。

对海关接受申报并放行后，由于运输工具配载等原因，部分货物未能装载上原申报的运输工具的，出口货物发货人应及时向海关递交《出口货物报关单更改申请单》及更正后的箱单发票、提单副本进行更正，这样报关单上的内容才能与舱单上内容一致。

9.4.3 流程之检验检疫

检验检疫是指凡列入《商检机构实施检验的进出口商品种类表》的进出口商品和其他法律、法规规定须经检验的进出口商品，必须经过出入境检验检疫部门或其指定的检验机构检验。

▶ 1. 跨境电商进出口检验检疫流程

① 法定检验检疫入境货物的货主或其代理人首先向卸货口岸或到达站的出入境检验检疫机构申请报检。

② 检验检疫机构受理报检，转施检部门签署意见，计收费。

③ 对来自疫区的、可能传播传染病、动植物疫情的入境货物交通工具或运输包装实施必要的检疫、消毒、卫生除害处理后，签发《入境货物通关单》（入境废物、活动物等除外）供报检人办理海关的通关手续。

④ 货物通关后，入境货物的货主或其代理人须在检验检疫机构规定的时间和地点到指定的检验检疫机构联系对货物实施检验检疫。

⑤ 经检验检疫合格的入境货物签发《入境货物检验检疫证明》放行，经检验检疫不合格的货物签发检验检疫处理通知书，需要索赔的签发检验检疫证书。

▶ 2. 跨境电子商务的禁止货物名单

国家质检总局《关于进一步发挥检验检疫职能作用促进跨境电子商务发展的意见》规定，以下货物禁止以跨境电子商务形式入境：

《中华人民共和国进出境动植物检疫法》规定的禁止进境物；未获得检验检疫准入的动植物源性食品；列入《危险化学品名录》《剧毒化学品目录》《易制毒化学品的分类和品种名录》和《中国严格限制进出口的有毒化学品目录》的商品；除生物制品以外的微生物、人体组织、生物制品、血液及其制品等特殊物品；可能危及公共安全的核生化等涉恐及放射性等产品；废旧物品；以国际快递或邮寄方式进境的电商商品，还应当符合《中华人民共和国禁止携带、邮寄进境的动植物及其产品名录》的要求；法律法规禁止进境的其他产品和国家质检总局公告禁止进境的产品。

扩展阅读 9-6
欧美日站点常见的受限商品类目

9.5 跨境电子商务平台

9.5.1 进口跨境电商平台

图 9-8 展示了中国跨境电商进口零售市场份额。

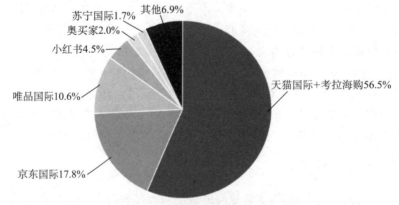

（资料来源：艾媒报告中心《2020 年中国跨境电商供应链专题研究报告》）

图 9-8　中国跨境电商进口零售市场份额

1. 天猫国际

天猫国际是阿里巴巴集团于2014年2月19日推出的一个跨境电商平台,该平台主要为国内消费者直供海外原装进口商品。

如图9-9所示,天猫国际推出三大战略,加速进口消费发展。一是升级天猫国际的直营业务,加强平台业务,一起实现"双轮驱动"(升级直营业务、加强平台业务),赋能全球品牌;二是打造海外仓直购新模式,为全球"小而美"品牌构建全球供应链网络;三是与淘宝直播、微博等多渠道联合,扩宽内容触达渠道,与机构建立达人机制,为全球品牌打造内容化营销阵地。

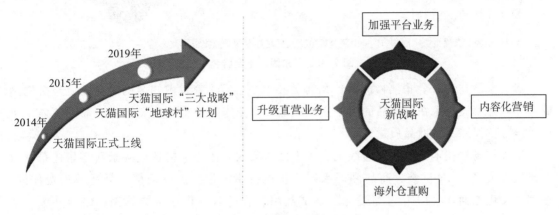

(资料来源:艾媒报告中心《2020年中国跨境电商供应链专题研究报告》)

图 9-9 天猫国际平台特色

2020年1—3月份,超过20万个新品上线天猫国际,海外品牌开店速度同比涨327%。2020年5月,天猫国际启动"国家爆款"承包计划,助力海外中小企业复产拓销。同年7月,与乌拉圭、挪威、马来西亚、意大利等5个国家产业带达成合作。

扩展阅读9-7
天猫国际发布
2020跨境电商
年度关键词

2. 京东国际

2020年7月,京东国际计划布局海南自由贸易港,开展跨境零售进口业务;同时,可开设京东国际线下免税店或体验店。2020年7月31日,京东集团与利丰集团宣布达成战略投资协议,京东未来可借助利丰集团全球供应链网络共同搭建全球数字化供应链服务体系。京东国际平台特色如图9-10所示。

3. 奥买家

奥买家是奥园集团旗下的跨境电子商务平台,一直来积极研发新兴技术,以技术驱动"线上+线下"双线购模式推动新零售发展。奥买家是基于以APP、小程序及双线购门店搭建起的三店一体式全场景购物模式,逐渐打造出完整的双线融合的零售解决方案,并形成跨境贸易综合服务生态体系产业链。截至2020年3月,奥买家经营范围已涵盖日用品、生鲜食品等数万种进口商品,不断满足消费者的购物需求和升级购物体验。

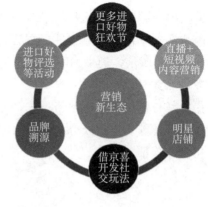

（资料来源：艾媒报告中心《2019 年中国跨境电商发展趋势专题研究报告》）

图 9-10　京东国际平台特色

奥买家已与 SGS、华测检测及广州海关技术中心等多家权威知名的第三方质检机构达成合作，开展奥买家在售商品的实验室质检品控，未来将逐步深化奥买家正品溯源体系工作，全方位保障平台商品质量。

新零售场景技术支撑：打通线上、线下门店数据一体化，构建全场景新零售体系；自主研发寻宝墙、AR 试装、商品溯源系统等智能技术终端，提供便捷、舒适的消费体验。在潮流文化方面，2019 年，与爱奇艺达成战略合作，双方将在会员营销、内容共创、电商共建等领域进行深度整合和打通，以娱乐 IP 内容为核心，以潮流消费为场景打通潮流生态，创造青年潮流生活方式、潮流消费新模式。

奥买家平台特色如图 9-11 所示。

（资料来源：艾媒报告中心《2019 年中国跨境电商发展趋势专题研究报告》）

图 9-11　奥买家平台特色

▶ 4. 考拉海购

考拉海购是阿里旗下以跨境业务为主的综合型电商，销售品类涵盖母婴、美容彩妆、家居生活、营养保健、环球美食、服饰箱包、数码家电等。

2019 年 4 月 27 日，首家线下门店正式开业，消费者到店后可以体验线上线下同步、黑卡会员折扣优惠等服务。2019年,考拉海购与社交电商"粉象生活"达成CPS合作,孵化社交电商"友品购购",采用分销的模式,用户在平台上开店赚取销售返利,平台承包销售之外的发货等环节。

2020年3月11日,考拉海购与TOV南德签署品质联盟战略合作协议,提升消费者的生活品质,为消费者全链路保驾护航。

考拉海购平台的特色如图9-12所示。

扩展阅读9-8 跨境电商平台的消费者性别差异

(资料来源:艾媒报告中心《2019中国跨境电商发展趋势专题研究报告》)

图9-12 考拉海购平台特色

▶ 5. 海带

海带成立于2015年,是一个专注于跨境贸易的B2B平台,致力于为中小卖家提供进口货源与软件服务,旨在消除代理费用,提升零售商的利润。

海带是聚焦于供应链领域的跨境电商平台,从母婴切入,链接保税区/直邮/一般贸易货源和数百万的商家。海带为中小卖家提供全方位的"货源+软件+服务",将最优质的货源以低价提供给中小卖家,让卖家经营成本降低的同时,还为他们提供软件支持和优质的管理推广服务,而终端消费者也能享受品质与低价兼得的海淘商品。

截至2017年12月,与海带达成合作协议并进驻的线上线下母婴卖家超过50 000家。另外,还帮助100多家企业建立了自己的B2B平台。

海带平台的特色如图9-13所示。

▶ 6. 苏宁国际

苏宁国际是苏宁集团旗下专注打造高品质生活方式的跨境电商平台。以"够正、够潮、够快、够省"为特色,品类涵盖美妆、母婴、食品、保健3C数码、家居日用、服饰、箱包等,满足消费者多样化需求。

从用户口碑来看,苏宁国际口碑较好,2019年,苏宁国际持续扩张,增长迅猛。在线下零售方面,与日本乐天合作,布局线下体验区;在供应链方面,开展保税仓直播活动,加强全球合作,同时在各大电商促销节日中表现积极。

随着消费升级的持续、消费观念的更新,海淘用户对商品品质的追求更高,未来跨境电商平台将朝着高端零售店方向发展。2020年6月,苏宁国际携手苏宁旗下高端零售品牌苏皮士,在苏宁易购平台上线意大

扩展阅读9-9 行云全球汇:为进口零售商提供全链条服务

电子商务概论

（资料来源：艾媒报告中心《2020年中国跨境电商供应链专题研究报告》）

图 9-13　海带平台特色

利国家馆。意大利国家馆是苏宁国际和意大利对外贸易委员会（ITA）共同合作，打造面向广大国内消费者的意大利商品线上推广平台。

苏宁国际平台特色如图 9-14 所示。

（资料来源：艾媒报告中心《2019年中国跨境电商发展趋势专题研究报告》）

图 9-14　苏宁国际平台特色

9.5.2　出口跨境电商平台

▶ 1. 亚马逊

亚马逊公司（简称亚马逊，Amazon），是美国最大的一家网络电子商务公司，是最早开展电子商务的公司之一。亚马逊从 2001 年开始大规模推广第三方开放平台（marketplace），于 2002 年推出网络服务（AWS），于 2005 年推出 Prime 服务，于 2007 年开始向第三方卖家提供外包物流服务 FBA（Fulfillment by Amazon，FBA），于 2010 年推出 KDP 的前身自助数字出版平台

扩展阅读 9-10
亚马逊的
FBA 模式

扩展阅读 9-11
亚马逊平台的
入驻流程

DTP(Digital Text Platform，DTP)。亚马逊逐步推出这些服务，使其超越网络零售商的范畴，成为一家综合服务提供商。

▶ 2. 敦煌网

敦煌网是中国 B2B 跨境电商交易平台，也是中小零售一站式在线贸易平台。目前(截至 2020 年 6 月)，敦煌网拥有 200 万个累计注册供应商，注册买家超过 2 100 万个，拥有线上产品数 2 200 万件，产品及服务覆盖全球 222 个国家和地区，拥有 50 多个国家的清关能力、200 多条物流专线以及 17 个海外仓。

扩展阅读 9-12
敦煌网平台的入驻流程

▶ 3. 全球速卖通

速卖通是阿里巴巴未来国际化的重要战略产品，已成为全球最活跃的跨境电商平台之一，并依靠阿里巴巴庞大的会员基础，成为目前全球产品品类最丰富的平台之一。速卖通的特点是对价格比较敏感，低价策略比较明显，其产品特点符合新兴市场的卖家，产品有供应链优势，寻求价格优势的卖家，最好是从供应商直接拿货销售。

扩展阅读 9-13
速卖通平台的入驻流程

▶ 4. Wish

Wish 是新兴的基于 APP 的跨境电商平台，主要靠价廉物美吸引客户，在美国市场有非常高的人气，核心品类包括服装、饰品、手机、礼品等，大部分都是从中国发货。在 Wish 购物能够买到很多有趣的东西，并且还能从你喜欢的商家和品牌拿到特别的优惠和礼物。Wish 是一个纯粹的在线市场，卖家自己负责发货。

▶ 5. Lazada

Lazada 是东南亚首屈一指的网上购物平台，中文名为来赞达。在印度尼西亚、马来西亚、菲律宾、新加坡、泰国以及越南设有分支机构。Lazada 同时在中国香港、韩国、英国，以及俄罗斯设有办事处。

Lazada 主要目标市场是东南亚 6 国，即马来西亚、印度尼西亚、新加坡、泰国、越南、菲律宾。平台用户超过 3 亿个 SKU，主要经营 3C 电子、家居用品、玩具、时尚服饰、运动器材等产品，平台成立不到 7 年的时间就一跃成为东南亚最大的电子商务平台。

扩展阅读 9-14
Lazada 平台的入驻流程

在线课堂

在线自测

练习与思考

期末测试卷

参 考 文 献

[1] 佟晓筠,王翥. 电子商务技术与安全[M]. 北京:中国铁道出版社,2017.
[2] 马佳琳. 电子商务云计算[M]. 北京:北京理工大学出版社,2017.
[3] 姜红波. 电子商务概论[M]. 3版. 北京:清华大学出版社,2019.
[4] 马莉婷. 电子商务概论[M]. 北京:北京理工大学出版社,2016.
[5] 彭媛. 电子商务概论[M]. 北京:北京理工大学出版社,2018.
[6] 李维宁,王蔚,赵敏. 电子商务概论[M]. 北京:清华大学出版社,2016.
[7] 潘坚,李迅. 百度SEO一本通[M]. 北京:电子工业出版社,2015.
[8] LEEK,SEDAC. 搜索引擎广告:网络营销的成功之路[M]. 2版. 朱彤,译. 北京:电子工业出版社,2005.
[9] 郭鹏. 电子商务法[M]. 北京:北京大学出版社,2013.
[10] 马莉婷. 电子商务概论[M]. 北京:北京理工大学出版社,2016.
[11] 赵乃真. 电子商务技术与应用[M]. 北京:中国铁道出版社,2006.

教师服务

感谢您选用清华大学出版社的教材！为了更好地服务教学，我们为授课教师提供本书的教学辅助资源，以及本学科重点教材信息。请您扫码获取。

▶ 教辅获取

本书教辅资源，授课教师扫码获取

▶ 样书赠送

电子商务类重点教材，教师扫码获取样书

 清华大学出版社

E-mail: tupfuwu@163.com
电话：010-83470332 / 83470142
地址：北京市海淀区双清路学研大厦 B 座 509

网址：http://www.tup.com.cn/
传真：8610-83470107
邮编：100084